Werner Bartens

Lob der langen Liebe

Wie sie
gelingt und
warum sie
unersetzbar
ist

Rowohlt · Berlin

Originalausgabe
Veröffentlicht im Rowohlt · Berlin Verlag, Oktober 2020
Copyright © 2020 by Rowohlt · Berlin Verlag GmbH, Berlin
Covergestaltung hißmann, heilmann, hamburg
Coverabbildung Müggenburg / plainpicture
Satz aus der Alegreya bei hanseatenSatz-bremen, Bremen
Druck und Bindung CPI books GmbH, Leck, Germany
ISBN 978-3-7371-0080-9

Die Rowohlt Verlage haben sich zu einer nachhaltigen Buchproduktion verpflichtet. Gemeinsam mit unseren Partnern und Lieferanten setzen wir uns für eine klimaneutrale Buchproduktion ein, die den Erwerb von Klimazertifikaten zur Kompensation des CO_2-Ausstoßes einschließt.
www.klimaneutralerverlag.de

Inhaltsverzeichnis

Eine Ermunterung	9
Besser alte Liebe als neue Probleme	14

AUF DEM WEG ZUR LANGEN LIEBE

Was die Liebe so schwer macht	21
Die Liebe als Überforderung	22
Die Tragik des Begehrens	25
Die Liebe als Selbsterfahrungstrip und strategisches Kalkül	29
Immer auf dem Sprung	32
Wann ist es eigentlich Liebe?	37
Vom Sprint auf die Langstrecke	39
Aufstieg und Fall der romantischen Liebe	42
Die rosarote Brille und andere Sehschwächen der Liebe	45
Von wegen verflixtes siebtes Jahr	48
Graue Scheidungen	49
Das ist keine Langeweile, das ist Liebe	51
Signale der Liebe	54
Die Farbenlehre der Liebe	56
Liebe in Sicht	57
Der Duft der Liebe	61
Den richtigen Ort für die Hochzeit wählen	63
Verwechslung der Gefühle	66
Die schwer erziehbare Stones-Generation	69
Fünfundvierzigplus, verheiratet, verwirrt	71
Die mehrfach ungesättigte Generation	73
Die neue Fruchtbarkeit	81

Die Babyboomer – Gefangen im eigenen Narzissmus 85
Das Alter hilft – normalerweise 88

Vom Nutzen alter Liebe 91

Lange Liebe hält gesund 92
Was Stress im Körper anrichtet 95
Eine Ehe ist gut für das Herz 98
Gemeinsam essen 100
Der Preis der Trennung 102
Verlassen und verschnupft 105

DIE LANGE LIEBE UND IHRE FEINDE

Toxische Zweifel in einer Beziehung 109

Tabufrage: Liebe ich diesen Mann oder diese Frau eigentlich noch? 110
Tabufrage: Wäre ein anderer nicht der bessere Partner gewesen? 111
Tabufrage: Habe ich nicht so viel verpasst? 112
Tabufrage: Ist das überhaupt der Richtige? 113
Tabufrage: Wer macht mehr? 116

Gefahren für die lange Liebe 118

Wer der Versorger und Ernährer ist 118
Der gnadenlose Blick 120
Sünden in der Paarbeziehung 123
Verräterische Sprache, alte Muster 124
Erste Alarmsignale nicht ignorieren 126
Wie groß ist die Gefahr, sich zu trennen? 130
Was tun, wenn der Blick auf den Partner immer düsterer wird? 132
Wenn Familie krank macht – Die Last der Herkunft 134
Geschwister als Rollenmuster für die Partnerwahl 136
Auf Abschiedstournee gehen 141
Beziehungsgift: Verrat statt Loyalität 143
Schluss, aus, vorbei – wenn die Trennung unumgänglich ist 145

Was tun, damit die alte Liebe frisch bleibt	148
Erfolgreich altern	149
Den passenden Rhythmus finden	152
Wenn Heimat zum Problem wird	153
Neue Ziele setzen	158
Aufhören, Abtreten	161

LANGE ZUSAMMEN UND TROTZDEM GLÜCKLICH

Strategien für die lange Liebe	171
Das Verwöhnprogramm für die alte Liebe starten – jetzt!	171
Liebe zulassen und erkennen, was sich verändern lässt	174
Sich nicht alles gefallen lassen	180
Achtsam gegenüber den eigenen Gefühlen	182
Die «apokalyptischen Reiter» verjagen	185
Sieben Rezepte für eine lange Ehe	194
Geheimnisse voreinander haben	196
Rituale ja, Routine nein	197

Eine verhängnisvolle Affäre	202
Wie umgehen mit Untreue?	202
Warum es zur Untreue kommt	206
Was Untreue bedeutet	209
Der Reiz des Verwegenen	212
Vergeben oder die eigene Verletzung spüren lassen?	214

Fehler vermeiden – das Rettungspaket für die lange Liebe	216
Wissen, was man aneinander hat	217
Nicht immer auf denselben hereinfallen	219
Die richtige Kommunikation zur richtigen Zeit	222
Die Liebe nicht vernachlässigen	225
Sich nicht gehenlassen	229
Nicht den Anderen ändern wollen – sondern sich selbst	235

Den Wunsch nach Veränderung ansprechen	238
Den Partner zur Entfaltung bringen	239
Zeit füreinander finden	243

Wo bleibt die Zärtlichkeit? 248

Touch me – wie Berührung hilft	251
Sich richtig anfassen – auch nach Jahren nicht einfach	255
Die passende Berührung finden	259

Wenn die Liebe in die Jahre kommt – geht dann der Sex? 263

Wenn die Ödnis im Bett früh anfängt	265
Versuchungen widerstehen für die lange Liebe	266
Silver Sex – Wie oft tun es die anderen?	271
Wer, wann, wie oft?	276
Sex früher, Sex heute	279
Schlafen Sie mit Ihrem Partner – sonst tun es andere	280
Also doch: Häufiger Beischlaf verbessert auch die lange Beziehung	282
Sex in der langen Beziehung – wie darüber reden?	285

Tatsächlich: Liebe für ein ganzes Leben 288

Anmerkungen 293

Literaturverzeichnis 303

Register 313

Eine Ermunterung

Ein Ehepaar erscheint vor dem Scheidungsrichter.
Er ist sechsundneunzig Jahre alt,
sie fünfundneunzig. Der Richter fragt irritiert:
«Warum lassen Sie sich denn jetzt noch scheiden?»
Antwort des Paares: «Wir wollten erst warten,
bis die Kinder tot sind.»

Dieses hochbetagte Paar hat es schon ziemlich lange miteinander ausgehalten, immerhin. Trotzdem spricht die
Begründung der beiden, warum sie sich so spät doch noch
trennen wollen, nicht gerade dafür, dass sie in den vielen Jahrzehnten zuvor eine glückliche Ehe geführt hätten. Vielmehr
haben sie eine der klassischen Erklärungen dafür genannt,
warum sie sich nicht schon viel früher haben scheiden lassen:
wegen der Kinder.

Dabei könnten Paare mittlerweile eigentlich wieder mehr
Zutrauen in ihre Beziehung haben. Und das trotz dieser ver-
maledeiten Vierziger-Regel. Statistisch gesehen nämlich leben
in Großstädten mehr als vierzig Prozent aller Erwachsenen als
Singles, wie es regelmäßig in den einschlägigen Erhebungen
heißt. Und von den Ehen, zu denen sich die wenigen
Wagemutigen dann doch irgendwann (und von Jahr zu Jahr in

einem immer höheren Alter) entschließen, werden fast vierzig Prozent wieder geschieden. Keine besonders guten Aussichten also für alle, die an längeren Beziehungen interessiert sind, geradezu ein Grund, verzweifelt einsam zu einem vierzigprozentigen Schnaps zu greifen, wenn es nicht – siehe oben – doch noch einen Funken Hoffnung geben würde. Denn seit 1990 sind die Ehen wieder deutlich haltbarer geworden, zumindest gilt das für die erste Halbzeit. Paare schaffen es mittlerweile, wieder länger zusammenzubleiben. Die mittlere Dauer einer standesamtlich geschlossenen Verbindung in Deutschland hat sich in den vergangenen dreißig Jahren erheblich verlängert.

Die Ehen, die im Jahr 1990 – also in der Zeit rund um die Wiedervereinigung – geschieden wurden, waren hingegen weitaus weniger bruchsicher gewesen. Sie hielten im Durchschnitt gerade mal gut zehn Jahre, dann war Schluss. Im Jahr 2018 ist die Dauer der Beziehungen, die mit einer Scheidung endeten, immerhin auf durchschnittlich fünfzehneinhalb Jahre angestiegen. Fünf Jahre länger, das bedeutet fast um die Hälfte mehr. Da ist zwar immer noch eine Menge Luft nach oben, aber trotzdem ist es ein vielversprechendes Indiz, das die Menschen ermuntern könnte, sich langfristig zu binden.

Allerdings muss man gleich ein wenig Wasser in den Wein schütten: Zwar dauert es mittlerweile erheblich länger, bis ein verheiratetes Paar die Verbindung wieder auflöst. Doch wirklich stabiler sind die Ehen nicht geworden, denn ein anderer Trend ist unverkennbar: Immer mehr Paare lassen sich auch nach vielen Jahren der Gemeinsamkeit noch scheiden, also dann, wenn sie selbst schon in ihren fünfziger oder sechziger Jahren sind. Statt gemeinsam als Rentnerpaar auf der Bank in der Sonne zu sitzen und die Enkel zu beaufsichtigen, gehen die Beziehungen der Silver Ager noch erstaunlich oft in die Brüche.

Die Babyboomer werden auf ihre alten Tage offenbar

ungeduldig mit sich und dem Partner. So hat sich beispielsweise die Anzahl der Ehepaare, die sich sehr spät, also noch nach sechsundzwanzig oder mehr gemeinsamen Ehejahren getrennt haben, zwischen 1992 und 2012 mehr als verdoppelt. Partnerschaften halten also wieder etwas länger – aber dafür ist die Wahrscheinlichkeit, dann für immer und ewig zusammenzubleiben, leider geringer geworden. Das kann nicht allein an der gestiegenen Lebenserwartung und der größeren Mobilität im Alter liegen.

Es verhält sich also mit der Ehe bei weitem nicht so, wie es gemeinhin Kindern nachgesagt wird, die angeblich «aus dem Gröbsten raus» sind, wenn erst die frühen Jahre glücklich überstanden sind. Gerade wenn die Kinder fast erwachsen sind und flügge werden, findet oftmals eine Generalinventur der Beziehung statt und führt zur späten Trennung. Für die Best Ager gilt daher, dass sie gerade dann noch etwas für ihre Partnerschaft tun sollten, wenn sie in die Jahre gekommen ist. Die Ehe bietet besonders in jener schwierigen Phase, wenn sie bereits Rost angesetzt hat und die Routinen eingeschliffen sind, längst keinen «sicheren Hafen» mehr.

Manche Partnerschaft droht allerdings auch schon früher morsch zu werden, also bereits vor der «Rosenhochzeit», wie das zehnjährige Ehejubiläum manchmal genannt wird. Dabei lassen sich einige Sollbruchstellen schon frühzeitig erkennen – und krisenfest ausbessern. In diesem Buch werden die ersten Anzeichen für das drohende Ehe-Aus beschrieben und hilfreiche Hinweise gegeben, wie sich ein Scheitern der Beziehung vermeiden lässt.

Sich zu trennen scheint auf den ersten Blick nämlich relativ leicht zu sein; das geht recht schnell und ist heutzutage immer seltener mit moralischen Vorwürfen verbunden. Wenn es plötzlich rauer zugeht, der Zauber der ersten Verliebtheit schon lange verflogen ist und statt glühender Leidenschaft vor allem mäßig prickelnde Gewohnheiten den Alltag bestimmen, dann ist es oft schwieriger, zusammenzubleiben. Aber es lohnt sich, meistens jedenfalls – und dafür gibt es viele gute Gründe, die ebenfalls in diesem Buch aufgezeigt werden.

Etliche langgediente Paare fragen sich zwar, was von ihrer Liebe bleibt, wenn nach etlichen Jahren Gemeinsamkeit noch immer so viel Ehe übrig ist. Sie raufen sich dann trotzdem mehr schlecht als recht zusammen und versuchen es auch weiterhin als Paar. Häufig geschieht dies aber aus rein pragmatischen Gründen – die Kinder, langfristige Schulden, das gemeinsame Haus oder schlicht aus Bequemlichkeit und der bangen Ungewissheit, was danach kommen könnte. Die Angst vor dem Neuen ist oftmals größer als der alltägliche Horror zu Hause. Die Partner stottern dann ernüchtert die vielen gemeinsamen Jahre ab, die sie noch vor sich haben, ohne miteinander zufrieden oder gar glücklich zu sein. Kann man so machen, ist aber keine schöne Perspektive.

Mit sich und ihrem Partner im Reinen sind solche Paare denn auch nur selten. Sie haben stattdessen das Gefühl, im Leben irgendwann an der entscheidenden Stelle falsch abgebogen zu sein und längst den Zeitpunkt verpasst zu haben, an dem sie noch umkehren oder eine andere Richtung hätten einschlagen können. Sie hadern mit sich und ihrem fehlenden Mut und kämpfen sich an ihrem Partner ab. Manche bemitleiden sich selbst oder verfallen gar in allgemeine Resignation. Die Zündschnur der Liebe wird nach und nach immer kürzer. Ist sie schließlich endgültig abgebrannt, kommt es dann doch irgendwann zur Explosion, und der angestaute Frust und Ärger entladen sich.

Auf die Idee, jetzt noch etwas für ihre Beziehung tun zu können, kommen solche in sich und ihrer Partnerschaft gefangenen Menschen oftmals gar nicht mehr. Dabei ist «Selbstwirksamkeit» nicht nur für Paarkonflikte, sondern in allen schwierigen Lebensphasen eine äußerst hilfreiche Ressource. Psychologen verstehen darunter, sich nicht in seiner Opferrolle einzurichten und zu resignieren, sondern auszuloten, was man selbst tun kann, um etwas an seiner Lage zu ändern.

Dazu gehört es beispielsweise, sich zu sagen: Ich kann es eigentlich sehr wohl mit meinem Partner schaffen, wir versuchen es noch mal gemeinsam, ich strenge mich dafür an und lasse mich nicht so schnell unterkriegen. Wichtig ist dabei allerdings, auch Misserfolge und Stillstand zu akzeptieren. Beides wird es zwischendurch unweigerlich geben. Halten beide das aus, steigen die Frustrationstoleranz und das Durchhaltevermögen.

Anstatt verzweifelt auf die angeblich verlorenen Jahre und die derzeitigen Blockaden in der Beziehung zu starren, geht es auch anders. Das gemeinsame Glück – oder wenigstens die Zufriedenheit miteinander – lässt sich bewahren, und die Liebe kann durchaus zum Bleiben bewegt werden. Zusammen zu sein und es auch zu bleiben kann nämlich ziemlich gut sein und alte Liebe sogar die beste.

Der Begriff «alt» genießt zwar in vielerlei Hinsicht keinen guten Ruf in einer vor allem an Mehrwert und Innovationen orientierten Gesellschaft, in der «neu» automatisch mit «besser» gleichgesetzt wird. Allerdings ist es höchste Zeit, das zu ändern. Schließlich gibt es etliche Gründe, warum neben altem Wein, alten Streichinstrumenten und alten Freunden endlich auch das Wortpaar «alte Liebe» viel positiver bewertet werden müsste. Alt kann schließlich auch bedeuten, dass etwas bewährt ist, wertvoll und aus diesen Gründen besonders kostbar.

Auch chronische Beziehungen – so nenne ich jenes trostlose Zusammensein von Paaren, das nicht nur schon lange andauert, sondern auch erhebliches Leid für beide Seiten mit sich bringt – lassen sich erfreulich gestalten und zu einem Quell der Lebensfreude statt der Bitternis machen. Es braucht allerdings eine neue Wahrnehmung des anderen und des Zusammenseins, man kann auch sagen, dazu ist ein neues Mindset nötig. Ein neuer Blick auf die Liebe und das gemeinsame Leben als Paar muss her.

Besser alte Liebe als neue Probleme

«Es gibt nur einen Weg, eine glückliche Ehe zu führen, und
sobald ich erfahre, welcher das ist, werde ich erneut heiraten.»
(Clint Eastwood)

Um die Liebe zu bewahren, ist es hilfreich, die verschiedenen Konjunkturen der Liebe realistisch anzuerkennen. Während in vielen anderen Bereichen des Alltags sehr wohl akzeptiert wird, dass es unterschiedliche Phasen im Leben gibt, sei es in der Kindheit, während der Pubertät, in mittleren Jahren und im Alter, aber auch in Zeiten der Ausbildung und im Beruf, werden die Liebe und das Zusammenleben als Paar noch immer hoffnungslos verklärt, so als ob es immer gleich bliebe wie im Schlussbild eines romantischen Films.

Man sollte sich für einen Moment – und in der Liebe immer wieder – klarmachen, was hier eigentlich Ungewöhnliches von einem Paar erwartet wird: Es geht um nicht weniger als den abrupten Wechsel des Aggregatzustandes von zwei Menschen, die sich kurz zuvor meist noch vollkommen fremd waren, oft einander nicht mal kannten. Dann finden sie sich und sind plötzlich aufs innigste miteinander verbunden.

Und nach diesem rasanten Frontalzusammenstoß an Zuneigung und Begeisterung sollen sie es dann auf Dauer miteinander aushalten? Also auch dann, wenn die anfängliche Leidenschaft längst wieder eingeschlummert ist? Es gibt leichtere Aufgaben im Leben, trotzdem wird diese enorme Anpassungsleistung völlig unterschätzt – und gleichzeitig gnadenlos idealisiert. «Es wird nach einem Happy End / im Film jewöhnlich abjeblendt», beobachtete Kurt Tucholsky und nannte auch den Grund dafür im Rückblick auf die gemeinsame Zeit: «Ach, Menschenskind, wie liecht det weit / wie der noch scharf auf Muttern war (...) Die Ehe war zum jrößten Teile / vabrühte Milch un Langeweile / und darum wird beim Happy End / im Film jewöhnlich abjeblendt».

Während es sonst ein ständiges Auf und Ab im Leben gibt, gelegentliche Hochs und Tiefs nicht die Ausnahme, sondern die Regel sind, wird von der Liebe ein ewig währendes Glücksgefühl der märchenhaften Schwerelosigkeit und hormongetränkten Leidenschaft erwartet, ein altersloses wonniges Miteinander, ein rosarotes Bällebad voller übermütiger Emotionen und Sinnenreize. Höchste Zeit, dieses Zerrbild ein wenig zurechtzurücken – und den Menschen Mut zu machen, sich trotzdem, für mehr als einen Lebensabschnitt, aneinander zu binden.

Für langgediente Paare wie auch für Alleinstehende auf der Suche nach einer Partnerschaft wäre es wichtig, sich mit Neugier auf etwas ganz Einfaches einzustellen: Die unterschiedlichen Lebensschwellen und Lebensstufen müssen anerkannt und angenommen werden, weil sie eben nicht nur das Leben allgemein, sondern auch das Liebesleben und eine Partnerschaft durchziehen und mitbestimmen, wie man sich fühlt. Da gibt es ständige Aufs und Abs und neben heiteren eben auch immer wieder düstere Momente.

Die Schweizer Ärztin und Autorin Elisabeth Kübler-Ross hat in den 1960er Jahren fünf Phasen beschrieben, die typisch dafür sind, wie Menschen damit umgehen, wenn sie erfahren, dass sie an einer unheilbaren Krankheit leiden:

Zuerst, in der Zeit unmittelbar nach der Diagnose, überwiegt das Leugnen, das Nicht-wahrhaben-Wollen. Es kann doch nicht wahr sein, dieser Befund kann schlicht nicht stimmen, die Untersuchung muss ein falsches Ergebnis geliefert haben! Bald darauf folgen Ärger und Zorn, gepaart mit der Frage, warum ausgerechnet ich? Es werden Ursachen und Erklärungen gesucht. Betroffene forschen in ihrer Lebensgeschichte, grübeln darüber nach, was sie falsch gemacht haben könnten oder weshalb es gerade sie erwischt haben könnte.

Danach folgt eine Phase, in der viele Menschen hoffen, durch Wohlverhalten oder besondere Rituale ihr Schicksal noch günstig beeinflussen zu können. Sie ernähren sich anders, trennen sich von ihrem Partner, ziehen sich zurück oder gehen auf eine große Reise – oftmals sehr zur Verwunderung ihrer nächsten Umgebung. Es folgen schließlich Niedergeschlagenheit und Leid, bis letztlich das Unvermeidliche angenommen wird.

Okay, die Liebe ist nur in besonders schweren Fällen mit einem unheilbaren Leiden zu vergleichen, und das Annehmen des Unvermeidlichen sollte nicht am Ende stehen. Aber auch in einer Beziehung geht es darum, die Zyklen und Wechselfälle des Miteinanders kennen- und schätzen zu lernen und sie halbwegs parallel oder – was noch schwieriger ist – sogar gegenläufig auszuhalten. Dann zeigt sich nämlich meistens, dass die Beziehung doch viel mehr trägt, als ihr beide bisher zugetraut habt, und dass alte Liebe meistens besser ist als neue Probleme.

Mich fasziniert seit langem, welche gesundheitlichen Auswirkungen es hat, wenn Partnerschaften, Begegnungen, Berührungen und gegenseitiges Verständnis gelingen – und wozu es führt, wenn all das fehlt.

Interessanterweise gibt es vergleichsweise wenige Untersuchungen dazu, wie es Menschen geht, wenn sie älter werden und schon länger als Paar zusammenleben. Die meisten Bücher beschäftigen sich mit jungen, sozusagen «frischen» Partnerschaften. Im Mittelpunkt dieses Buches stehen dagegen die sozialen Beziehungen zwischen Menschen, die schon länger zusammen sind, ihr Miteinander und ihre Liebe nach vielen Jahren. Seit langem habe ich mit Fachleuten und «Betroffenen» darüber gesprochen und habe mich in Büchern und Artikeln mit Menschen und ihren Beziehungen zueinander auseinandergesetzt. Diese Erkenntnisse sind selbstverständlich auch in dieses Buch eingegangen.

Denn hier möchte ich zeigen, was die typischen Erfahrungen und Herausforderungen sind, wenn die Partner gemeinsam ihre vierziger, fünfziger, sechziger, siebziger oder achtziger Jahre mitsamt all den dazugehörigen Krisen bewältigen müssen – und wie sie dies zusammen gut hinbekommen und auch weiterhin zusammenbleiben, ohne sich dabei ständig auf die Nerven zu gehen.

Ein realistischer Blick auf den Lauf der Liebe ist übrigens keineswegs ernüchternd oder gar abschreckend. Er hilft vielmehr dabei, besser miteinander zurechtzukommen, gemeinsam zufrieden zu sein und weder sich noch den Partner noch die Beziehung mit überzogenen Ansprüchen und falschen Erwartungen zu überfordern.

AUF DEM WEG ZUR
LANGEN LIEBE

Was die Liebe so schwer macht

«Von Weitem sieht eine Ehe außerordentlich einfach aus.»
(Hans Fallada)

Es ist ein Kreuz mit der Liebe. Wir wollen dem Diktat unseres Herzens folgen, uns dabei aber nicht vollständig selbst aus den Augen verlieren – oder allenfalls für den kurz während Moment der akuten Verliebtheit. Wir wollen uns selbst verwirklichen, aber trotzdem voller Hingabe manchmal alles vergessen. Wir wollen selbständig sein, aber dennoch sicher sein, dass wir uns auch in der größten Abhängigkeit auf den anderen verlassen können. Wir sind meistens ökonomisch unabhängig und haben eine eigene Ausbildung, sodass wir uns es leisten könnten, die Beziehung – und auch eine Ehe – aufzukündigen. Wir haben eine durchschnittliche Lebenserwartung von achtzig Jahren und mehr, wie sollen wir uns da sicher sein, dass die Anziehung der ersten Monate für die nächsten fünfzig Jahre hält? Und wir haben diese enorme Auswahl an Möglichkeiten. Schwierig das alles, wirklich schwierig.

«Ich und Du wir waren ein Paar / jeder ein seliger Singular», schreibt Mascha Kaléko. Sehr schön, aber wie macht man das, ein Paar und trotzdem ganz selber zu sein?

Die Liebe als Überforderung

«Lebst du mit ihr gemeinsam –
dann fühlst du dich recht einsam.
Bist du aber alleine – dann frieren die Beine.
Lebst du zu zweit? Lebst du allein?
Der Mittelweg wird wohl das richtige sein.»
(Kurt Tucholsky)

Unsere Vorstellungen von der Liebe sind heillos überfrachtet. Das zeigt sich in Partnersuchanzeigen, in Dating-Shows – oder auch nur im Gespräch mit der besten Freundin oder dem Freund. Der Mann fürs Leben soll schließlich zugleich der verlässliche Kumpel sein und ein augenzwinkernder Lebenskünstler, der immer für eine Überraschung gut ist. Dazu sei er bitte schön auch ein geschickter Heim- und Handwerker, natürlich irgendwie kreativ, der engste Vertraute, erfolgreich im Job, ein leidenschaftlicher Liebhaber, der große Kümmerer und dann auch noch ein wunderbarer Vater. Einen knackigen Po, mindestens aber ein Grübchen im Kinn, hat er natürlich auch, um das nicht zu vergessen.

Gesucht wird also eine Art Casanova in gehobener Position, der am Wochenende das Unkraut jätet, abends geduldig mit den Kindern die Hausaufgaben durchgeht und morgens schon den Müll rausgetragen hat, bevor er ihr Kaffee und Croissants ans Bett bringt. Ein Mittelding also aus Robert Habeck, Elon Musk, George Clooney und diesem netten Wuschelkopf, der immer die Gemüsekiste vor die Tür stellt.

An die Traumfrau werden nicht minder hohe Erwartungen gerichtet. Sie soll bitteschön eine herzenswarme gute Fee sein, umsichtig und fürsorglich im Haus, eine hervorragende Köchin und natürlich eine aufopferungsvoll liebende Mutter. Sie hat auch nach einer am Bett der kranken Kinder durchwachten Nacht noch eine porentief reine Haut, gleichzeitig ist sie beruflich erfolgreich, ohne privat ihre eigenen Interessen zu vernachlässigen. Und abends verwandelt sie sich in einen aufregenden Vamp, zumindest aber in eine Granate im Bett.

Man muss sich das wohl als eine Kreuzung aus Mutter Teresa, Penélope Cruz, Christine Lagarde und einem bulgarischen Unterwäsche-Model vorstellen. Darf's vielleicht noch ein bisschen mehr sein? Eine eierlegende Wollmilchsau ist jedenfalls nichts dagegen.

Natürlich ist das alles etwas überspitzt. Aber mal ehrlich, ganz unter uns, wer hat auch nur annäherungsweise einen solchen Partner oder eine solche Partnerin? Wo gibt es die? Oder wer kennt auch nur ein einziges Paar, auf das wenigstens die Hälfte der genannten Eigenschaften zutrifft und die nicht nur selbst beide solche Hauptgewinne sind, sondern die voller Sehnsucht nur darauf warten, sich wieder zu sehen und miteinander zu verschmelzen? Kein Wunder, dass kaum eine Beziehung diese Ansprüche auf Dauer aushält. Was bleibt, sind ebenso sehnsüchtige wie unerfüllte Phantasien – und der ernüchtert-zweifelnde Blick auf dieses amorphe Etwas, das sich da neben einem im Bett herumwälzt.

Realistisch ist ein solch überladenes Bild von der Liebe (und dem Liebespartner!) nämlich keineswegs. Seit mit dem Zeitalter der Romantik die ideelle Überhöhung der Ehe in der ersten Hälfte des 19. Jahrhunderts einsetzte, begann die gegenseitige Überforderung. Aus einer nüchtern geschlossenen oder gar von außen arrangierten Zweck- und Arbeitsgemeinschaft, wie es in den Jahrhunderten zuvor meistens der Fall war, sollte fortan ein heiterer Lustgarten werden. Und seitdem leiden die meisten Paare unter den zu hohen Erwartungen.

Nur weil nach der romantischen Wende ab 1820 die Ansprüche an die Partnerschaften zunahmen, wurden sie nicht automatisch besser. Es gab in den folgenden zweihundert

Jahren (und gibt sie bis heute) auch weiterhin zahlreiche miese Ehen und zerrüttete Verhältnisse in großer Zahl. Aber die Hoffnung auf den einmaligen Traumpartner, das Streben nach Erfüllung und die Erwartung des großen Glücks im Kleinen blieben; diese wunderbaren Wunschvorstellungen ließen sich nie wieder ganz einfangen.

Allerdings muss man die Romantiker des 19. Jahrhunderts auch ein wenig in Schutz nehmen. Ihre Vorstellung von der romantischen Liebe war nicht gleichbedeutend mit dem, was heute oftmals darunter verstanden wird, also leidenschaftlicher Hingabe und körperlicher Ekstase. Romantische Autoren verstanden darunter vielmehr eine tiefe innere Verbundenheit, die mit Seelenverwandtschaft wohl am besten zu übersetzen ist. Und damit kommen sie dem Zustand der langen, dauerhaften Liebe, der durch große Nähe und Vertrautheit charakterisiert ist und nicht durch wilde Leidenschaft, ja schon recht nahe.

Herumgesprochen hat sich das allerdings kaum. Denn nicht weniger als die oder der eine unter Millionen sollen es im heutigen Anforderungsprofil an den Partner schon sein, eine persönliche Maßanfertigung, von einer höheren Schicksalsmacht sorgfältig geschnitzt und zwar exklusiv für die eigenen Bedürfnisse. Der auf den ersten Blick irritierende Buchtitel «Liebe dich selbst und es ist egal, wen du heiratest»[1] bringt sehr schön auf den Punkt, warum es wenig hilfreich ist, auf den Traumprinzen oder die Traumprinzessin zu warten und alle potenziellen Kandidaten daran zu messen. Das ist meist der sichere Weg ins Unglück. Das Glück in der Liebe liegt zu großen Teilen in den eigenen Händen, nicht in denen des Wunschpartners.

Mit etwas Abstand betrachtet, ist es ja sowieso ein großes Paradox: In jüngster Zeit beschleunigt sich die gesellschaftliche Entwicklung noch rasanter als zuvor. In vielen gesellschaftlichen, ökonomischen und staatlichen Bereichen werden die Hochs und

Tiefs, auch die Phasen der Ernüchterung und des Stillstands immer häufiger und sind manchmal im Alltag sehr schmerzhaft zu spüren – aber ausgerechnet in der Partnerschaft soll alles so heiter und zuckersüß fortbestehen wie am Anfang? Das kann nicht funktionieren, und wer diese Erwartung an eine Beziehung und seinen Partner hat, wird scheitern. Rückschläge und Enttäuschungen sind dann unweigerlich programmiert.

Die Tragik des Begehrens

«Da ist die Angst, niemals den Gipfel zu erreichen
(und nicht einmal zu wissen, welcher Weg hinaufführt),
aber auch die Angst, ihn tatsächlich zu erklimmen
(und nun zu wissen, dass es nicht mehr höher geht).»
(Zygmunt Bauman, Soziologe)

Die Sagengestalt des Königs Midas ist in verschiedenen eindrucksvollen Erzählungen überliefert. Eine der bekanntesten Mythen berichtet von seinem Wunsch, dass alles, was er anfasse, doch unmittelbar zu Gold werden möge. Dionysos erfüllte ihm dieses Begehren, und der König war begeistert: Er berührte einen Baum nur leicht, und dieser verwandelte sich sofort in Gold. In der Aussicht auf unerschöpflichen Reichtum lud Midas sogleich zu einem großen Festessen. Der Saal wurde prachtvoll geschmückt, die lange Tafel bog sich vor köstlichen Speisen, und zahlreiche Gäste waren gekommen. Doch als Midas den ersten Bissen zum Mund führen wollte, verwandelte sich dieser augenblicklich in Gold und war nicht mehr zu genießen. Als bald darauf seine geliebte Tochter eintraf, freute sich Midas sehr, nahm sie zur Begrüßung herzlich in den Arm – woraufhin sie ebenfalls zu Gold wurde und erstarrte.

Midas verzweifelte, trauerte – und magerte obendrein ziemlich ab. Schon bald bat er Dionysos flehentlich darum, seinen vor kurzem noch so heiß ersehnten Wunsch schleunigst wieder zurückzunehmen. Schließlich konnte er so nicht mehr lange weiterexistieren, er würde zugrunde gehen. Dass sein Wunsch so schnell und umfassend in Erfüllung ging, machte ihn zwar für einen winzigen Moment glücklich, sodann sein Leben aber unerträglich, denn er dominierte fortan alles. Statt Glück kam großes Unglück über ihn.

Und die Moral von der Geschichte? Die Lehre für die Liebe? Der Hunger bleibt, auch wenn die größte Sehnsucht gerade erst erfüllt wurde. Und ein Reich aus purem Gold mag zwar eine schöne Vorstellung sein, letztlich kommt es aber vor allem auf ganz alltägliche Dinge wie zwischenmenschliche Begegnungen und Berührungen an – und die Möglichkeit, satt zu werden.

Dass sich Lust und Begehren nicht für immer erfüllen und niemals auf Dauer stillen lassen, zeigt diese Sage eindrucksvoll. Nietzsches Diktum «Doch alle Lust will Ewigkeit / will tiefe, tiefe Ewigkeit!» deutet ein paar Jahrtausende später in eine ähnliche Richtung. Vielleicht passt es dazu, dass die Franzosen, die sich in Liebesdingen ja der Legende nach besonders gut auskennen sollen, für den körperlichen Höhepunkt der Liebe, den Orgasmus (und das direkte Gefühl danach), die schöne Umschreibung «La petite mort» gefunden haben, der kleine Tod.

Was für ein Sprachbild! Man kommt der perfekten Erfüllung der Lust zwar für einen kurzen Augenblick ziemlich nahe und ahnt, wie das sein könnte, wenn es immer so wäre. Aber schon kurz darauf fühlt es sich ein bisschen so an wie Sterben, weil die Ekstase anschließend nun mal nicht bewahrt werden kann. Da man jedoch bereits davon gekostet hat, folgt unweigerlich eine melancholische Sehnsucht nach der Lust, und man strebt nur umso mehr danach.

Auch der Mythos um die Figur des Königs Tantalos ist eine hilfreiche Metapher für die Tragik des menschlichen Begehrens. Tantalos wollte die Götter, die ihm das Privileg gewährt hatten, ein Festessen für sie auszurichten, auf eine Probe stellen. Waren sie ihm tatsächlich so überlegen und durchschauten alles? Um dies herauszufinden, tötete er seinen eigenen Sohn, zerkleinerte ihn und ließ ihn zum Mahl servieren.

Die Götter bemerkten die Untat allerdings sehr schnell und bestraften Tantalos dafür mit den dann nach ihm benannten Qualen. Diese bestanden unter anderem darin, dass der Übeltäter an einen Baum gefesselt wurde, der voll mit prallen Früchten hing. Trotz aller Anstrengungen konnte er diese aber niemals erreichen. Er war dem Ziel immer verführerisch nahe, es blieb ihm aber auf Dauer versagt. Eine andere, ganz ähnliche Strafe bestand darin, dass Tantalos mit immerwährendem Durst geschlagen wurde, während er bis zum Kinn in einem Teich stehen musste. Jedes Mal, wenn er seinen Kopf neigte, um daraus zu trinken, wich das Wasser jedoch vor ihm zurück und versiegte bis unter den Grund um seine Füße.

Diese beiden Sagen von Midas und Tantalos haben zwar sehr unterschiedliche Hintergründe und Motive. Doch egal, ob dem Protagonisten das Begehren umgehend befriedigt oder es ihm immer wieder versagt wird: Erfüllung bekommen sie beide nicht, können sie gar nicht bekommen. Zufrieden werden sie deshalb auch nie sein, und das Begehren ist endgültig zum Scheitern verurteilt, auch wenn die Sehnsucht bleibt und sogar immer größer wird.

Ähnlich verhält es sich mit der Idealvorstellung von einer perfekten Beziehung und der großen Liebe. Die Sehnsucht wird vermutlich sogar immer größer, je ernüchternder sich die Alltagswirklichkeit mit dem Partner gestaltet. Und wenn schon die Partnerschaft nicht das bietet, was man sich davon erwünscht und erträumt hat, sollen wenigstens die eigenen Bedürfnisse nicht zu kurz kommen. Die Liebe und das, was davon noch übrig geblieben ist, wird statt zu einem Fest der Gemeinsamkeit immer öfter zum durchkalkulierten Ego-Trip.

Von Eva Illouz, die auf die Gleichnisse von Midas und Tantalos im Zusammenhang mit der Tragik des Begehrens hingewiesen hat, stammt die nüchterne Einsicht: «In vieler Hinsicht sind wir im Sex- und Gefühlsleben zum Midas geworden und versuchen, alles in die goldene Ewigkeit des Begehrens zu verwandeln», schreibt die israelische Soziologin. «Doch dass wir unsere Liebessehnsüchte aus Institutionen und Konventionen befreit haben und sie stattdessen der Logik des Begehrens gehorchen lassen, hat uns ihre Erfüllung nicht leichter gemacht.»[2] Die moralische, sexuelle und emotionale Freiheit, die als große Errungenschaft der vergangenen Jahrzehnte gefeiert wird, hat unbestreitbar viele Vorteile gebracht. Die Liebe stellt sie allerdings vor große Herausforderungen.

Die Liebe als Selbsterfahrungstrip und strategisches Kalkül

«Brauchen wir heute überhaupt noch Paare? Das Paar scheint eine überflüssige Einrichtung geworden zu sein, es stört das Individuum in seiner Entwicklung und zwingt es, sich mit seinen Widersprüchen herumzuschlagen. Paare schaffen Verwirrung, Konflikte, Einsamkeit und Schmerz. Schon die Zahlen sprechen gegen das Paar, da sich immer mehr Leute für ein Leben allein entscheiden.»
(Eva Illouz, israelische Soziologin)

Es klingt paradox: Ausgerechnet Liebe und Romantik sind mehr denn je strategischen Überlegungen und seltsam anmutenden Kalkulationen unterworfen. Waren es in früheren Zeiten klare ökonomische Rechnungen («Hektar besteht / Schönheit vergeht»), so wird die Liebe heute von den Partnern bereits früh grundsätzlich hinterfragt und dann geschwind auf ihren emotionalen Nutzwert abgeklopft, manchmal gar wie eine Art Tauschgeschäft bewertet. Die Wahrnehmung einer Partnerschaft, ja, schon die Bereitschaft, überhaupt eine einzugehen, folgt immer öfter einem klaren Kalkül. Das Denken, das dahinter steht, ähnelt ökonomischen Überlegungen, wird also diktiert von der Frage: Was habe ich eigentlich davon? Bringt mir das etwas? Und lohnt sich das überhaupt noch? Wenn ja, zu welchem Preis?

Gerät die emotionale Balance aus Geben und Nehmen nach ein paar Jahren in eine Schieflage, stellt sich für viele Paare erneut die Frage: Zahlt sich das für mich überhaupt noch aus – und bekomme ich das, was ich zuvor im Übermaß in das gemeinsame Leben und für den Partner investiert habe, irgendwann wieder zurück auf mein imaginäres Beziehungskonto? So mancher kommt bei diesen Schaden-Nutzen-Bilanzen zu einem ziemlich ernüchternden Ergebnis, wenn die Vor- und Nachteile aufgelistet und Soll und Haben gegeneinander aufgewogen werden.

Zu dieser Aufrechnung der Liebesbeweise kann es zwar in jedem Alter kommen, aber zunehmend sind jetzt die reiferen Jahrgänge davon betroffen und müssen sich und ihren Nutzen für den anderen bewerten lassen. Und das, obwohl sie sich doch längst so sicher wähnten! Mancher mag sich da wie der ältere Arbeitnehmer fühlen, der fürchtet, in den Vorruhestand geschickt zu werden oder eine Abfindung angeboten zu bekommen, weil er sich für das Unternehmen nicht mehr lohnt. Deshalb ist auch eine Ehe, die schon fünfzehn, zwanzig Jahre oder länger andauert, keineswegs davor geschützt, nicht noch mit einer großen Explosion zu zerbrechen.[3] In Umbruchphasen wie der Midlife-Crisis, den Wechseljahren oder dem Ende der Berufstätigkeit kommen solche Neubewertungen in Partnerschaften mittlerweile häufiger vor.

Die israelische Soziologin Eva Illouz hat in ihren Büchern darauf hingewiesen, dass die Erwartungen an eine Partnerschaft zwar von ökonomischen Prinzipien geprägt sind, aber nicht mehr primär darauf abzielen, gut versorgt zu sein und materielle Vorteile zu genießen, also das zu erreichen, was man früher als eine «gute Partie» bezeichnet hätte. Es geht nicht um genügend Geld, es geht um das Optimum an Gefühlen.

In vielen Partnerschaften ist vielmehr das Ziel in den Vordergrund gerückt, möglichst zahlreiche und möglichst unterschiedliche Erfahrungen zu machen, «sich dabei selbst zu spüren» und eine Vielfalt an intensiven Gefühlen und persönlichen Reifungsprozessen zu durchleben.[4] Die maximale Ich-Verwirklichung soll es sein, und das steht mir schließlich zu, lautet die gesellschaftlich akzeptierte Maxime.

Beziehungen werden demnach vor allem als hilfreiche

Mosaikstücke zur Selbstfindung verstanden – immer verbunden mit der Hoffnung, dass ein paar besonders kostbare Edelsteine darunter sein mögen, wenn man eine neue Liaison eingeht. Die dienen dann natürlich einzig dazu, das eigene Gesamtkunstwerk noch wertvoller zu machen. Status und Selbstwert bemessen sich mittlerweile zu großen Teilen daran, wie viele emotionale Entwicklungsschübe, Beziehungserlebnisse (und damit auch Sexpartner) jemand bereits vorweisen kann und ob sie die eigene Entwicklung «wirklich weitergebracht» haben oder nur Stillstand bedeuteten.

Nebenbei sei erwähnt, dass Kinder in diesem Modell von Beziehungen eine Zumutung sind, denn sie bringen das Streben nach Autonomie und Hedonismus gehörig ins Wanken. Kein Wunder, dass die Entscheidung für das erste Kind in einem immer höheren Alter getroffen wird – und immer mehr Kinder im Nachhinein finden, ihre Eltern hätten sich auch bei dieser Entscheidung hauptsächlich um sich selbst gedreht. Zwar sehen manche Paare die Geburt eines Kindes auch als eine Form der Selbstverwirklichung an. Besonders Männer sind dann aber manchmal überrascht, dass sie mit einem kleinen Kind nicht das gleiche Leben weiterführen können wie zuvor, sondern dass es einen radikalen Einschnitt für das Paar wie für jeden Einzelnen von beiden bedeutet, wenn sie Eltern sein sollen.

Es ist naheliegend, dass dieser egozentrische Hang zur Selbstoptimierung und Selbstverwirklichung es mit sich bringt, schnell ungeduldig zu werden und mit dem Ist-Zustand nur selten zufrieden zu sein. Immer ist da diese Unruhe, verbunden mit bohrenden Fragen: Soll das etwa schon alles gewesen sein? Was kann ich in Zukunft noch von dem Langweiler erwarten, mit dem ich schon so lange zusammen bin? Und wie geht es weiter, wenn der Partner seine Reserven an Gefühlsaufwallungen, intensiven Erlebnissen und aufregenden Begegnungen schon aufgebraucht haben sollte und fortan nur noch sparsam neue Emotionen preisgibt oder gar nicht mehr zu überraschenden Ereignissen bereit ist?

Immer auf dem Sprung

Wer seine Beziehung nach ökonomischen Kriterien – was habe ich davon? – bewertet, entwickelt eine neue Sicht auf das Miteinander. Der Alltag als Paar ist dann nicht etwas, was Geborgenheit und Nestwärme vermittelt und als vertraut und verlässlich erlebt werden kann, sondern vor allem als Defizit, als Abwesenheit von Neuem, als schmerzhafter Mangel an Anregung und Überraschung. Dabei kann Liebe ja auch bedeuten, vom Partner wie von einem inneren Kaminfeuer gewärmt zu werden, ihm nicht ständig etwas Neues bieten und kein Animationstheater für ihn aufführen zu müssen, sondern vor allem dieses flauschige Persil-Gefühl gemeinsam zu erleben: Da weiß man, was man hat.

Zudem führt die Erwartungshaltung, dass die Beziehung ein steter Quell an emotionalem Zuwachs zu sein habe, leider auch dazu, dass ein plötzliches Ende immer möglich ist und zur permanenten Option wird. Nicht nur theoretisch, wie das für jedes Paar gilt, sondern praktisch, schon im nächsten Moment. Verlässlichkeit ist kaum noch gegeben. Sicherheit ist spießig, etwas für Bausparer. Werden die Ansprüche vom Partner nicht mehr ausreichend erfüllt, kann die Partnerschaft rasch zum Abschluss gebracht werden. Es regiert das aus der Wirtschaft bekannte Prinzip «fix it or close it»: Was nicht zufriedenstellend funktioniert, wird beendet, und zwar schnell.

Dieses latente Bedrohungsgefühl kann in seiner Wirkmächtigkeit gar nicht überschätzt werden: Keiner kann sich seiner Liebe mehr gewiss sein, nichts ist auf Dauer ausgerichtet, Garantien gibt es sowieso keine mehr. Tragisch, aber nun mal nicht zu ändern, wenn die unausgesprochene Übereinkunft, gegenseitig sein Gefühlsleben und den gemeinsamen Erfahrungsschatz zu bereichern, nicht mehr eingelöst wurde. Schließlich müssen ständig neue Eindrücke gesammelt werden, und wenn das nicht möglich ist, muss halt schleunigst ein neuer und mittelfristig vielleicht gar eine ausreichende Zahl an neuen Partnern her.

Weil die Selbstverwirklichung und die Gier nach erfüllenden Erlebnissen über allem stehen, werden Partnerschaften mittlerweile manchmal ziemlich abrupt beendet, wie Eva Illouz beobachtet hat – gleichsam nebenbei per Kurznachricht oder mit einer knappen Notiz auf dem Küchentisch. Wer das Gefühlsleben des anderen nicht ausreichend bedient, hat es schließlich nicht anders verdient, als flott abgefertigt zu werden, so die Logik dieses emotionalen Tauschhandels. Auftrag nicht erledigt, Mission abgebrochen, du bist gefeuert – diese Abfolge hat etwas von einem fehlgeschlagenen Job in einem James-Bond-Streifen.

Illouz hat im Gespräch mit dem «Spiegel» ein schönes Bild skizziert, wie sich jemand aus seiner langjährigen Beziehung davonschleicht, auch wenn er ansonsten höchste moralische Ansprüche für sich reklamieren würde: So könne beispielsweise ein engagierter Tierschützer, der streng vegan lebt und sich ehrenamtlich in der Flüchtlingshilfe engagiert, Knall auf Fall seine Frau verlassen, indem er ihr in einer sparsamen SMS die leider unumgängliche Trennung verkündet. Seinem Selbstbild zufolge versteht er sich dennoch weiterhin als jemand, der ehrenwerte ethische Standards einhält[5], die er aber auf seine Beziehung nicht anzuwenden braucht, das ist schließlich etwas anderes.

Denn das eigene Gefühl steht über allem und wird daher zum absoluten Gradmesser für die Qualität einer Beziehung – und sobald es enttäuscht wird, rechtfertige dies auch ein schnelles Ende, vermutet Illouz. Diese Generation hat schließlich früh gelernt, ausführlich über ihre eigenen Gefühle zu sprechen, und ist geübt in der Nabelschau. Sie verfügt daher auch über ein erstaunliches Repertoire, sich sogar die mieseste Trennung schönzureden – und das eigene abgründige Verhalten auch noch zu rechtfertigen.

Die Bilanzbuchhaltung einer Liebesbeziehung liest sich dann beispielsweise so: Da die emotionalen Grundbedürfnisse vom Partner nicht mehr ausreichend erfüllt werden konnten, sind – leider, leider – auch die Vorstellungen vom gemeinsamen Liebesglück nicht mehr zu verwirklichen. Es ist wie beim Räumungsverkauf: alles neu, alles muss raus. Dann können weder ethische Normen noch moralische Standards eine Trennung verhindern. Das Engagement für die Beziehung schwindet rapide. Wer nicht genügend Abwechslung und Anregungen in die Partnerschaft einbringt, kann im Tausch dafür auch kein weiteres langjähriges Miteinander mehr erwarten, so die selbstsüchtige Logik.

Gleichzeitig bringt es dieses emotionale Kalkül mit sich, dass Affären nur noch selten als moralisch verdammenswert gelten. Schließlich dient Fremdgehen doch nur dazu, den eigenen Reichtum an Erfahrungen weiter zu vergrößern. Seitensprünge gelten weniger als Kränkung des Partners, sondern als Mittel zur Entfaltung der eigenen Persönlichkeit. Nachreifen in fremden Betten könnte als Zielvorgabe formuliert werden. Wird das Verlangen nach Intimität und Sex in der langjährigen festen Beziehung nicht mehr genügend befriedigt, ist es nur naheliegend, sich auch woanders danach umzusehen und zu bedienen.

Zwar haben Schuldzuweisungen und Versuche, dem anderen ein schlechtes Gewissen einzureden, in Beziehungen ebenso wenig zu suchen wie der tadelnd erhobene Zeigefinger, trotzdem ist es erstaunlich, wie sich die moralischen Maßstäbe hier in den vergangenen Jahrzehnten verschoben haben.

Weder Paartherapeuten noch Scheidungsrichter stellen heutzutage noch die Frage nach der Schuld, wenn eine Partnerschaft nach längerer Zeit zerbricht. Es geht nicht mehr darum, wer wen wie oft und warum hintergangen hat. Wichtiger ist, wer was vom anderen nicht bekommen hat.

Droht also das Ende der konventionellen Paarbeziehung, wie es das Zitat von Eva Illouz andeutet, wonach Paare bald «eine überflüssige Einrichtung» sein könnten, die es nicht mehr braucht? Die israelische Soziologin selbst gibt darauf die überraschende Antwort, dass die Paarbeziehung allein deswegen schon zu verteidigen ist, weil darin die letzte soziale Form besteht, sich «dem herrschenden Ethos unserer Zeit zu widersetzen».

Ein konventionelles Paar, das in der Lage ist, «nichtberechnende Handlungsweisen wie Verzeihen oder Selbsthingabe» zu praktizieren, stellt sich damit schließlich auch gegen die Kultur der Auswahl und der Optimierung und «gegen die Vorstellung vom Ich als Schauplatz ständiger Aufregung, Vergnügung und Selbstverwirklichung», schreibt sie.

Wer trotz aller Versuchungen zusammenbleibt, sendet somit ein Signal, dass es ihm nicht um zusätzlichen Mehrwert geht oder darum, immer aus dem Vollen zu schöpfen und die niemals endende Ego-Tour fortzuführen. Vielmehr werden hier die Mühen der Dauer und die Kunst des Verweilens gepflegt, ohne jedes neue Angebot begierig anzunehmen. Das marktwirtschaftliche Prinzip von der Nachfrage, die durch immer neue und schon deshalb interessante Angebote stimuliert wird, ist dann zumindest in diesem intimen Bereich außer Kraft gesetzt.

Gerade ein Paar kann bewährte, fast ein wenig altmodische Tugenden pflegen, die im sonstigen Leben nach und nach in Vergessenheit zu geraten drohen. Dazu gehört es beispielsweise, so Illouz, «einander als einzig zu betrachten, nicht zu berechnen, Langeweile zu dulden, Selbstentwicklung aufzuhalten, mit einer oft mittelprächtigen Sexualität auszukommen und echte Hingabe einer vertraglichen Unsicherheit vorzuziehen». Wenn das keine verlockenden Aussichten sind!

Wann ist es eigentlich Liebe?

*«Ich merkte, dass ich vollkommen entspannt war, mich nicht
verstellen musste, nicht zusammenreißen, dass den Menschen
nichts an mir störte. Dass mich nichts an ihm störte. Vermutlich
bedeutet Liebe für jeden etwas anderes. Für mich ist es –
den anderen in Ruhe zu lassen.»*
(Sibylle Berg[6])

Das Römische Reich hatte viele großartige Momente zu
bieten, satte Jahre, enorme Erfolge. Es erlebte eine riesige
Ausdehnung und war über viele Jahrhunderte das Maß aller
Dinge in der antiken Welt – nicht nur politisch, sondern auch
sozial, kulturell, technologisch und wirtschaftlich. Doch dann
zerfiel es, wurde zerstückelt und brach schließlich auseinander.
Viele Historiker sagen, die Anzeichen dafür hätte man schon
früh erkennen können, auch zur Blütezeit des Imperiums
gab es schon etliche Indizien, die auf den drohenden Zerfall
hindeuteten.

Trägt der Vergleich vom Imperium Romanum mit dem
riesigen Reich der Liebe? Es ist immerhin auch ein ziemlich
großer Bogen, den die Liebe zu spannen vermag. Der Anfang
ist leicht und fühlt sich gigantisch an, weil da alle Regler auf
zehn gedreht sind. Volles Programm, ungefiltert und ohne

Absicherung. Das merkt man, selbst wenn man sonst nicht wirklich sensibel ist. Das Dumme ist nur: dieser Zustand bleibt leider nicht auf Dauer bestehen, er hält nicht ewig an.

In den ersten Monaten und Jahren einer Beziehung gibt es zwar immer wieder eine Liebes-Flut, doch dann droht dauerhafte Ebbe, und viele Beziehungen gehen auseinander. «Wir haben uns als Paar verloren», «Wir funktionieren nur noch» oder «Ständig gibt es Streit», heißt es dann oft. Was verloren geht im Miteinander, wie das passiert, was dabei vor sich geht – und wie es möglicherweise zu verhindern ist, das soll hier immer wieder nachgezeichnet werden.

Spannend ist dabei zu beobachten, welche frühen Hinweise es dafür gibt, dass die Partnerschaft in Gefahr ist – auch wenn in der Beziehung weiterhin für Brot und Spiele gesorgt ist und der äußere Schein stimmt.

Liebe ist das Gegenteil von Multitasking. Da hat anfangs nichts anderes Platz. Kein Zweifel und keine Nachfrage. Liebe ereignet sich – wie übrigens auch das Glück oder die Gesundheit – als ein Schwebeteilchen der Selbstvergessenheit. Aus medizinisch-physiologischer Sicht müsste man ergänzen, dass sich dieser exklusive Aggregatzustand wohl am ehesten mit einer betörenden Mischung aus Rausch, Sucht und Vierhundert-Meter-Lauf vergleichen lässt. Und wer gerade eine Stadionrunde läuft, kann nicht nebenbei noch Kugelstoßen oder zum Stabhochsprung antreten, das geht garantiert schief.

Der Vergleich mit dem Rausch ist übrigens ziemlich naheliegend. Verschiedene Forscher bewerten den Zustand der akuten Verliebtheit so, als hätte man ungefähr ein Promille Alkohol im Blut.

Vom Sprint auf die Langstrecke

«Große Zeit ist's immer nur, wenn's beinahe schiefgeht,
wenn man jeden Augenblick fürchten muss: jetzt ist alles vorbei.
Da zeigt sich's. Courage ist gut, aber Ausdauer ist besser.
Ausdauer, das ist die Hauptsache.»
(Theodor Fontane)

Selbstvergessenheit ist das Stichwort. Alles drum herum ausblenden, wegschieben, ignorieren. Ganz bei sich sein mit diesem Behaglichkeitsschauer des Erlebens – und damit auch ganz beim anderen. Distanz gibt es nicht, jedenfalls nicht zu den eigenen Gefühlen und zum anderen. Nahe kann gar nicht nah genug sein. Ein Ego-Trip der besonderen Art ist das, was die Liebe auslöst, und er führt auf pfeilgeradem Weg in das Herz eines anderen.

Wer hingegen Abstand hält und abwägt, sich Kopf oder Herz über der Frage zerbricht, ob er schon liebt, noch liebt oder vielleicht auch nicht mehr liebt, der sollte es vielleicht lieber seinlassen mit der Liebe. In seiner überwältigenden Dringlichkeit ist die Liebe nämlich unbedingt und ausschließlich. Zumindest gilt das am Anfang.

Die Analogie zwischen der Liebe und einem Vierhundert-Meter-Lauf geht so: Beides bringt einen anfangs schnell in den Zustand der Kurzatmigkeit, beginnt zwar mit großer Leichtigkeit, wird aber auf Dauer sehr anstrengend. Wie auf der Tartanbahn so ist auch in der Liebe der Sympathikus deutlich hochreguliert, also jener Teil des vegetativen Nervensystems, der den Körper in kürzer Zeit voll auf Touren bringt: Das Herz schlägt dann schneller, die Lungenbläschen weiten sich, der Stoffwechsel legt ein paar Schippen drauf und die Körperspannung nimmt zu.

Höchste Konzentration, alles ist voller Energie und zum Platzen gespannt. Außerdem scheint der ganze Mensch vor

Euphorie und Lebenslust nur so zu bersten. Bäume ausreißen ist aus Gründen des Naturschutzes mittlerweile verpönt, aber als Ersatzhandlungen sind Luftsprünge und spontane Knuddelattacken unter frisch Verliebten populär geblieben.

Im Gehirn von Liebenden wird vermehrt das Glückshormon Dopamin ausgeschüttet. Dieser Neurotransmitter wirkt wie ein körpereigenes Aufputschmittel. Es ist aber nicht etwa eine Art Tankanzeige für gleichmäßiges Glück, sondern zuständig für die besonderen Höhenflüge. Dopamin ist schlauer und subtil, der Flash beruht nicht auf einem monotonen Glücksgefühl, rosarotem Einheitsbrei sozusagen, sondern dieses feine Stöffchen ist ein Besser-als-erwartet-Hormon.

Dopamin wird nämlich besonders dann freigesetzt, wenn etwas überraschend anders ist, wenn sich diese Frau oder dieser Mann als noch toller, noch umwerfender, noch entzückender erweisen als vermutet. Dieser Mensch riecht so betörend fremd, macht komische, anregende Geräusche, ist auf unbekannte Weise einnehmend – das bringt Liebende außer Rand und Band und das Dopamin auf Hochtouren.

Die große Leichtigkeit des Seins, das Übermaß an Lust- und Glückshormonen, führen überdies dazu, dass der Körper in eine Art Superman-Modus (oder Superwoman-Modus) schaltet. Deshalb werden zusätzliche Belastungen auch gar nicht als besonders belastend empfunden, sondern als trance-artiger Rausch, der mühelos zu bewältigen ist. Der Körper schüttet zwar etliche Stresshormone aus, aber die dienen allein dazu, den Organismus zu noch mehr Höchstleistungen und Freudensprüngen zu animieren.

Jene Hormone, die vorhanden sind, weil etwas als belastend empfunden wird, werden hingegen zügiger abgebaut. Außerdem ganz praktisch: Wir haben buchstäblich ein dickeres Fell. Deshalb heilen die Wunden von Liebenden auch deutlich schneller, und ihre Schmerzen tun weniger weh.

Im Rückblick ist es erstaunlich und löst manchmal Kopf-schütteln aus, was Paare in der Phase ihrer ersten Verliebtheit so alles tun und ertragen. Und manchmal sogar schön finden! Plötzlich werden auch stundenlange Diskussionen auf harten Küchenstühlen, weite Anreisen zu einem kurzen Stelldichein und chronischer Schlafmangel zu den herrlichsten Neben-wirkungen der Welt.

Im Gehirn von Verliebten ist schließlich auch einiges los: So lässt sich eine erhöhte Signalaktivität im «Nucleus accumbens» nachweisen; die Nervenbahnen in dieser Kernregion im Vorderhirn feuern jetzt viel intensiver als sonst. Stimuliert wird dieser Hirnteil während der fiebrigen Suche nach dem besonderen Kick, dem «Thrill», wie ihn beispielsweise auch Extremsportler oder Süchtige immer wieder brauchen. Es ist das Wesen unseres hirneigenen Belohnungssystems, dass in den Nervenzellgeflechten das Verlangen entfacht wird, positive Erlebnisse zu wiederholen. Der Partner muss immer und immer wieder gesehen, berührt, erlebt werden.

Diverse Süchte – etwa nach psychoaktiven Substanzen oder aber immaterielle Abhängigkeiten wie die Spielsucht – haben hier ihren neurobiologischen Ankerplatz. Verliebte können deshalb gar nicht anders, als den anderen ständig sehen, anfassen und um sich haben zu müssen. «Sich nacheinander zu verzehren» trifft diesen Notstand der körperlich spürbaren Entbehrung ganz gut. Ist der andere gerade nicht zu haben, drohen heftige Entzugssymptome.

Das Bindungs- und Kuschelhormon Oxytocin übernimmt ebenfalls eine wesentliche Rolle als Botenstoff im Liebes-glück. Es hält die Liebenden zusammen, besonders am Anfang, aber auch wenn die akute Phase einer Partnerschaft längst vorüber ist. Kein Wunder, dass dieser Botenstoff ebenfalls ausgeschüttet wird, wenn Mütter stillen oder ihren Säugling schreien hören. Sie müssen dann sofort zu ihm eilen, das geht gar nicht anders. Oxytocin verstärkt die emotionale Bindung zum Nachwuchs, aber auch zwischen zwei Partnern.

Zudem beruhigt Oxytocin, es lindert Ängste und Aggressionen und macht empfänglicher für Kompromisse – vor allem aber stärkt es das Gefühl von Nähe und Vertrauen, ganz unabhängig davon, ob man intim miteinander ist oder nicht. Forscher der Universität Zürich haben gezeigt, dass Freiwillige eher dazu bereit sind, Unbekannten Geld zu überlassen oder einer Investition zuzustimmen, wenn sie zuvor Oxytocin-Spray in die Nase verabreicht bekommen haben. Vielleicht erklärt dieser Zusammenhang einige Insolvenzen nach einer Trennung und auch, warum kaum ein Paar in der Phase der ersten Verliebtheit auf die Idee kommt, einen Ehevertrag abzuschließen – und das hinterher manchmal bitter bereut.

Aufstieg und Fall der romantischen Liebe

«Verbringe nicht die Zeit mit der Suche nach einem Hindernis. Vielleicht ist keines da.»
(Franz Kafka)

Auf ewig hält die körpereigene Flut der Euphorie-Hormone leider nicht an. Der Körper funktioniert zwar nicht wie eine Stechuhr, aber auf ungefähr achtzehn Monate haben Wissenschaftler die Dauer der ersten, heftigen Verliebtheit taxiert.

Danach droht stetige Ernüchterung, und aus dem Vierhundert-Meter-Lauf wird zunächst ein Vierhundert-Meter-Hürdenlauf. Da stehen plötzlich Hindernisse im Weg, nicht eines, sondern immer wieder versperren sie die Bahn. Das erfordert mehr Aufmerksamkeit und ist deutlich anstrengender! Doch da sind nicht nur diese zusätzlichen Schwierigkeiten. Irgendwann setzt die Erkenntnis ein, dass eine Stadionrunde von vierhundert Metern einem zwar den Atem rauben kann, aber ja nur der Anfang ist eines viel längeren Laufes.

Wer eine Ehe durchhalten will, muss nicht nur eine Runde überstehen, sondern hat einen Beziehungsmarathon vor sich – mit Durststrecken, Schwächephasen, aber auch der Hoffnung auf die zweite Luft. Und man muss aufpassen, dass einem unterwegs nicht die Puste ausgeht. Nach den ersten Jahren voller Liebe ist schließlich manchmal noch ganz schön viel Ehe übrig.

Hinter diesem Phänomen steckt ebenfalls eine Menge Biologie: Gemeinerweise sinkt der Oxytocin-Spiegel nach der ersten Verliebtheit nämlich kontinuierlich ab; auch das Dopamin hat sich irgendwann an die Eigenheiten des anderen zur Genüge gewöhnt und lässt sich nicht mehr so leicht überraschen und aus der Reserve locken. Es wird nur noch spärlich ausgeschüttet. Dieses Phänomen ist als Coolidge-Effekt bekannt.

Nach ungefähr achtzehn Monaten ist Schluss. Der Körper hält es nicht aus, andauernd verliebt zu sein, und reagiert auf die fehlenden Stimuli mit einer hormonell-neurobiologischen Flaute. Benannt ist diese Abkühlung in der Liebe nach dem früheren US-Präsidenten Calvin Coolidge, der von 1872 bis 1933 lebte.

Einer hübschen Anekdote nach soll der Präsident mit seiner Gattin einst eine Farm besucht und dabei auch einen Hühnerstall besichtigt haben. Das erste Paar im Lande wurde getrennt auf dem Bauernhof herumgeführt. Als die First Lady staunte, dass es im Hühnerstall nur einen einzigen Hahn gab, der den Paarungsakt Dutzende Male am Tag vollzog, soll sie gesagt haben: «Sagen Sie das bitte meinem Mann!» Als dieser später davon erfuhr, hakte er nach: «Jedes Mal dieselbe Henne?» – «Nein, jedes Mal eine andere.» Darauf entgegnete Präsident Coolidge: «Sagen Sie *das* bitte meiner Frau.»

Wikipedia soll für seriöse Publikationen ja eigentlich nicht konsultiert werden, aber die Paarexperten der Online-Enzyklopädie umschreiben dieses Phänomen mit einer solch nüchternen Akkuratesse, dass die Definition hier wiedergegeben werden muss: Demnach bezeichnet der Coolidge-Effekt den «wachsenden Überdruss, der sich einstellt, wenn ein Individuum ohne Abwechslung immer wieder mit demselben Paarungspartner kopuliert».

Nach insgesamt vier Jahren Beziehung ist physiologisch der Partnerschaftstiefpunkt erreicht – nach achtzehn Monaten hat es angefangen, dass die Begeisterung füreinander nachließ, nach weiteren zweieinhalb Jahren des hormonellen Niederganges ist die Talsohle erreicht. Deshalb sollte besser vom verflixten vierten oder fünften statt vom verflixten siebten Jahr die Rede sein. Das Paar bekommt nach dieser Zeit den Übergang vom romantischen Rausch zu den Mühen des Alltags einfach nicht hin und will nicht wahrhaben, dass die pralle Zeit des Anfangs so nie wiederkehren wird. Solange die Partner jung und optimistisch sind, gehen viele Beziehungen ziemlich exakt nach dieser Zeit in die Brüche, und die Menschen sehen sich nach neuen Möglichkeiten um.

Geduldige Paare treten anschließend in die fortgeschrittene Phase der Liebe ein, wenn sie dennoch zusammenbleiben. Diese Zeit ist vor allem geprägt von Nähe, Sicherheit, Verlässlichkeit – sowie der Fähigkeit, im Alltag grundlos miteinander heiter zu sein. Dabei hilft es übrigens, sich im buchstäblichen Sinne nicht loszulassen: Flüchtige Berührungen, Händchen halten oder ein Arm auf der Schulter sind ideale Reize, um Oxytocin, Dopamin und Co. immer wieder aus der Reserve zu locken. Handauflegen hilft also, um morsche Beziehungen wieder auf Touren zu bringen. Manchmal braucht es eine Menge Geduld und Übung dazu. Aber das «Runner's High» des Läufers stellt sich ja auch erst nahe der Erschöpfungsgrenze ein.

Die rosarote Brille und andere Sehschwächen der Liebe

«Heirate niemals einen Mann, von dem du
nicht geschieden sein magst.»
(Nora Ephron, Autorin von «Harry und Sally»)

Das größte Sexualorgan des Menschen befindet sich nicht zwischen seinen Beinen, sondern zwischen seinen Ohren. Ähnliches gilt auch für den Ort, an dem die Liebe vermutlich ihren verborgenen Sitz hat – der ist weder im Herzen noch bei den Schmetterlingen im Bauch zu lokalisieren, sondern die Liebe spielt sich vor allen Dingen im Kopf ab. Anders ausgedrückt: Jede Partnerschaft lebt von Illusionen. Um Realität, objektive Tatsachen, geht es in der Liebe nie. Es kommt vielmehr darauf an, was die körpereigene PR-Abteilung im Gehirn daraus macht, welches Bild vom anderen und von der Beziehung sie entstehen lässt.

Deswegen ist es erstaunlich zu beobachten, wie sich die Vorstellungen voneinander und die gedankliche Bewertung der Beziehung in den verschiedenen Phasen der Liebe verändern können – und wie schnell das gehen kann. Aus dem romantischen Draufgänger von einst wird dann plötzlich der unverbesserliche Egoist, und die angehimmelte Fee erweist sich als eine schreckliche Furie. Manchmal sind die Umbrüche ziemlich radikal, etwa wenn die Phase der unbedingten Verliebtheit ungebremst in heftige Ernüchterung übergeht und sich beispielsweise der Urlaub, der doch zuvor immer ein Wonnebad der Glücksgefühle war, zu einer veritablen Höllentour entwickelt, von der beide vorzeitig abzureisen drohen. Die rosarote Brille hat dann plötzlich dunkle Gläser.

Zugegeben, meistens verläuft dieser Prozess eher schleichend und langsam; die euphorische Liebe geht unmerklich über in eine von Vertrauen und Sicherheit geprägte Partnerschaft. Pantoffeln statt High Heels. Man wird kaum noch gesehen – oder mitten im Satz stehengelassen, weil etwas anderes gerade wichtiger zu sein scheint. Wird aus einer zunächst noch durch freundschaftliches Zusammensein charakterisierten Zeit der späteren Jahre dann doch vor allem Frustration und Nörgelei, leben manche Paare nur noch in großer Zwietracht. Dann zeichnen die prägenden Gedanken, die schließlich bis zur Trennung führen, wiederum ein ganz anderes – eher hässliches – Bild vom einstmals so vergötterten Partner.

Der Rahmen, durch den andere Menschen wahrgenommen werden, wird auch gerne als «Mindset» bezeichnet, also als die Art und Weise, wie man sich eine Vorstellung von etwas macht. Auch wie die Partnerschaft gesehen wird, ist deshalb in erster Linie eine Frage der Einstellung. Es geht dabei vor allem um die Nuancen in der Wahrnehmung des anderen, um das Bild, das man sich von ihm mit der Zeit macht und wie es entweder beständig verschönert wird oder der Lack abblättert.

In der Fachsprache wird eine einseitig veränderte Wahrnehmung bis hin zur schamlosen Übertreibung – egal, ob sie viel zu positiv oder zu negativ ausfällt – als Verzerrung («Bias») bezeichnet, weil auch Wissenschaftler häufig unbewusst voreingenommen sind und ihre bevorzugte Behandlung oder Untersuchungstechnik für viel besser halten, als sie ist, und sie deswegen ihre Forschungsergebnisse nicht mehr genügend objektiv darstellen.

Persönliche Vorurteile, egal ob Wohlwollen oder Ablehnung das Motiv ist, gibt es genauso im Alltag. Hinlänglich bekannt ist, dass Liebe blind macht. Aber offenbar ist es möglich, einen heiteren Blick auf den Partner zu behalten und trotzdem mit seinen Schwächen und Nachlässigkeiten gut umzugehen und einen geregelten Alltag hinzubekommen.[7]

Das schützt viele Paare allerdings nicht davor, ihre eigene Beziehung maßlos zu überschätzen: So ist es typisch, dass Partner ihr gemeinsames Miteinander gerade am Anfang für deutlich besser und beglückender halten als das Leben von anderen Paaren – so glücklich wie wir können die anderen doch gar nicht sein![8] Auch die Möglichkeit, dass ihre Beziehung irgendwann einmal auseinandergehen könnte und plötzlich Schluss ist, ziehen die meisten Paare zu Beginn ihrer Beziehung kaum in Betracht.[9]

Viele Paare idealisieren in dieser Zeit ihren Partner, übersehen dabei aber systematisch seine Schwächen und stellen ihrer eigenen Beziehung ein äußerst schmeichelhaftes Zeugnis aus. Letztlich hat dies aber die angenehme Nebenwirkung, dass die Zufriedenheit in der Beziehung größer ist und die Motivation weiter wächst, diesen Zustand zu erhalten und also zusammenzubleiben.[10] Eine sich selbst verstärkende Wirkung – statt Teufelskreis müsste man wohl Engelskreis dazu sagen.

In allen diesen Fällen geht es um «motiviertes Denken». Das Selbstbild bekommt wenig Kratzer, und man fühlt sich weiterhin gut mit solchen unbewussten Rationalisierungen. Das gilt beispielsweise auch nach einer Zurückweisung. Wer einen Korb bekommt, findet den Angehimmelten plötzlich gar nicht mehr so attraktiv. Es ist wie in der Fabel vom Fuchs und den Trauben – was sich nicht erreichen lässt, weil es zu hoch hängt, wird sofort weniger interessant. Und damit ist eine Niederlage leichter zu verschmerzen. War sowieso nicht so wichtig.

Der Nutzen dieses Effekts ist übrigens keinesfalls zu unterschätzen: Solange der Partner auch weiterhin als der wunderbarste Mensch der Welt gilt und diese bedingungslose Liebe ausschließlich die positiven Eigenschaften des anderen ins eigene Bewusstsein vordringen lässt, schützt sich das Individuum vor Enttäuschungen und beschert sich Hochgefühle am laufenden Band. Die rosarote Phase der Liebe ist also keineswegs nur selbstlos und von der Hingabe an den anderen bestimmt – wer liebt, profitiert auch selbst im großen Maße davon.

Diese Flut an guten Gefühlen ist obendrein nicht nur ein angenehm-wohliger Zustand, sondern auch die beste Medizin. Sie stärkt nämlich das Immunsystem, dämpft den Schmerz, bekämpft effektiv feindliche Erreger und bietet damit Schutz vor diversen Infektionen, lässt Wunden buchstäblich schneller heilen und hält das Herz-Kreislauf-System elastisch, sodass die Wahrscheinlichkeit für Infarkt und Schlaganfall sinkt.

Von wegen verflixtes siebtes Jahr

«Ungeduld ist es, die den Menschen von Zeit zu Zeit anfällt,
und dann beliebt er sich unglücklich zu finden.»
(Johann Wolfgang von Goethe)

Die Statistik ist eindeutig. Partnerschaften sind nicht nach sieben Jahren Ehe in Gefahr, sondern viel früher. Die meisten Paare trennen sich schon nach dem sechsten. Aber auch diese Zahl führt in die Irre, denn zumeist muss einer Scheidung aus formalen Gründen erst ein Trennungsjahr vorausgehen, bevor sie vollzogen werden kann. Das bedeutet, dass diese Ehen in Wirklichkeit schon nach fünf Jahren oder früher in die Brüche gegangen sind.

Da sich ein Paar aber nur selten nach dem ersten heftigen Streit zu einer Trennung entschließt, sondern es meistens eine Weile braucht, bis beide keine Chance mehr für ein gemeinsames Leben sehen, kann man die Zeit, in der es den meisten

Paaren in ihrer Ehe noch halbwegs gutgeht, wohl mit gerade mal vier Jahren veranschlagen.

Das ist eine verdammt kurze Zeit und eine erstaunlich schnelle Karriere von der ersten Euphorie bis zur endgültigen Ernüchterung. Aus medizinischer Sicht lässt sich dieser zeitliche Verlauf jedoch gut erklären. Denn nach dem Hoch der ersten Wochen und Monate haben diverse Bindungs- und Glückshormone ihren Tiefpunkt nach ungefähr vier Jahren erreicht. Der Rausch der ersten Verliebtheit ist am Anfang groß – und dann beginnt eine rasante Talfahrt. Dass Lust und Leidenschaft in dieser Zeit kontinuierlich nachlassen, lässt sich also auch biochemisch nachvollziehen.

Umgekehrt gilt natürlich auch: Wer es schafft, seine Partnerschaft halbwegs lebendig zu halten und drohenden Abnutzungserscheinungen entgegenzuwirken, bei dem bleibt natürlich auch die Biochemie frischer, und statt einer hormonellen Talfahrt gibt es immer mal wieder Höhepunkte – und das betrifft nicht nur die Konzentration der Signalmoleküle.

Graue Scheidungen

«Es gibt sicher viele Gründe für die Scheidung,
aber der Hauptgrund ist und bleibt die Hochzeit.»
(Jerry Lewis)

Auch wenn eine Ehe schon zwanzig Jahre oder länger Bestand hat, ist das mittlerweile keine Garantie mehr dafür, dass sie auch weiterhin hält. Langjährige Ehen gehen heutzutage deutlich öfter auseinander als früher, als Fachbegriff dafür hat sich «Gray Divorce», also «Graue Scheidung», etabliert. Solche späten Trennungen sind heutzutage ungefähr doppelt so häufig wie noch vor dreißig Jahren. In den USA betrifft mittlerweile jede vierte Scheidung die Altersgruppe jenseits der fünfzig.[11] Die Quote der Trennungen nach zwanzig Ehejahren ist auch in Deutschland immerhin schon halb so hoch wie nach sechs Jahren Ehedauer und liegt derzeit bei etwa dreitausend bis viertausend Scheidungen pro Jahr.

Die Gründe dafür sind vielfältig. Frauen sind längst wirtschaftlich unabhängiger und auch deswegen seltener bereit, Schwierigkeiten oder Sackgassen in ihrer Partnerschaft als ein unveränderliches Schicksal hinzunehmen.[12] Lieber allein als schlecht zusammen, scheint ihre Devise zu sein. Männer stellen hingegen oft geringere Ansprüche an eine Partnerschaft, geben sich gerade in langjährigen Beziehungen mit weniger zufrieden und sind dann ganz überrascht, wenn ihre Frau sich scheiden lassen will.

Zudem wollen immer weniger Menschen mit der Hochzeit ein romantisches Ideal erfüllen oder eine gemeinsame Verpflichtung eingehen, bei der die Bindung aneinander bereits ein Wert an sich ist. Die Ehe wird vielmehr als eine Art individualistisches Projekt angesehen, das zur Vervollkommnung des Selbst dient und vor allem das persönliche Wachstum befördern soll.

Außerdem gibt es eine Art Schneeball-Effekt: Wer sich bereits einmal hat scheiden lassen, ist – zumindest statistisch gesehen – auch eher dazu bereit, sich erneut von einem Partner zu trennen. Die Wahrscheinlichkeit ist dann immerhin zweieinhalbmal so groß, zum Scheidungs-Wiederholungstäter zu werden.[13] Zudem ist das Image einer Scheidung längst nicht mehr so negativ wie früher, und die Ehe hat an Wertigkeit verloren – dieser Trend ist offenbar besonders seit der Jahrtausendwende immer stärker geworden.[14]

Man sollte sich seiner Partnerschaft also nicht zu sicher sein, wenn die ersten Jahre einer festen Beziehung glücklich überstanden sind. In den ersten Jahren sind die Ehen inzwischen zwar etwas stabiler geworden, dafür bröckeln sie nach zwanzig Jahren aber umso eher. Viele Ehen stehen nicht mehr auf einem festen Fundament, sondern sind nur in Leichtbauweise konstruiert.

Das ist keine Langeweile, das ist Liebe

«Meistens glauben wir im Zustand der Liebe,
dass wir im Zustand der Langeweile wären.»
(Holger Kuntze, Paartherapeut)

Intensive Liebe lässt sich auf Dauer überhaupt nicht aushalten. Das wäre auch gar nicht gesund. Die Phase der ersten Verliebtheit ist von einer solchen Wucht, dass sie puren Stress für den Körper bedeutet. Alles ist angespannt, überdreht, aufgeputscht, und ständig durchfluten Stresshormone wie Cortisol und Adrenalin den Körper. Tatütata, höchster Alarm, das ist ein Zustand zum Brüllen, eine Ausnahmesituation in jeder Hinsicht, längst nicht nur emotional, sondern auch biochemisch, physiologisch und hormonell.

Verliebt zu sein fühlt sich deshalb manchmal wie eine Krankheit an, zumindest wie ein akutes Leiden, wenn der andere gerade nicht zu sprechen, nicht zu sehen und nicht zu umarmen ist. Wenn wir nicht wüssten, dass wir gerade verliebt sind, hätten einige von uns womöglich das Bedürfnis, einen Arzt aufzusuchen, so komisch geht es uns währenddessen. Dieser Zustand führt zwar für den Moment zu intensiven Hochgefühlen, ist aber auf lange Sicht nicht gut für den Körper, wie jeder erfahrene Mediziner bestätigen wird.

Man sollte sich also gar nicht wünschen, dauerhaft so

sehr unter Feuer zu stehen und den anfänglichen Liebes-
furor auf ewig verlängern zu wollen. Das hält niemand lange
aus. Spätestens nach achtzehn Monaten endet, wie oben
beschrieben, diese Phase der lustvollen Anstrengung denn auch.
Das ist eine weise Euphoriebremse der Natur, auch wenn es das
Leben danach nicht unbedingt leichter macht.

Die Entscheidung dafür, die Beziehung auch nach diesen
ominösen eineinhalb Jahren (meistens sind es sogar noch
weniger) über lange Zeit weiterzuführen und auch künftig in
Liebe zusammenzubleiben, ist hingegen eher der Entschluss
zu etwas Leisem, Bedächtigem, Zärtlichem. Es geht dabei
eher um Sicherheit, Ankommen und Verlässlichkeit. Statt von
den Krachmacher-Molekülen Cortisol und Adrenalin, die zu
Anfang vorherrschend sind, wird diese Phase von den Boten-
stoffen Oxytocin und einer Dosis Dopamin dominiert, die
jetzt geringer ist als am Anfang. Diese Hormone werden bei
Gefühlen einer engen Bindung und großer Zufriedenheit
vermehrt ausgeschüttet. Das Miteinander fühlt sich nur
noch selten wild und aufregend an, sondern eher behaglich.
Etliche fortgeschrittene Paare verwechseln die Phase, die ihre
Beziehung dann durchmacht, allerdings mit Langeweile. Was
für ein Irrtum – denn es ist tief empfundene, reife Liebe.

Es gehört zu den Tricks der Evolution, dass die Leidenschaft
zu Beginn der Liebe so groß und allumfassend ist. Schließlich sollen Mann und Frau in dieser Zeit immer wieder übereinander herfallen, um sich fortzupflanzen und die Art zu
erhalten. Klingt unromantisch, ist aber so. Sind die Nachkommen erst auf der Welt oder dauert die Beziehung länger an,
ohne dass Kinder geboren werden, lässt die Lust jedoch, auch
das hat die Evolution so vorgesehen, ziemlich bald nach. Das
heißt aber nicht, dass es jetzt keine Liebe mehr ist – im Gegenteil: Der Impuls zur sexuellen Verschmelzung ist dann lediglich
nicht mehr so stark ausgeprägt wie am Anfang.

Um diesen lang anhaltenden Zustand nach der ersten Euphorie hat sich die Evolution übrigens wenig gekümmert. Ihr geht es schließlich vor allem um die Arterhaltung. Wie jene Paare gut zurechtkommen, die bereits Nachwuchs in die Welt gesetzt haben, dafür gibt es wenig Automatismen und biologisch wirksame Kräfte. Das muss man schon selbst hinbekommen. Die Evolution hat nicht damit gerechnet, dass die Menschen siebzig, achtzig oder neunzig Jahre alt werden, das war nicht vorgesehen.

Aber Liebe ist es trotzdem noch, was dann zwischen zwei Menschen passiert, vielleicht sogar stärker und echter als jemals zuvor. Es ist eine einfache Wahrheit: Liebe und akute Verliebtheit gehören nun mal nicht zusammen, beides schließt sich auf Dauer aus – und etwas anderes zu erwarten wäre ein geradezu tragisches Missverständnis. Wovon die prickelnden Gefühle zusätzlich abhängig sind und wie sie dennoch weiterhin ein bisschen angefeuert werden können, das wird in den folgenden Kapiteln gezeigt.

Signale der Liebe

«Mit der wahren Liebe verhält es sich wie mit
Geistererscheinungen: alle Welt redet davon,
aber nur wenige haben sie gesehen.»
(François de La Rochefoucauld)

Wir halten uns zwar gerne für den Chef im Ring und denken, dass wir auch in der Liebe das Geschehen beeinflussen können. Doch lenken wir wirklich, was passiert? Äußere Einflüsse, unsere Instinkte und Impulse und damit etliche biologische Faktoren bestimmen viel stärker, als die meisten von uns vermuten, was in dieser Phase vor sich geht, wie wir auf potenzielle oder bereits vorhandene Partner reagieren und wie nicht. Wer das akzeptiert und einige der Mechanismen kennt, die dabei wirksam sind, kann dies allerdings prächtig nutzen und die passenden Signale aussenden – oder die der anderen wenigstens richtig deuten.

Es sind etliche biologische Prozesse, die gleichsam automatisiert ablaufen, die uns zu unserem Liebespartner führen – und später auch dafür verantwortlich sind, wenn wir bei ihm bleiben und nicht Reißaus nehmen. Sind diese Mechanismen wirksam, geht es nicht um die bewusste Auswahl, gedankliche Bewertung oder Kontrolle des anderen. Der Verstand spielt da kaum eine Rolle – vielmehr sind alle Sinne daran beteiligt, einen Menschen zu gewinnen und zu behalten: die Augen genauso wie die Ohren, die Nase, die Haut und Mund und Lippen.

So ist beispielsweise längst bekannt, dass Körperkontakt die positiven Gefühle gegenüber einem anderen Menschen verstärken kann. Für die erste Anbahnung beim Flirten gilt beispielsweise, dass Frauen eher dazu bereit sind, einem zuvor unbekannten Mann ihre Telefonnummer zu geben, wenn er sie flüchtig berührt hat, während er sie angesprochen hat. Und auf die Frage nach einer Zigarette sind Frauen eher bereit, einem anderen diesen Wunsch zu erfüllen, wenn sie zuvor leicht am Unterarm angefasst worden sind.[15] Immer vorausgesetzt natürlich, dass die Berührung nicht übergriffig, gegen ihren Willen, erfolgt.

Gelegentliche leichte Berührungen vermitteln über die Haut und den Tastsinn große Nähe, ohne dass dies zusätzlich betont werden müsste. Kurz das Knie unter dem Tisch gegen das des anderen drücken, flüchtig seinen Arm berühren, die Brust im Vorbeigehen an die Schulter drücken oder die Hand für einen kleinen Moment auf den Rücken legen – das vermittelt Vertrautheit zwischen den Partnern. Dies gilt übrigens unabhängig davon, in welcher Phase der Partnerschaft man sich gerade befindet, ob in der ersten Verliebtheit oder in einer langjährigen Beziehung.

Die Farbenlehre der Liebe

«Eine richtige Frau wirkt voll bekleidet auf einen
Mann anziehender als ein nacktes Weib.»
(Romy Schneider)

Zu den Klassikern, um Nähe herzustellen und Attraktivität zu signalisieren, gehört die Farbe Rot. Sie verschafft Aufmerksamkeit, schärft die Wahrnehmung und bringt den Organismus sogleich auf ein höheres Aktivitätslevel, übrigens auch unabhängig vom Thema Beziehungen und Partnerschaft. Beispielsweise reagieren Autofahrer gereizter und fangen früher an zu hupen, wenn ein rotes Auto eine Kreuzung blockiert als wenn dies bei einem blauen, grünen, schwarzen oder weißen Fahrzeug der Fall ist.[16]

Rote Kleidung muss deshalb kein bisschen aufreizend oder gewagt geschnitten sein, um aufzufallen und diese Reflexe auszulösen. Allein die Farbe bringt bereits erhöhte Aufmerksamkeit, denn sie gilt als universelles Leuchtzeichen für Gesundheit und Vitalität. Das gilt für T-Shirts und Kleider genauso wie für Jacken und Anzüge, rote Lippenstifte und andere Kosmetik und hat zunächst nichts mit Erotik zu tun.[17] Dies konnten Wissenschaftler sogar in der unverfänglichen Atmosphäre eines Speiserestaurants beobachten: Wenn Kellnerinnen rote T-Shirts im Vergleich zu identisch geschnittenen gelben, weißen, blauen oder grünen trugen, bekamen sie deutlich mehr Trinkgeld – und zwar von Männern wie von Frauen. Für Männer mit roten Westen, die im Service arbeiteten, galt dies ebenso.

Haben Anhalterinnen rote Haare oder tragen rote Kleidung, werden sie häufiger mitgenommen als Frauen mit einer anderen Haarfarbe.[18] Das Gleiche gilt für Anhalterinnen, die geschminkt sind und damit den Kontrast zwischen roten

Lippen, dem Wangen-Rouge und der blasseren Haut des übrigen Gesichts weiter unterstreichen:[19] Männer halten dann öfter an. Für Frauen, die Anhalterinnen mitnehmen, macht es hingegen keinen Unterschied. Offenbar ist Rot dennoch die Signalfarbe schlechthin – für Alarm, Attraktivität genauso wie für Gesundheit. Menschen fühlen sich weltweit davon angesprochen. Wer etwas Rotes trägt, dem wird überdies auch selbst mehr sexuelles Interesse zugesprochen.[20]

Liebe in Sicht

«Am Anfang fand ich es großartig, für Frauen attraktiv zu sein.
Ich würde nicht sagen, dass das ein Schock für mich war.
Aber es war eine Überraschung, und ich hatte lange Spaß daran.
Aber es geriet außer Kontrolle, und ich begann die negativen
Seiten der Sache zu sehen.»
(Robert Redford)

Ob die Optik des Partners stimmt, richtet sich zwar auch nach Moden und anderen gesellschaftlich gängigen Kriterien der Attraktivität. Allerdings spielt die kindliche Prägung ebenfalls eine große Rolle. Beispielsweise finden Frauen Männer dann attraktiver, wenn sie die gleiche Augenfarbe haben wie ihr Vater.[21] Haben Frauen ihren Vater in ihrer Kindheit verehrt und sich auch später gut mit ihm verstanden, werden instinktiv häufiger Partner ausgewählt, deren Gesichtszüge denen des Vaters gleichen. Diese Wahl erfolgt unbewusst. Spannend wäre es zu beobachten, ob sich die Beziehung verändert, wenn der Partner mit den Jahren runder wird und seine füllig gewordenen Züge dann nicht mehr denen des Vaters ähnlich sehen.

Zudem folgen die von Boulevardblättern und Männerzeitschriften propagierten Idealmaße einer Frau von 90-60-90 durchaus auch einem evolutionären Muster. Frauen mit einem Verhältnis von Taille zu Hüfte von 0,7 gelten als besonders attraktiv, unabhängig davon, ob sie schlank oder füllig sind. Das beruht nicht nur auf jahrelanger Prägung durch die Werbung oder andere Modediktate. Immerhin kamen sogar blinde Männer auf die Quote von 0,7, wenn sie die Umrisse verschiedener Frauentypen ertasten und sich für die attraktivste Figur unter ihnen entscheiden sollten.

Ähnlich wie die Farbe Rot steht übrigens das offenbar optimale Verhältnis der weiblichen Rundungen von 0,7 zwischen Taille und Hüfte für Fruchtbarkeit und Gesundheit, weist also auf gute Gene, genügend Energiereserven und viele weibliche Geschlechtshormone hin, um gesunde, starke Kinder zu bekommen und die Brut anschließend aufziehen zu können.

Für Männer gilt hingegen, dass Frauen das bewährte Nussknacker-Motiv aus der Bier- und Zigarettenwerbung als besonders anziehend empfinden: Neben breiten Schultern und einer schmaleren Hüfte sind markante Gesichtszüge inklusive einer ausgeprägten Kinn- und Wangenpartie ein Zeichen dafür, dass dieser Typus Mann gesund, kräftig, vital und zeugungsfreudig ist.[22] Zumindest sind ein kantiges Äußeres und die typische V-Form des Rückens zumeist Ausweis für ausreichend vorhandenes Testosteron und entsprechende Neigungen.

Für Frauen und ihre optischen Vorlieben ist es allerdings von großer Bedeutung, *wann* sie den Mann fürs Leben entdecken – und was sie damit bezwecken: Rund um den Eisprung und damit an ihren fruchtbaren Tagen entscheiden sich Frauen bevorzugt für die kernigen Typen, für die testosterongeladenen Draufgänger. Diese versprechen zwar vielleicht ganz gute Gene und allerhand Spaß im Bett, bieten ihre markanten Züge aber gerne auch anderswo an, wenn der Nachwuchs einmal da ist.

Allerdings sind Frauen, wenn sie fruchtbar sind, selbst offener dafür, sich auf ein Abenteuer einzulassen: Sie zeigen dann in Clubs mehr nackte Haut, sind aufgeschlossener für einen Seitensprung und denken öfter an Sex.

In den unfruchtbaren Phasen des Zyklus neigen Frauen hingegen eher zu den verständnisvollen, ruhigeren Typen. Das sind jene, die gut zuhören können, später bereitwillig mit in den Geburtsvorbereitungskurs kommen und die Biokiste aus dem Dorfladen abonniert haben. Ihre weicheren Gesichtszüge signalisieren, dass sie nicht so sehr vom Testosteron durchflutet sind wie ihre härteren Kollegen. Mit ihnen ist es vielleicht nicht ganz so aufregend und wild, dafür bieten sie mehr Verlässlichkeit, wenn die Kinder erst einmal da sind.

Nehmen Frauen die Pille, sind diese Unterschiede allerdings nicht mehr ganz so ausgeprägt, der Eisprung ist schließlich unterdrückt. Offenbar bevorzugen Frauen, die hormonell verhüten, deshalb während der unterschiedlichen Phasen ihres Zyklus eher die weicheren Kerle. Wenn sie später die Pille absetzen, könnte es deshalb sein, dass sie den Mann an ihrer Seite gar nicht wiedererkennen – oder nicht mehr wissen, was sie anfangs nur an ihm gefunden haben.

Die Körperhaltung signalisiert ebenfalls, ob eine Frau einem Mann eher zugeneigt ist und ihm nahe sein will – oder lieber auf Abstand geht. High Heels betonen die weiblichen Attribute. Den Kopf zurückzuwerfen und dabei den Hals freizulegen gilt ebenso als eine Aufforderung, sich anzunähern und ihr mehr Aufmerksamkeit zu schenken, wie der häufige Seitenblick oder ein durchgestreckter Rücken. Bei Letzterem werden zudem das Dekolleté und die Brustpartie stärker betont. Zufällig passiert das alles nicht, kalkuliert ist es aber auch nicht. Bis zu siebzig solcher unbewussten Körpersignale senden Frauen innerhalb einer Stunde aus, wenn sie beispielsweise in einer Bar auf der Balz sind.

Kommt es zum Gespräch zwischen zwei Partnerschafts-Aspiranten, ist oftmals nicht so sehr der Inhalt entscheidend, sondern die Tonlage. Das tiefe Timbre eines Mannes kann sehr verlockend sein – genauso wie eine fiepsige oder schrille Stimme der Frau nervtötend, bevor überhaupt eine Annäherung stattgefunden hat. Unterhalten sich dann beide doch intensiver miteinander, kommen die Spiegelneuronen ins Spiel: Wir ahmen einander nach und imitieren unbewusst Gesten und Körperhaltung des Gegenübers. Dann wird das Bein im selben Moment übereinandergeschlagen oder der Kopf parallel zur Seite geneigt. Gehen beide nebeneinander, fällt einer innerhalb kurzer Zeit in Gleichschritt mit dem anderen. Greift sie zum Glas, trinkt er auch.

Um diesen Gleichklang der Gesten und Bewegungen hinzube-kommen, generiert das Gehirn eine «Als-ob-Schleife» – es ahmt die Verhaltensmuster des anderen nach und aktiviert anschließend die entsprechenden Nervenbahnen. Die vom Gegenüber eingehenden Informationen werden im limbischen System, das als «Gefühls-Gehirn» gilt, mit einer Art emotionaler Signatur versehen. Wurden die Bewegungen und Ver-haltensabläufe zunächst als neutral wahrgenommen, werden sie jetzt mit Gefühl eingefärbt. Die Folgen sind erst Gleich-schritt, dann Gleichklang. Und wenn dann beim Flirt die Augen gleichermaßen werben, findet sich bald darauf auch ohne Absprache Mund zu Mund.

Der Duft der Liebe

*«Wenn ein Mann eine Frau nicht mehr riechen kann,
hilft auch das beste Parfüm nichts mehr.»*
(Helen Vita)

Für die weitere Annäherung ist es entscheidend, sich riechen
zu können. Ob hier Wohlgefallen oder Abneigung überwiegen,
kann über den Zustand und die Zukunft einer Partnerschaft
bestimmen. Dahinter ist ein evolutionäres Muster verborgen,
das wiederum – wie unromantisch – vor allem der Erhaltung
der Art dient. Denn wenn man den Geruch des anderen gern-
hat oder sogar betörend findet, spricht dies dafür, dass der
andere über ein körpereigenes Abwehrsystem verfügt, das sich
stark vom eigenen unterscheidet.[23]

Man riecht also jemanden dann gerne, wenn er ganz anders
ist – zumindest immunologisch. Ein Mix der möglichst verschiedenen Immunsysteme führt nämlich dazu, dass die
Kinder dann mit einer Vielzahl von Erregern besser fertig-
werden und deshalb eher überleben. Die potenziellen Nachkommen sind also robuster und werden nicht von jedem
Zipperlein umgehauen. Sind die Abwehrkräfte des anderen
hingegen den eigenen recht ähnlich, mag man sein Gegenüber
kaum riechen und wird sich deshalb auch nicht zu weiteren
Intimitäten hinreißen lassen.[24]

Einen Haken hat die Sache allerdings schon: Parfüm erhöht
einerseits ein soziales, zugewandtes Verhalten.[25] Allzu starkes
Parfüm überdeckt den körpereigenen Geruch jedoch fast vollständig. Letztlich ist es aber wichtig, dass der Geruch des
eigenen Körpers trotzdem noch gut zu erkennen ist, denn
nur so kann das Gegenüber herausfinden, ob er den Duft des
anderen erträgt oder gar als anziehend empfindet.

Doch auch die passende Duftnote zu Anfang schützt nicht

unbedingt vor späterer Abneigung. Gerade bei Paaren, die schon lange zusammen sind, kommt es vor, dass sich der Körpergeruch von einem der Partner oder von beiden verändert. Das kann mit den Wechseljahren oder anderen Umstellungen zusammenhängen, oft bleibt die Ursache auch unbekannt, ohne dass eine Krankheit oder Störung dahinterstecken muss. Dann kommt die bittere Einsicht, dass man den einst so hinreißend duftenden Partner nun partout nicht mehr riechen kann. Doch auch dann sollte es andere Lösungen geben, als einfach zu verduften.

Der Zusammenhang von Liebe und Geruch zeigt sich noch an einem anderen Phänomen, das Männer zwar kennen, aber dennoch nicht immer nachvollziehen können: die Begeisterung vieler Frauen für Blumen. Offenbar betört sie der Duft einer sich öffnenden Blüte so sehr, dass sie dafür vieles andere vergessen. Besonders hübsch wurde dies in einer Untersuchung deutlich, in der ein attraktiver Zwanzigjähriger junge Frauen in ähnlichem Alter in drei verschiedenen Settings nach ihrer Telefonnummer fragte.[26]

Insgesamt wurden für die Studie sechshundert Frauen von dem jungen Charmeur angesprochen, und zwar vor einer Konditorei, einem Schuhgeschäft oder einem Blumenladen. Obwohl Törtchen und Stilettos auch als attraktive Köder für manche Frauen gelten, gewannen die Blumen deutlich. Vor einem Geschäft mit duftenden Blüten haben weitaus mehr Frauen dem Mann bereitwillig ihre Telefonnummer überlassen als angesichts der anderen Angebote. Der Geruch war stärker als der Verstand.

Ob es allerdings nur der Geruch war, der die Frauen überzeugte, oder hauptsächlich der Anblick der Blumen, ist unklar. In einem ähnlichen Versuchsaufbau ging es nämlich darum, ob Passanten einen Handschuh aufheben würden, den eine Frau – angeblich aus Versehen – fallen gelassen hatte. Fand der Vorfall in der Nähe einer Bäckerei statt, aus der diverse Wohlgerüche strömten, erwiesen sich die Unbeteiligten als hilfsbereiter als in anderen, nicht angenehm duftenden Bereichen des Einkaufszentrum.[27] Positiv empfundene Gerüche bekräftigen also die positiven Seiten eines Menschen.

In einer Partnerschaft passt es allerdings erst dann richtig, wenn es auch mit dem Küssen klappt. Dabei ist dieses Lippenbekenntnis nicht primär eine Frage der Technik, sondern es geht dabei auch darum, ob die im Speichel und über die Oberfläche der Lippen vermittelten Signale auch die richtigen sind. Beim Kuss werden zahlreiche Hormone, Zytokine – das sind die Botenstoffe der Immunabwehr – und andere Signalmoleküle ausgetauscht, die in weiteren Kaskaden im Körper verarbeitet und decodiert werden. Dabei klärt sich ganz nebenbei, ob auf den Kuss weitere Erregung oder baldige Ernüchterung folgt.

Den richtigen Ort für die Hochzeit wählen

«Ehen werden im Himmel geschlossen, aber dass sie gut geraten, darauf wird dort nicht gesehen.»
(Marie von Ebner-Eschenbach)

Manchmal ist eine Ehe einfach nicht mehr zu retten. Doch trotz aller Jammerei über hohe Scheidungsraten und immer mehr Single-Haushalte bleiben viele Paare nicht nur lange zusammen, sondern buchstäblich bis zum Ende. Immerhin erfüllen mehr als zwei Drittel der Ehen in Deutschland die christliche Vorgabe: «Bis dass der Tod Euch scheidet». So enden hierzulande tatsächlich neunundsechzig Prozent der Ehen erst im Grab, nicht gemeinsam, versteht sich, sondern weil einer der Partner gestorben ist.

Ob die Paare bis dahin tatsächlich miteinander glücklich oder wenigstens halbwegs zufrieden gewesen sind, lässt sich mit solchen Zahlen natürlich nicht belegen. Aber es ist ein ermutigendes Zeichen, immerhin.

Das bedeutet auch, dass in den letzten Jahren «nur» einunddreißig Prozent der Ehen geschieden worden sind. Auch das sind erfreuliche Zahlen, denn im Jahr 2004 lag der Anteil der Scheidungen noch bei neununddreißig Prozent, also um etwa acht Prozentpunkte höher. Nun könnte dies für eine Renaissance der Ehe sprechen und dafür, dass die Paare wieder länger aneinander festhalten und nicht gleich aufgeben, sobald es schwierig wird.

Andererseits könnte diese Entwicklung aber auch schlicht damit zusammenhängen, dass immer mehr Paare eine Heirat ablehnen und ohne Trauschein zusammenleben, weil sie diesen Status einer standesamtlich geschlossenen Bindung vorziehen.[28] Und diejenigen, die sich dennoch zur Hochzeit entschließen, sind dann vermutlich jene Überzeugungstäter, bei denen schon sehr viel schiefgehen muss, damit sie sich wieder scheiden lassen.

Wer zusammenbleiben will, sollte allerdings unbedingt darauf achten, wo er heiratet. In Metropolen wie Hamburg oder Frankfurt stehen einhundert Eheschließungen mehr als vierzig Scheidungen gegenüber. Auf dem Land liegt die Quote der Trennungen hingegen deutlich niedriger, dort liegt der Anteil in vielen Regionen ungefähr bei zwanzig Prozent. Dann eben sicherheitshalber auf dem Dorf zu heiraten bringt aber auch nichts, denn der Grund dafür sind die zumeist traditionelleren Lebensformen im ländlichen Raum. Dort sind Trennungen nicht so üblich, häufig gilt eine Scheidung noch als gesellschaftlicher Makel, und gerade im Alter bleiben die Menschen eher zusammen, auch wenn sie sich nicht mehr ausstehen können. In der Stadt ist es hingegen weitaus verbreiteter und außerdem sozial geduldet, sich scheiden zu lassen. Stadtkinder wachsen damit auf, dass fast die Hälfte ihrer Mitschüler geschiedene Eltern haben.

Einen hübschen statistischen Ausreißer vermeldet der Landkreis Nordfriesland, zu dem auch die beliebten Ferieninseln Sylt, Amrum und Föhr gehören. Dort kamen zuletzt auf hundert Eheschließungen weniger als dreizehn Scheidungen; deutschlandweit ist das der absolute Tiefstwert, also Niedrigrekord. Nun könnte man vermuten, dass es sowieso unmöglich ist, seinem Partner auf den abgelegenen Inseln auf Dauer zu entkommen und sich Paare dort deswegen schon sicher sein müssen, bevor sie sich binden. Ansonsten lassen sie es besser gleich.

Wahrscheinlicher ist allerdings eine andere Erklärung: Etliche Paare wollen ihren großen Tag vor einer reizvollen Kulisse begehen. Eine Hochzeit am Strand oder wenigstens mit Meerblick oder auch unter Berggipfeln ist beliebt, und etliche Paare heiraten weit entfernt von zu Hause an der Küste oder vor Alpenpanorama. Wenn die Ehe dann einige Jahre später in die Brüche geht, findet die Trennung jedoch daheim in Pirmasens, Wanne-Eickel oder Gummersbach statt und damit in der trostlosen Heimat – um sich scheiden zu lassen, werden selten malerische Orte aufgesucht.

Den touristisch attraktiven Regionen des Landes beschert dieser Ruf als Hochzeitsparadies eine traumhaft niedrige Scheidungsquote. Vielleicht sollten Reiseveranstalter noch mehr mit diesem Glücksversprechen werben, obwohl es sich dabei um ein statistisches Artefakt handelt, das sich lediglich auf den Ort der Eheschließung bezieht und nicht auf das Elend, das anderswo vielleicht darauf folgen mag.

Im Hochzeitsparadies Las Vegas beträgt die Scheidungsrate jedenfalls vierzehn Prozent, ist also ähnlich niedrig wie in Nordfriesland. Auf Hawaii fällt die Quote mit gerade mal neun Prozent noch geringer aus. Unschlagbar ist allerdings die Scheidungsrate in der Mongolei. Dort liegt sie bei unglaublichen 0,4 Prozent, was aber eher an den regionalen Sitten und Moralvorstellungen liegen mag. Zum Hochzeits-Hotspot hat sich das Land in Zentralasien bisher trotzdem nicht entwickelt.

Meistens sind es nach langen Jahren der Gemeinsamkeit übrigens die Frauen, die einen Schlussstrich ziehen. Dieses Phänomen war schon immer zu beobachten und ist seit Jahrzehnten konstant geblieben. Derzeit sind es zu einundfünfzig Prozent die Frauen, die eine Scheidung einreichen. In einundvierzig Prozent der Fälle geht die Initiative zur Scheidung von den Männern aus. Dass sich beide einig sind und gemeinsam die Trennung anstreben, ist hingegen deutlich seltener und trifft für die restlichen acht Prozent der Scheidungen zu.

Verwechslung der Gefühle

«Ich hatte vom Feeling her ein gutes Gefühl.»
(Andreas Möller, Fußballprofi)

Sinneseindrücke und andere körperliche Empfindungen sind viel enger mit dem emotionalen Zustand einer Person verknüpft, als gemeinhin angenommen wird, das zeigen die vorangegangenen Beispiele. Die Bereitschaft, sich in einen anderen Menschen zu verlieben oder in Liebe zusammenzubleiben, hängt oft von äußeren Reizen und physischen Eindrücken ab. So haben Wissenschaftler beobachtet, dass Menschen mit einem warmen Getränk in der Hand andere deutlich freundlicher bewerten, als wenn sie etwas Kaltes in Händen halten. Mit einem kühlen Getränk kommen sie zu einem schrofferen Urteil.[29] Physische Wärme geht mit psychischer Wärme einher.[30]

Ähnliches gilt für die haptische Beschaffenheit eines Gegenstandes. Weiche, runde, anschmiegsame Objekte besänftigen das Gemüt – im Gegensatz zu rauen oder kantigen.[31] Wer also eine freundliche Stimmung schätzt oder eine wohlwollende Bewertung erhofft, sollte lieber Kaffee anstatt Eiskaffee servieren. Und lieber Kissen und nicht den Briefbeschwerer in die Hand nehmen. In manchen Gegenden sind ja «Handschmeichler», also besonders weiche und gut zu befühlende Hölzer oder Steine, durchaus noch verbreitet.

Der Zusammenhang zwischen körperlichem Sinneseindruck und Gefühl führt zu weiteren erstaunlichen Konstellationen: Für einen Versuch ließen Wissenschaftler eine Frau Männer befragen. Der Inhalt war belanglos, es ging lediglich darum, dass die Fragen einmal auf einer flachen, stabilen Brücke gestellt wurden, das andere Mal auf einem schwankenden Steg in luftiger Höhe. Die Interviewerin ließ ihre Telefonnummer da, vorgeblich für den Fall, dass die Männer Rückfragen hätten.

Jene Männer, die auf der Hängebrücke befragt worden waren, nahmen in den folgenden Tagen viermal so oft Kontakt zu der Interviewerin auf als jene, die während der Umfrage festen Boden unter den Füßen hatten. Die Anspannung oder gar Angst in schwindelnder Höhe wurde «verwechselt» mit der Aufregung, die von der Frau ausgelöst wurde. Die Männer schrieben ihre Erregung allein der Frau zu und nicht dem Höhenabenteuer. Auch kam ihnen die Frau in der Höhe weitaus attraktiver vor – als «Erregungstransfer» bezeichnen Forscher dieses Phänomen.

Liebe beruht also manchmal schlicht auf fehlgedeuteten Signalen, das heißt auf einer Verwechslung der Gefühle – woher die Aufregung ursprünglich rührt, ist nicht immer leicht zu erkennen. Wer seinen Partner demnach auf einem

Abenteuerurlaub, im Heißluftballon oder in der Achterbahn kennengelernt hat, hält die Anspannung womöglich fälschlicherweise für das Kribbeln der Verliebtheit.

Liebe kann also auch dadurch entstehen, dass die sonst üblichen Signalstörungen zwischen zwei Menschen behoben werden. Die biologischen Reize und Reflexe sind dann so sinnlich überwältigend und passen so gut zueinander, dass sie sich jeder Berechnung entziehen. Das heißt allerdings auch, dass es manchmal schlicht nicht zu erklären ist, warum einer dem anderen verfällt.

Die schwer erziehbare Stones-Generation

«Was geht mich der Vietnamkrieg an, wenn
ich Orgasmusprobleme habe.»
(Rainer Langhans, 1968)

W er jetzt in einer langen Beziehung ist, gehört einer bestimmten Generation an, über die kurz und notwendig verallgemeinernd gesprochen werden soll. Sie finden sich selbst unwiderstehlich, unheimlich locker und unfassbar clever. Die Mittelalten und Alten, die zwischen der zweiten Hälfte der 1940er- und dem Beginn der 1970er Jahre geboren wurden. Wobei als «alt» darf man sie ja auf keinen Fall bezeichnen, denn sie halten sich selbst auch weiterhin für unglaublich jung. Und wenn die äußeren Abnutzungserscheinungen und Jahresringe sich irgendwann beim besten Willen nicht mehr verbergen lassen, entgegnen sie schnippisch: «Aber ich bin wenigstens noch jung im Kopf!»

Was hat diese Generation ihrem Selbstverständnis nach nicht alles geleistet: Das zerstörte Land von den hartnäckigen Verkrustungen der Nazi-Ideologie befreit, die sexuelle Revolution aus dem heimischen Schlafzimmer in die Welt getragen, die Mauer eingerissen und nebenbei diverse Fußballweltmeistertitel geholt – und nach dem langen Marsch durch die Institutionen völlig zu Recht auch die Chefsessel und Vorstandsposten der Republik erobert, an die sie sich jetzt so verbissen klammert wie keine Generation vor ihr.

Ihrem Selbstverständnis zufolge steht ihnen das alles aber auch verdientermaßen zu, egal ob es sich dabei um Ruhm, Ehre, Einkommen oder Ermäßigungen auf Bahnfahrten handelt. «Weil ich es mir wert bin» heißt der seit vierzig Jahren gültige, längst ikonisch gewordene Werbeslogan von L'Oreal. Und es ist noch lange nicht genug. Das kann ja wohl nicht alles gewesen sein, heißt die Devise. «I can't get no satisfaction» ist für diese Generation nicht nur ein knarzender Oldie aus den Sechzigern, sondern die lebenslange Fahrstuhlmusik auf ihrem Weg nach oben. Der Selbsterkundungs-Barde Konstantin Wecker hat mit seinem Hit «Genug ist nie genug, genug kann nie genügen» diese gierige Grundmelodie in den Siebzigern noch mal nachsynchronisiert.

Übersetzt heißt das aber eben auch: Die Stones-Generation ist zwar grau, aber noch längst nicht erwachsen geworden. Zu ihrem Wappentier sollte sie die Raupe Nimmersatt küren, denn die Babyboomer haben nicht gelernt, was so hilfreiche Verhaltenstechniken wie Impulskontrolle, Triebaufschub und Bedürfnisregulation bedeuten und wofür sie gut sein könnten. Stattdessen reagieren sie wie ein verzogenes Kleinkind, das seinen Willen nicht bekommt, und schreien trotzig «will aber mehr!». Die Schlagersängerin Gitte Haenning hat dafür schon 1982 die passenden Zeilen gefunden: «Ich will alles, ich will alles, und zwar sofort.»

Im richtigen Leben kann diese Einstellung mannigfache Probleme nach sich ziehen. Im Job ist es oftmals ziemlich schwierig, mit solchen selbstbezogenen Kandidaten zurechtzukommen, weil sie selten das Team, sondern meistens vor allem sich selbst im Blick haben. Und eine Partnerschaft droht unweigerlich davon erdrückt zu werden, wenn sie hauptsächlich als emotionales Versuchslabor angesehen wird, in dem der Partner gefälligst die Rolle als Animateur, Personal Coach *und* psychologischer Entwicklungshelfer zugleich zu spielen hat und vor allem dazu dient, den anderen voranzubringen.

Wenn der Partner dazu nicht taugt oder das Reservoir an Anregungen erschöpft ist, die man vom anderen noch erwarten kann, droht es zuzugehen wie beim Arzt im Wartezimmer: «Der Nächste, bitte!»

Fünfundvierzigplus, verheiratet, verwirrt

«Siebzig Jahre jung zu sein ist zuweilen heiterer und hoffnungsvoller, als vierzig Jahre alt zu sein.»
(Oliver Wendell Holmes)

Es gibt gleich mehrere Veränderungen, deren Anfänge zwar schon im 20. Jahrhundert zu beobachten waren, die aber zunehmend das Liebesleben im 21. Jahrhundert bestimmen. Zum einen sind, wie gerade dargelegt, die Erwartungen an eine Paarbeziehung in den letzten Jahrzehnten immer umfassender geworden. Außerdem fordern viele Menschen eine emotionale Gegenleistung dafür ein, wenn sie sich schon die Mühe machen, sich auf einen anderen einzulassen, und dafür ein paar Zoll Freiheit aufgeben.

Zum anderen ist die Lebenserwartung in den wohlhabenden Ländern kontinuierlich gestiegen. Und sie wird immer höher. Seit 1900 hat sie sich in Deutschland ungefähr verdoppelt. Konnte man vor hundertzwanzig Jahren damit rechnen, gerade mal vierundvierzig Jahre alt zu werden, sind es heute im Mittel mehr als achtzig Jahre. In Europa erhöht sich die Lebenserwartung jedes Jahr ungefähr um weitere drei Monate. Die Landräte kommen längst nicht mehr nach, allen Hundertjährigen noch persönlich zum Geburtstag zu gratulieren.

Die Menschen werden aber nicht nur immer älter, sondern sie bleiben mit zunehmendem Alter auch länger unternehmungslustig, fit und gesund – und sind damit weiterhin aktiv auf dem Partnermarkt. Sie suchen also auch in der zweiten Lebenshälfte weiterhin Beziehungen, gehen Affären ein, binden sich neu und trennen sich wieder. Sportmediziner und Altersforscher bestätigen der jetzigen Generation der Babyboomer längst, dass die heute Fünfundsiebzigjährigen mindestens so fit sind, wie es die Fünfundsechzigjährigen in den 1970er Jahren waren.

Dieser Zugewinn an Leistungsfähigkeit und Spannkraft macht die Menschen ab Mitte vierzig aber keineswegs gelassener. Alt fühlen sie sich – oftmals zu Recht – zwar noch lange nicht, sie sehen sich vielmehr auch weiterhin als potenzielle Sex- und Beziehungspartner, wenn nicht gar als unwiderstehliche Verführer. «Das war's noch lange nicht», hat Uli Hoeneß 2013 auf der Hauptversammlung des FC Bayern München seinen Anhängern prophezeit, bevor er wegen Steuervergehen ins Gefängnis musste, da war er einundsechzig Jahre alt.

Auch wenn es Hoeneß in seiner Ankündigung wohl kaum um intime Beziehungen ging, charakterisiert dieses Motto die Haltung so mancher Fifty- und Sixtysomethings ziemlich gut, die vor lauter Möglichkeiten nicht mehr wissen, wo sie stehen, wo sie hinsollen, was noch angemessen für sie sein könnte. In der Folge sind sie nicht nur hormonell manchmal schwer verwirrt. Nichts ist schließlich für manche Männer (und für weitaus mehr Frauen) ein größeres Kompliment, als mit vierundfünfzig erst für fünfundvierzig gehalten zu werden.

Dass viele Menschen in den wohlhabenden Ländern auch

mit Anfang fünfzig noch gesund, fit und attraktiv sind, mündet jedoch selten in eine Haltung der Entspannung oder gar demütigen Dankbarkeit, sondern es führt eher dazu, einen dauerhaften Zustand der Gefühlsbesoffenheit zu ersehnen; eine Art ewig verlängerter Jugend. Mit der Zeit wird das zwar vermutlich ziemlich langweilig, aber diese Einsicht kommt meistens viel zu spät – oder gar nicht. Auch kurz vor der Pensionsgrenze will er auf ewig als «Mann in den besten Jahren» angesehen werden und sie als Frau, die mit jedem weiteren Geburtstag neununddreißig bleibt.

Die mehrfach ungesättigte Generation

«Viel zu lange rumgesessen,
überm Boden dampft bereits das Licht.
Jetzt muss endlich was passieren,
Weil sonst irgendwas in mir zerbricht.
(...)
Auf den ersten Rängen preist man
Dienstbeflissen und wie immer die Moral.
Doch mein Ego ist mir heilig,
Und ihr Wohlergehen ist mir sehr egal.»
(Konstantin Wecker, Barde)

Es ist ganz normal, dass ab Mitte vierzig der Geist träge und der Leib teigig wird. Normal heißt aber nicht, dass die Generation der Babyboomer das auch akzeptieren könnte. Im Gegenteil, die Auflehnung gegen diese ewigen Naturkonstanten ist weit verbreitet, und viele Männer, die früher immer nur sie selbst bleiben wollten, möchten plötzlich ganz anders werden. Sie fangen an, sich seltsam zu benehmen, und wollen sich neu entdecken. Sie lernen Kitesurfen, flüchten in die Spiritualität oder unternehmen ausgedehnte Expeditionen. Wer wollte nicht schon immer mal nach Patagonien paddeln?

Auch im häuslichen Umfeld gibt es zuvor ungeahnte Konstellationen. Nix mehr mit Gelassenheit, stattdessen ein später Anflug von Rebellion. So zeigen viele Männer, dass man auch schon mit Ende vierzig zur rentnerhaften Partypetze werden und die Polizei rufen kann, wenn die neuen Nachbarn ihr Fest wieder mal unverschämt laut feiern, nachts um halb zwei immer noch keine Ruhe eingekehrt und an Schlaf nicht zu denken ist. Auch diese frühe Metamorphose zum Spießer will vom Partner liebevoll begleitet und aufgefangen werden, was, nebenbei gesagt, nicht ganz leicht ist.

Und dann sind da die diversen körperlichen Einschläge, die trotz aller Joggingrunden, Trainings-Apps auf dem Handy und des Langzeitvertrags mit dem Fitness-Studio immer näher kommen. Blutverdünner, Schmerzmittel, Potenzhelfer und Antidepressiva lassen sich zwar noch heimlich nehmen, aber der Kampf gegen die Lesebrille wird öffentlich verloren, die Krampfadern und der eingeklemmte Nerv im Lendenbereich schreiben sich unübersehbar in den Körper ein. Die Anatomie kann unerbittlich sein. Und dann dieser Reflux! Das alles bleibt der Umgebung nicht verborgen.

Zudem häufen sich die humorlosen Gespräche im Freundeskreis. Dort wird darüber diskutiert, ob das Belastungs-EKG, das Koronar-CT oder doch vielleicht die Darmspiegelung zuerst anstehen. Und bei Abendeinladungen fällt in letzter Zeit immer wieder dieser Satz, der mit säuerlichem Lächeln und vor den Bauch gehaltener Hand in dezentem Ton ausgesprochen wird: «Nein, bitte keinen Weißwein – du weißt schon, der Magen.» Man will es sich lange nicht eingestehen, aber irgendwann wird die Ahnung zur Gewissheit: Jung sind nur noch die anderen.

Gerade diese heikle Zeit zwischen Anfang vierzig und Ende fünfzig stellt für viele Menschen eine nicht zu unterschätzende Belastungsprobe dar. Man duzt zwar weiterhin die Praktikanten im Büro und fühlt sich noch lässig und jung, obwohl man es längst nicht mehr ist – aber gleichzeitig muss man in der Beziehung damit zurechtkommen, dass sich die Veränderungen an Geist und Körper in unterschiedlichen Geschwindigkeiten vollziehen.

Das Motto «Jeder in seinem Tempo» ist zwar auf Joggingrunden und bei Passankünften mit dem Rennrad schnell dahingesagt. In der Partnerschaft gibt es hingegen leichtere Übungen. Es klingt zwar gut, sich gegenseitig zu nichts zu drängen und jedem die Zeit zu lassen, die er braucht. Aber in der Praxis ist es gerade für Männer schwierig zu akzeptieren, wenn beispielsweise die Gattin weiterhin durchtrainiert schlank bleibt, der eigene Bauchumfang aber jährlich ähnlich zunimmt wie die Baumringe und er deshalb während der Wanderung in den Bergen immer öfter eine «Verschnaufpause» einfordern muss, die sie ihm dann ebenso mitleidig wie ungeduldig gewährt. Er hat alle paar Wochen Hüfte, Rücken oder Knie, sie joggt mal eben beim Halbmarathon mit und bleibt dann noch lässig unter der Zwei-Stunden-Marke.

In tapsiger Verkennung der Realität kommt es in dieser fragilen Phase leicht zu Kollisionen. Das gefühlt jugendliche Ich und die geistig langsamer und längst bindegewebsschwach gewordene Kreatur, die einen da verwirrt aus dem Spiegel anschaut, lassen sich partout nicht zur Übereinstimmung bringen: Autsch, das kann weh tun.

Doch damit nicht genug. In der Arbeitswelt wird es auch nicht leichter. Der Philosoph Dieter Thomä von der Universität St. Gallen hat anschaulich gezeigt, warum sich die Menschen auch noch in ihren mittleren Jahren «ständig im Zwiespalt und unter Zwängen» befinden. Er beschreibt das zunächst einmal beruflich: Von Angestellten wie Kreativen wird in der modernen Arbeitswelt verlangt, sowohl der angepasste Pflichterfüller als auch der unkonventionelle Querkopf zu sein – und das auch noch in fortgeschrittenem Alter.

Gesucht wird also jemand, der sich zwar einerseits klaglos fügt und artig alle Anweisungen befolgt, die von den Vorgesetzten kommen. Die Vorgaben sollen als «alternativlos» anerkannt und die Aufgaben erledigt werden.[32] Aber trotz dieser tadellosen Pflichterfüllung soll dieser vorbildliche Mitarbeiter originell anders sein und immer eine gute Idee auf Lager haben, also ein Kreativfeuerwerk abbrennen und dabei Althergebrachtes mit Lust und Verve gegen den Strich bürsten.[33] «Das Individuum arbeitet sich gleichzeitig an diesen zwei gegensätzlichen Prinzipien ab – und das wird zur Zerreißprobe», sagt Thomä. «Zudem gilt: Tue ich das eine, handele ich dem anderen entgegen.»

Auch nach zwanzig Berufsjahren wird von vielen Arbeitnehmern noch verlangt, sich ständig neu zu erfinden. Stabilität ist nirgends. Wer mit siebenundvierzig Abteilungsleiter ist, kann sich seiner Position heute schließlich keineswegs mehr sicher sein. Der Spagat, trotz grauer Schläfen weiterhin den jugendlichen Erneuerer geben zu wollen oder zu müssen, wirkt irgendwann zwar nur noch unfreiwillig komisch, etwa wenn der Achtundfünfzigjährige in den Meetings auf modern macht und wie im Hipster-Start-up ab sofort mit seinem Team nur noch Stehkonferenzen abhält. Da die Extreme zwischen den gegensätzlichen Anforderungen immer größer werden, droht irgendwann die emotionale Zerrung.

Doch der Anspruch auf dauerhafte Veränderung und der Zwang zur Originalität haben längst auch viele andere Lebensbereiche infiziert. Wird der permanente Aufruf zum Neustart und Andersmachen – Think different! – aus dem Berufsleben auf die Freizeit und die langjährige Partnerschaft übertragen, drohen derbe Übersprungshandlungen und übereilte Trennungen, gegen die sich der Cabrio-Kauf oder die Harley-Marotte der Vätergeneration wie betuliche Butterfahrten der Selbstverwirklichung ausnehmen.

Die Abkehr vom langjährigen Partner ist dann ähnlich naheliegend wie der komplett umgekrempelte Workflow im Büro, die neuen Möglichkeiten der App oder das schicke Tool für die Videokonferenzen, das jetzt alle benutzen. Schließlich sollte man bereit sein, auch jenseits der fünfzig noch etwas Neues auszuprobieren. Die Phrasen aus den Management-Fibeln haben längst alle verinnerlicht: Lebenslanges Lernen! Stillstand bedeutet Rückschritt! Nur wer sich ändert, bleibt sich treu! – solche Sachen. Wieso also nicht auch ein regelmäßiges Update für das Beziehungsleben? Allerdings verstehen manche grau melierten Innovationsfreunde das Prinzip falsch: Eine Auffrischung können zwar etliche Partnerschaften gebrauchen, ein Neustart mit ausgetauschtem Personal ist damit aber nicht zwangsläufig gemeint.

Manche Verhaltensweisen mittelalter Menschen lesen sich allerdings auch wie Chroniken der alltäglichen Selbsterniedrigung. Mit grandioser Selbstverkennung fängt es an. Da sind beispielsweise jene Männer um die fünfzig, die schnell den Bauch einziehen und den verwegenen Blick von früher probieren, weil sie sich angesprochen fühlen, wenn die achtundzwanzigjährige Klassenlehrerin ihrer Kinder beim Elternabend nach einem «starken Mann für das Schulfest» fragt und – Wahnsinn – kurz darauf auch noch ihre Handynummer an die Tafel schreibt: Klar, die kann ja nur mich meinen! Etliche von ihnen finden plötzlich in ihrem ansonsten übervollen Kalender ein paar Tage, um als «männliche Begleitperson» an der anstehenden Klassenfahrt in den Harz teilzunehmen.[34]

Das alles geht manchmal mit einem großen Verlust an Würde einher, der besonders am Freizeitverhalten und der dazugehörenden Ausrüstung zu beobachten ist. Der sittliche Verfall lässt sich zunächst an Äußerlichkeiten erkennen: In atmungsaktiver Funktionswäsche sieht man nun mal nicht elegant aus, vor allem nicht, wenn man über vierzig ist. Männer, die in ostereibunter Radlerkleidung dicke Polster vor Gemächt und Gesäß tragen und an ergonomisch geformten Flaschen nuckeln, sind der evolutionäre Beweis dafür, dass sich manche Säugetiere gerne lächerlich machen. Seine «exzentrische Positionalität» (Helmuth Plessner) befähigt den Menschen – im Gegensatz zu jedem Tier – eben nicht nur zur Selbstreflexion, sondern auch zur Blamage.[35]

Nun ist es zwar kein neues Phänomen, dass sich mittelalte Menschen gegen den Verlust ihrer Spannkraft und die nachlassende Frische wehren, besonders wenn es sich um Männer handelt. «Wenn ein Mann weiß, dass die Epoche seiner stärksten Potenz nicht die ausschlaggebendste der Weltgeschichte ist – das ist schon sehr viel», hat Kurt Tucholsky die Selbsteinschätzung seiner Geschlechtsgenossen schon vor nahezu einhundert Jahren auf den Punkt gebracht. Daran hat sich bis heute wenig geändert.

Und Tilman Spenglers «Wenn Männer sich verheben: Eine Leidensgeschichte in 24 Wirbeln» aus dem Jahre 1996 ist nicht nur der amüsante Versuch, eine «neue Rückenschule» zu begründen, sondern zeigt auch die tragisch-vergeblichen Bemühungen, trotz nörgelnder Bandscheibe und nicht mehr zu übersehenden Alterserscheinungen noch den jugendlichen Verführer zu mimen, was nicht nur der Lendenwirbelsäule des Ich-Erzählers nicht gut bekommt.[36]

Relativ neu im Kampf gegen das eigene Altern und das der mitgealterten Beziehung ist allerdings dieser eklatante Mangel an Souveränität, Humor und Gelassenheit. Bis weit in die

1980er Jahre sah man nur bestimmte fünfzigjährige Männer Trainingsanzüge tragen, und zwar ausschließlich auf dem Fußballplatz; es war die Berufsbekleidung autoritärer Übungsleiter wie Hennes Weisweiler, Kalli Feldkamp oder Otto Rehhagel. Mittlerweile sind hingegen Angestellte wie Führungskräfte, ja sogar Ärzte, Ingenieure und Anwälte dabei, etwas «für ihre Gesundheit zu tun». Sie hetzen mit Stirnlampe atemlos durch die Nacht und scheuchen am Wochenende in Fluren und Forsten das Niederwild auf.

Sportlich sein will mittlerweile jeder, auch wenn er niemals sportlich war. Dieser Imperativ gilt in westlichen Gesellschaften fast überall und erst recht für die mittelalten Jahrgänge. «Noch jogge ich – Rennradfahren ist etwas für Sechzigjährige», sagte der durchtrainierte Achtundfünfzigjährige kürzlich und lachte. Und so läuft der Ordinarius jedes Jahr Halbmarathon, der Kieferorthopäde besucht in seiner Freizeit Karate-Kurse, und der Software-Tüftler muss jeden Sommer über die Alpen radeln, und zwar mit einem Carbon-Renner, der nicht viel mehr wiegt als eine Zigarrenkiste (die früher zusammen mit einem gutsortierten Weinkeller das Symbol für einen in Würde gereiften Mann war). Statt gutgelagerter Rotweine und Cohibas aus dem Humidor dienen edle Rennradrahmen und Laufrunden mit einem Kilometerschnitt von fünf Minuten als Mittel zum Distinktionsgewinn. Seit Pierre Bourdieus Studie zu den «feinen Unterschieden», 1979 auf Französisch erschienen, haben sich die Fetische der Leistungsgesellschaft ein wenig verändert.[37]

Nach erfolgter Leibesertüchtigung werden sofort die aktuellen Bestzeiten verglichen, zurückgelegte Schritte gezählt und bodygetrackte Etappen zum Angeben auf eines der zahlreichen Vergleichsportale hochgeladen, während die verschwitzte Funktionswäsche noch nicht getrocknet ist. Dabei hat schon Goethes «Mann von funfzig Jahren» nach kurzem

Aufbäumen erkannt, dass sich seine Jugend nicht ewig verlängern lässt.

Um das nicht falsch zu verstehen: Lächerlich wirkt das ewige Bemühen der Forty- und Fifty-somethings nicht etwa deswegen, weil sie trotz abgenutzter Knorpel und verkürzter Sehnen immer noch gerne wandern, laufen, Rad fahren oder auch mit dreiundfünfzig Jahren noch liebend gerne flirten und charmieren. Das macht Spaß und ist – wenn es nicht allzu verbissen betrieben wird – obendrein meistens auch noch sehr gesund. Doch wer sich dabei mit allen Mitteln gegen das Unvermeidliche auflehnt, erzeugt oft Momente von tragikomischer Schönheit.

Männer haben zwar das größere Talent, sich zu entblöden, aber auch Frauen machen sich in dieser fragilen Altersklasse gerne zum Horst. Die Frage, findest du mich noch attraktiv?, ist oft dauerhaft auf ihrer Stirn eingraviert. Sie wollen ewig begehrenswert bleiben und verstecken sich zwar seltener in Funktionskleidung, dafür aber gerne in betrügerisch schmeichelnden Textilien, oder sie nehmen die Dienste medizinischer Renovierungsbetriebe in Anspruch.

Oft lässt sich angesichts der bearbeiteten Oberflächen kaum erahnen, dass Frauen jenseits der fünfzig früher zumeist anders aussahen – älter eben – und in medizinischen Lehrbüchern der 1970er Jahre sogar noch als «Greisinnen» denunziert wurden, denen bald der «Witwenbuckel» drohte. In relativ kurzer Zeit hat sich das Bild jener Frauen radikal verändert, deren Altersangaben bis in die 1980er Jahre noch ausschließlich für Großmütter oder wunderliche, ledige Tanten reserviert zu sein schienen.

Damals konnte man in dieser Alterskohorte eigentlich nur hausfraulich-mütterliche Typen antreffen wie Heidi Kabel, Brigitte Mira oder eine der anderen «Golden Girls». In südlichen Ländern trugen die älteren Frauen fast durchgehend schwarze Kleidung und dunkle Schürzen, und ihr langsamer, leicht gebeugter Gang prägte das Stadtbild. Heute scheint es oftmals zur Pflicht für viele Frauen zu gehören, dass sie mindestens zehn Jahre jünger aussehen wollen, auch wenn Cher, Iris Berben, Glenn Close oder Madonna nicht zu ihren Vorbildern gehören sollten.

Frauenzeitschriften und Werbung haben längst die reifere Frau zwischen Anfang vierzig und Mitte siebzig als neue Zielgruppe entdeckt, und es finden sich auch in dieser Altersklasse noch genügend Models und Bühnenstars, die der Durchschnittsfrau zeigen, wie unglaublich sexy sie auch jenseits der Wechseljahre noch aussehen kann. Dass dies längst nicht jeder gegeben ist, sondern eine Menge Aufwand, Geld oder das Geschenk der richtigen Genetik erfordert, wird meistens nicht in den entsprechenden Ratgebern verraten, befördert aber die Umsätze der Bekleidungs-, Kosmetik- und Medizinindustrie.

Die neue Fruchtbarkeit

«Alten Freund für neuen wandeln,
heißt für Früchte Blumen handeln.»
(Friedrich Freiherr von Logau)

Das bemühte Sich-Aufbrezeln jenseits der fünfzig kann ziemlich lästig sein und neben viel Geld auch viel Zeit verschlingen. Blöderweise führt es auch immer seltener zu den erhofften Ergebnissen, selbst wenn jene Frauen, die für immer neununddreißig bleiben wollten und den Männern nicht das Feld der Selbstoptimierung überlassen, sich gerne krampfhaft einreden: «Ich mache das ja nur für mich.»

Das ist übrigens großer Blödsinn, denn der Mensch ist ein

soziales Wesen, und wer sich angeblich «nur für sich» schöner macht und allein daraus Befriedigung zu gewinnen meint, weiß natürlich auch, dass diese Selbstpflege auch auf andere Eindruck macht – und unbedingt Eindruck machen soll. Der Pfau schlägt sein Rad ja auch nicht «nur für sich».

Wer das Jugendtheater im vorgerückten Alter leid ist oder feststellen muss, dass die kosmetischen Ausbesserungsarbeiten immer aussichtsloser werden, findet neuerdings andere Wege, um sich zu verwirklichen. Es ist eher das Gegenteil davon, Aufmerksamkeit durch äußere Reize zu erheischen: Erstaunlich, wie viele Frauen ihre «neue Fruchtbarkeit» entdecken und Einweck- und Einmachorgien feiern, in denen sie alles Obst und Kraut verarbeiten, das nicht bei drei auf den Bäumen und Sträuchern ist.

Die Mütter, Tanten und Omas der Kriegs- und Nachkriegszeit hätten angesichts dieser Luxuskopie eines Landlebens vermutlich den Kopf geschüttelt. Damals war es der existenziellen Not geschuldet. Sie haben nicht aus Landlust oder Landliebe geerntet, eingekocht und entsaftet, sondern um zu überleben. Der jetzigen Frauengeneration dient es zur Selbstverwirklichung. Die Magazine und Fachblätter, in denen Tipps zur bäuerlichen Vorratshaltung und die besten Rezepte für Quittengelee verraten werden, erzielen jedenfalls von Quartal zu Quartal neue Auflagenrekorde.

Die erotische wie körperliche Ruhelosigkeit in dieser Altersgruppe ist jedenfalls nicht allein ein äußerliches Phänomen, das sind nur die deutlichsten Anzeichen. Die emotionale oder gar seelische Obdachlosigkeit im Mittelalter ist womöglich viel gravierender. Und sie macht auch vor jenen nicht halt, die sich immer so viel auf ihre Persönlichkeit eingebildet haben und von Berufs wegen eigentlich über den Dingen stehen sollten.

Statt gelassene Souveränität auszustrahlen, halluzinieren inzwischen auch immer mehr Führungskräfte von ihrem baldigen Ausstieg nach Vancouver Island, nehmen ein Sabbatical und erklären ihren Weltschmerz zur Chefsache. Manche werden Hobby-Imker und halten Bienen. Etliche Besserverdiener spüren spätestens, wenn die Fünf vor dem Komma steht, dieses seltsame Unbehagen, begeben sich auf Sinnsuche oder praktizieren E-Mail-Detox, stolpern mit weißen Stoppelbeinen auf dem Jakobsweg herum oder schließen sich ein paar Wochen im Schweigekloster ein, schließlich kann das doch nicht alles gewesen sein.

Dabei gäbe es aus biopsychischer Sicht spätestens mit Ende vierzig keinen Grund mehr zum Jammern. Die Midlife-Crisis führt Menschen in Deutschland nämlich schon ziemlich früh, durchschnittlich bereits im zarten Alter von vierundvierzig Jahren, in ihr tiefstes Seelental, wie diverse Studien ergeben haben.[38] Niemals sonst ist das Risiko, um Orientierung zu ringen, unzufrieden zu sein oder gar depressiv zu werden, so groß wie in dieser Zeit. Danach geht es aber theoretisch – und bei vielen Menschen auch tatsächlich – schon wieder aufwärts mit der Stimmung und dem Befinden. Wer gesund bleibt und seinen Job nicht verliert, hat gute Chancen, sich mit Ende fünfzig wieder so pudelwohl und munter zu fühlen, wie er es mit fünfundzwanzig oder dreißig gerne gewesen wäre.

Da immer mehr Menschen ausführliche Ausbildungen durchlaufen und die Karrierewege vom prekären Zeitvertrag bis zur eingepferchten Führungskraft langwierig sein können, bleibt bis Ende vierzig jedoch oftmals gar keine Zeit zum Innehalten, zur Selbstreflexion. Bis hierher ging doch alles so schnell und meistens auch nur in eine Richtung, nämlich aufwärts. Manchmal war es gar nicht möglich, eine Erholungspause einzulegen, um den Umgang mit Niederlagen zu lernen oder Phasen zu durchleben, in denen nicht gleich der nächste Schritt nach oben oder wenigstens nach vorne folgte.

Die mal schmerzhafte, eigentlich jedoch beruhigende

Ahnung, dass es irgendwann nicht mehr weiter nach oben geht und beruflich wie privat längst alle Weichen gestellt sind, stellt sich in höherem Alter ein und wird ganz plötzlich zur Gewissheit. Die Landung fällt dann aber womöglich umso härter aus. Und die Erkenntnis, dass es für die meisten Veränderungen jetzt vielleicht tatsächlich zu spät ist, trifft umso schmerzlicher.

So wie Jugendliche irrlichtern, weil sie mit ihrem Selbstbild nicht zurechtkommen und kein klares Konzept vom Erwachsenwerden im Kopf haben, so befindet sich die heute alternde Generation der Babyboomer in einem verunsichernden Prozess der Suche nach einer angemessenen Form des Alterns – egal ob mit fünfzig oder mit siebzig. Diese Alterspubertät kennt zwar kaum Pickel, sondern vor allem Falten und Fettröllchen. Sie kann dafür aber deutlich länger andauern, denn die Stones-Generation muss ihre eigene Form des Altseins und des Älterwerdens für sich und erst recht gemeinsam in der Partnerschaft erst noch finden.

Die Schwierigkeiten in der Lebensmitte werden hier deshalb so ausführlich beschrieben, weil sie zeigen sollen, welche Phasen der Veränderung den meisten Menschen – alleine, aber eben auch gemeinsam – mit zunehmendem Alter bevorstehen. Zudem bleiben Paare in diesen Entwicklungsphasen keineswegs untereinander gleich. Es ist sogar selten, dass sie Schritt für Schritt dieselben Stufen nehmen, manche entwickeln sich vielmehr rasend schnell weiter, andere bleiben hingegen unterwegs stecken oder machen gar Rückschritte. Und das kann zum Problem werden.

Manche Menschen wollen sich ständig weiterentwickeln und spüren eine innere Unruhe, wenn es nicht zügig genug vorangeht. Andere wünschen sich hingegen, dass doch bitte, bitte alles genauso bleiben möge, wie es zu Beginn ihrer Beziehung gewesen ist. Der Partner soll sich dann möglichst auch nicht mehr verändern – viele Männer um die fünfzig sind ja schwer irritiert, wenn ihre Frau in diesem Alter «auf komische Gedanken kommt» und «jetzt noch» Klavierstunden nimmt, alleine nach Gomera reisen will und sich plötzlich für diesen verwirrten Lebenskünstler aus der Nachbarschaft interessiert.

Es ist für viele Menschen eine zentrale Frage, wie es nach der Rush-hour des Lebens weitergeht. Alles verlängert sich schließlich nach hinten. Die zweite Pubertät droht erst mit fünfzig oder noch später, die Rente derzeit mit siebenundsechzig, vielleicht sogar bald mit zweiundsiebzig. Eingestreut in die verschiedenen Kapitel wird deshalb an extremen, skurrilen und besonderen Ereignissen und Beispielen gezeigt, was in welchem Alter noch alles möglich ist – und was sich Menschen einfallen lassen, wenn ihre Partnerschaft bedroht ist oder eben auch gemeinsam wachsen soll.

Die Babyboomer – Gefangen im eigenen Narzissmus

*«Oberflächlich betrachtet scheinen diese Menschen in sich selbst
verliebt zu sein; in Wirklichkeit aber können sie sich nicht leiden,
und mit ihrem Narzissmus wie mit der Selbstsucht kompensieren
sie einen grundlegenden Mangel an Selbstliebe. Freud hat betont,
dass der Narzisst seine Liebe vom anderen zurückzieht und auf die
eigene Person richtet. Der erste Teil dieser Behauptung ist
richtig, der zweite ist ein Trugschluss. Er liebt
weder die anderen noch sich selbst.»*
(Erich Fromm)

Die Babyboomer sind vermutlich die erste Generation, die es gelernt hat, gründlich über ihre eigenen Gefühle zu sprechen. Die Kriegsgeneration zuvor hat das kaum gekonnt. Die Jahrgänge, die in den 1950ern, 1960ern und 1970ern zur Welt kamen, konnten hingegen gar nicht mehr aufhören, darüber zu reden, wie sie sich fühlten. Die Sitzkreise und endlosen Zweiergespräche, in denen schon früh das eigene Empfinden ausgebreitet wurde, sind längst zum Klischee geronnen («Du, wie fühlst du dich gerade?»).

Gegenüber ihrer eher in emotionaler Sprachlosigkeit gefangenen Eltern- und Großelterngeneration, die oftmals furchtbare Dinge wie Krieg, Flucht und Vertreibung erlebt hatte, war das vermutlich von Vorteil. Den Nöten in seinem Seelenleben Ausdruck verleihen zu können ist oftmals hilfreich, um Krisen zu bewältigen. Jetzt, da die Babyboomer älter werden und ihre Beziehungen auf den Prüfstand kommen, machen ihnen der Hang zur Gefühligkeit und ihr ausgeprägter Selbstbezug das Leben jedoch nicht unbedingt leichter.

Eine 2019 veröffentlichte Studie mit fast siebenhundertfünfzig Teilnehmern im Alter zwischen dreizehn und siebenundsiebzig Jahren unterstellt den Jahrgängen zwischen 1950 und 1970 sogar, dass sie tendenziell viel zu empfindlich seien – dazu noch stur und oft wahnsinnig von sich selbst überzeugt.[39] Gemeinhin gelten diese Charakteristika als typische Merkmale für Narzissmus. Anders als bei früheren Generationen soll diese Selbstbezogenheit in der Generation der heute Fünfundvierzig- bis Fünfundsiebzigjährigen besonders ausgeprägt sein. Vorherige Jahrgänge waren vermutlich mit drängenderen Themen wie Krieg, Hunger und Vertreibung beschäftigt – und auch die oft als völlig unpolitisch und teilnahmslos geschmähten Millennials kreisen demnach weitaus weniger um sich selbst.

Passend zu dieser Diagnose hat es eine Kurzcharakterisierung der Babyboomer seit 2019 zu großer Popularität gebracht: «Ok, Boomer». Dieser Ausspruch deutet ebenso knackig wie spöttisch an, dass die grau gewordenen Ex-Spontis im Alter in Selbstmitleid zu versinken drohen und ihre Ratschläge an die Jüngeren diese vor allem nerven. Dass einige Mitglieder der Stones-Generation auf das Meme, das sich zunächst via Social Media verbreitete, beleidigt reagierten, sich respektlos behandelt fühlten oder gar eine neue Form der Altersdiskriminierung witterten, bestätigte den Befund eher, als dass er dadurch widerlegt wurde.

Irgendwann stellt sich zwar selbst beim größten Gockel die Erkenntnis über die eigenen Grenzen und Schwächen ein. Normalerweise. Doch William Chopik, einer der beiden Autoren des Fachaufsatzes, attestiert den Babyboomern, dass sie ein «höheres Niveau an Hyperempfindlichkeit aufweisen, zudem eingebildeter und eigensinniger» seien und es gerne mögen, «anderen ihre Meinung aufzuzwingen».

Der Gang durch die Institutionen, die gesellschaftliche und sexuelle Befreiung, die Entdeckung des Gefühls – das alles hat wohl entscheidend dazu beigetragen, dass sich die Babyboomer am allerliebsten mit sich selbst beschäftigen. Und dass sie schnell gekränkt sind, wenn das Leben und die Beziehung nicht so laufen, wie sie sich das vorgestellt haben. Wo sie sich doch selbst vor allem immer noch ganz großartig finden.

Das Alter hilft — normalerweise

*«In einer sehr zuverlässigen Quelle habe ich gelesen, dass die
Gehirnzellen, welche Sorgen und Furcht auslösen, im Alter
absterben. Leider sterben auch viele andere Gehirnzellen, aber egal.
Auf jeden Fall führt der Verlust der Sorgen-Zellen dazu, dass man
ein sehr viel friedlicheres Leben als vorher führt (...). Ich glaube,
genau das ist mir passiert. Das und der Gedächtnisschwund, den
ich vorhin als Methode der Lebensbewältigung empfohlen habe.»*
(Leonard Cohen)[40]

Jero ist schon etwas älter, siebenundsechzig Jahre bereits.
Zusammen mit Adriana, die auch schon fast so alt ist wie er,
hat er in Spanien im Winter 2019/20 eine Datingshow für
Singles gewonnen. Die beiden wurden vom Publikum zum
«perfekten Paar» gewählt. Keines der anderen Paare, die sich
in der Sendung neu gefunden hatten, konnte so überzeugend
zeigen, wie frisch verliebt sie ineinander waren. Sie gewannen
die Abstimmung durch die Zuschauer eindeutig.

Das wäre nicht weiter der Rede wert, wenn die Sache
nicht einen kleinen Haken hätte: Kurz nachdem sie die vom
Fernsehsender Cuatro spendierte Kreuzfahrt in einer Deluxe-
Kabine gewonnen hatten, stellte sich heraus, dass Jero und
Adriana sich nicht erst in der Fernsehshow kennengelernt
hatten. Die beiden waren schon seit Jahren verheiratet. Ja, miteinander.

Was für ein schönes Signal: Es geht also, sogar nach einer
ziemlich langen Ehe noch. Manche Paare schaffen es auch
dann noch, so verliebt zu wirken, als ob sie sich gerade erst
kennengelernt hätten und romantische Leidenschaft statt
routinierter Alltag ihr Leben ausmachen würde. Und ob sie
tatsächlich geschummelt haben? Zwar gaben sich die beiden
fälschlicherweise als Singles aus. Doch vor der Kamera hauchte

Jero seine Adriana an: «Ich fühle mich so gut mit dir. Es ist so, als seien wir schon sehr, sehr viele Jahre zusammen.» Das klang ebenso überzeugend, wie es ehrlich war (und witzig, wenn man die Hintergrundgeschichte kennt).

Eine Nachbarin ließ den Schwindel allerdings auffliegen und verpetzte die beiden. Wahrscheinlich ist sie seit langem unglücklich verheiratet.

Dieses Beispiel zeigt, was auch nach langer Liebe noch möglich ist. Die Stones-Generation ist zwar narzisstischer, empfindlicher und selbstbezogener als andere Generationen vor ihr, das scheint wissenschaftlich mittlerweile bewiesen zu sein. Aber eigentlich bilden sich ausgeprägte psychische Eigenheiten im Laufe des Lebens normalerweise zurück. Diese gute Nachricht ist gar nicht hoch genug einzuschätzen, denn sie verheißt Partnerschaften erfreuliche Aussichten, je älter sie werden. So zeigte eine Untersuchung an Paaren, die schon lange miteinander verheiratet waren, dass die negativen Gefühle mit zunehmendem Alter nachlassen, während sich die positiven sogar verstärken.[41] Das gilt allgemein, aber eben auch in der wechselseitigen Wahrnehmung der Partner.

Die Forscher verglichen für ihre Studie zwei Gruppen von Paaren. Da waren einmal jene im Alter zwischen vierzig und fünfzig Jahren, die schon mindestens fünfzehn Jahre miteinander verheiratet waren. Zu der zweiten Gruppe gehörten ältere Paare zwischen sechzig und siebzig, die bereits auf mindestens fünfunddreißig Jahre Ehe zurückblicken konnten. Die Wissenschaftler beobachteten über mehr als dreizehn Jahre, wie sich ihr Blick auf die eigene Partnerschaft verändert hatte.

Je älter die Paare wurden, desto weniger streitlustig zeigten sich die beiden Partner. Zwar prägten sich manche Macken und Eigenheiten stärker aus. Aber insgesamt gab es seltener Spannungen in der Beziehung sowie weniger Ängste. Auch die

Klagen über den anderen nahmen ab. Zudem zogen sich die Partner nicht so oft zurück, wenn es doch mal zu einem Konflikt kam.

Stattdessen überwogen gegenseitige Wertschätzung und manchmal sogar die Begeisterung füreinander. Und auch der Humor spielte im Alter wieder eine wichtigere Rolle – wobei unklar bleibt, ob es sich dabei vielleicht um eine Art Galgenhumor gehandelt hat und beide über ihr Schicksal, nun wohl doch bis zum Ende miteinander auskommen zu müssen, immer wieder schmunzeln mussten.

Das muss festgehalten werden: Mit zunehmendem Alter werden Männer wie Frauen eigentlich weniger empfindlich, weniger selbstbezogen und schließlich insgesamt gelassener. Die Kinder sind dann meistens großgezogen und für sich selbst verantwortlich. Beruflich sind auch längst alle Weichen gestellt, wenn man nicht noch jenseits der siebzig den Ehrgeiz hat, für das Amt des US-Präsidenten zu kandidieren. Persönliche Rückschläge und Erfahrungen mit Niederlagen tragen zudem dazu bei, dass das Ausmaß des Narzissmus zumeist schon ab dem Alter von vierzig Jahren etwas nachlässt.

Beste Voraussetzungen also, um gereift und gelassen die Partnerschaft zu genießen und sich an dem zu erfreuen, was man miteinander und aneinander hat. Aber nein, immer mehr alte Paare sind unzufrieden, unerfüllt und hadern mit sich und ihrem Partner.

Vom Nutzen alter Liebe

*«Ich glaube nicht, dass verheiratete Männer länger leben
als ledige. Es kommt ihnen nur so vor.»*
(Anonym)

Auch wenn sich so manches stabil zerstrittene Paar dies nicht gerne eingestehen mag: Eine Partnerschaft tut beiden gut. Und sogar wenn sich zwei Ehepartner immer noch übereinander aufregen, gilt die Maxime: Zusammensein ist Balsam für die Gesundheit. Ehen oder zumindest feste Partnerschaften sollten kostenlos auf Rezept verschrieben werden, das würde erhebliche Summen im Gesundheitswesen einsparen – und die Lebenserwartung in den westlichen Ländern auf einen Schlag um gleich mehrere Jahre erhöhen.

Dass es für die Seele weniger anstrengend sein kann, bei sich und miteinander zu bleiben, statt die Achterbahnfahrt aus Trennung, Aufteilung der Kinder, Streit mit dem Freundeskreis, wiederholten Zweifeln, Tränen – wer kriegt den Hund? – und einem tristen Neuanfang in unmöblierten Zimmern auf sich zu nehmen, ist einleuchtend. Mittlerweile gibt es aber auch etliche Untersuchungen, die zeigen, warum und in welcher Form der Körper unter diesen emotionalen Aufwallungen so sehr leidet. Die neuen Ängste und Unsicherheiten angesichts einer ungewissen Zukunft zehren an den Nerven – und die alten Auseinandersetzungen und Konflikte mit dem Noch-Partner sind meistens nicht beendet.

Der gesamte Organismus kann davon betroffen sein. Einerseits häufen sich in den Monaten rund um eine Trennung die akuten Leiden. Mindestens so bedrohlich sind allerdings die chronischen Belastungen und das dadurch erhöhte Stressniveau, wenn eine langjährige Partnerschaft auseinandergeht und sich das Voneinander-Loskommen hinzieht. Diese Belastung stimuliert eine permanente Entzündungsreaktion im Körper, wodurch die Blutgefäße angegriffen und jedes Organ potenziell geschädigt wird. Und das macht auf Dauer krank. Das Gegenteil passiert in Liebesbeziehungen. Die halten gesund.

Lange Liebe hält gesund

«Die Liebe ist eine leichte Gemütskrankheit, die durch die Ehe oft schnell geheilt werden kann.»
(Sacha Guitry)

«Im Jahre 1908 heiratete ich und lebte fortan herrlich und in Freuden.»
(Winston Churchill)

Einsam, verschnupft und leidend – das ist wirklich keine gute Kombination. Denn wer sozial isoliert ist, spürt die Symptome einer Krankheit heftiger als in Gesellschaft. In Partnerschaften kann man sich zwar auch allein vorkommen. Wenn die Beziehung noch einigermaßen trägt, wird ein Gefühl der

Einsamkeit jedoch nicht so schnell aufkommen. Wie wichtig es ist, sich aufgehoben und in einer Gemeinschaft zu fühlen und nicht verloren, zeigen mittlerweile zahlreiche Befunde.

Einsamkeit hat viele Schattenseiten. Wer sich von der Gemeinschaft ausgeschlossen und isoliert fühlt, bei dem leidet nicht nur die Seele, sondern auch das körperliche Wohlbefinden wird erheblich beeinträchtigt. Sogar eine banale Erkältung fühlt sich dann gleich viel schlimmer an, wie Psychologen der Rice University herausgefunden haben.[42] Vermutlich hat der Ausdruck, «verschnupft» zu sein, daher seine doppelte Bedeutung.

«Es ist zwar schon länger bekannt, dass Einsamkeit die Wahrscheinlichkeit erhöht, an diversen chronischen Leiden zu erkranken und früher zu sterben», sagt Angie LeRoy, die an der Studie beteiligt war. «Aber wir wollten wissen, wie sich dieses Gefühl auf eine vorübergehende akute Erkrankung auswirkt, die wir alle kennen und für die wir alle empfänglich sind.»

Die Forscher um den Psychologen Chris Fagundes ließen Freiwillige deshalb an einer originellen Untersuchung teilnehmen: Hundertneunundfünfzig Erwachsene gaben zunächst das Ausmaß ihrer persönlichen Kontakte und sozialen Interaktionen an. Zudem wurde in ausführlichen Evaluationen erfasst, wie einsam sie sich fühlten. Dabei ging es um ihren subjektiven Eindruck, nicht um die Anzahl ihrer tatsächlichen Kontakte. Anschließend wurden die Probanden mit Erkältungsviren infiziert, indem man ihnen Nasentropfen mit den Erregern einflößte. Danach kamen sie für fünf Tage zur Quarantäne in ein Hotelzimmer.

Nach kurzer Zeit entwickelten tatsächlich fünfundsiebzig Prozent aller Teilnehmer eine Erkältung. Wer vorher aufgrund der psychologischen Testergebnisse als besonders einsam eingestuft worden war, litt jedoch stärker an typischen Symptomen wie Husten, Schnupfen und Heiserkeit. Weniger

Kontakte und das Gefühl der Isolation führten dazu, dass die Beschwerden eines grippalen Infektes als schlimmer empfunden wurden. Leichter angesteckt wurden die Einsamen hingegen nicht.

Das Gefühl der Einsamkeit war auch bei jenen Menschen vorhanden, die zwar etliche Bekannte hatten, sich aber nicht wirklich aufgehoben fühlten und in die Gemeinschaft integriert wähnten. Auch die Zahl der «Freunde» und «Follower» in sozialen Netzwerken sagt nichts darüber aus, wie einsam sich die Menschen tatsächlich fühlen. «Wir haben auf die Qualität und nicht auf die Quantität der Beziehungen geachtet. Man kann sich auch in einem überfüllten Raum sehr einsam fühlen», sagt LeRoy. «Die subjektive Wahrnehmung ist das, was zählt.»

Die Psychologen wollen den Blick dafür schärfen, dass bei Patienten immer auch die psychische Verfassung eine Rolle spielt, wenn sie krank in die Praxis oder die Klinik kommen. Das gilt für alle Erkrankungen, nicht nur für Erkältungsleiden. Und typischerweise fühlen sich Singles, Geschiedene oder Verwitwete häufiger allein. «In unserer Studie haben wir deshalb einen gezielten akuten Stressreiz gesetzt, der auf eine bestimmte Verfassung trifft, nämlich die Einsamkeit», sagt Psychologe Fagundes. Und bereits bei so banalen Erkrankungen wie einer Erkältung zeigen sich erstaunliche Unterschiede.

In früheren Untersuchungen hatten Wissenschaftler bereits gezeigt, dass einsame Menschen auch empfindlicher auf Schmerzreize reagieren. Ihre Schmerzschwelle ist durch das Gefühl der Isolation verändert, sie sind buchstäblich verletzlicher, sodass die soziale Ausgrenzung geradezu körperlich nachempfunden wird. «Ausgrenzung tut physisch weh», sagt beispielsweise Naomi Eisenberger von der University of California in Los Angeles. Wer von anderen abgelehnt wird, bei dem werden die Nervenbahnen für Schmerzen empfänglicher; die Wissenschaftlerin spricht deshalb von «sozialen Schmerzen».[43]

Andere Studien liefern zusätzliche Hinweise dafür, dass Einsamkeit die Anfälligkeit für diverse Leiden steigern kann. Das gilt für Husten, Schnupfen, Heiserkeit ebenso wie für eine Verkalkung der Arterien, die zu frühzeitigem Herzinfarkt oder Schlaganfall führen kann. Mehrfach wurde nachgewiesen, dass sogar die Abwehrkräfte schwinden, wenn Menschen sich alleingelassen fühlen.[44]

Haben Frauen in ihrer Partnerschaft das Gefühl, nicht aufgehoben zu sein und zu wenig verstanden zu werden, erkranken sie öfter an Infekten – von der banalen Erkältung über die Bronchitis bis hin zur Blasenentzündung. Ist Letzteres der Fall, müssen die Frauen viel häufiger zur Toilette, manche verlieren immer wieder Urin. Psychosomatisch orientierte Ärzte verstehen dieses Symptom als Metapher. Die Seele weint dann, sagen sie über diese Beschwerden.

Was Stress im Körper anrichtet

«Das Leben ist kurz, weniger wegen der kurzen Zeit, die es dauert,
sondern weil uns von dieser kurzen Zeit fast keine bleibt,
es zu genießen.»
(Jean-Jacques Rousseau)

Stress ist vor allem Nervensache, was immer auch seine Ursache sein mag. Er zieht allerdings den gesamten Organismus in Mitleidenschaft. Zwar wissen Mediziner, dass Herzbeschwerden früher auftreten, Gefäße sich schneller verschließen und nahezu jedes Organ in seiner Funktion gestört und beschädigt werden kann, wenn der Mensch dauerhaft unter

Strom steht. Auf welche Weise genau seelische Belastungen den Körper schädigen, wird hingegen erst nach und nach im Detail bekannt. Eine kurze Erklärung macht daher verständlich, warum Stress nicht nur irgendwie anstrengend ist, sondern warum besonders negativer Stress («Distress») so gefährlich ist.

Ärzte aus Harvard haben das beispielhaft daran gezeigt, wie chronischer Stress sich im Gehirn auswirkt und nachfolgend Herz und Blutgefäßen schadet.[45] Die Mediziner hatten dazu fast dreihundert Erwachsene mittleren Alters in ihre Untersuchung aufgenommen. Bei jenen Teilnehmern, die besonders stark über Stress klagten, war die Nervenaktivität einer tief im Hirn gelegenen Struktur erhöht, die in der Fachsprache «Amygdala» heißt, aber auch als Mandelkern bezeichnet wird. Zudem waren die Adern dieser Probanden stärker verhärtet und ließen weniger Blut durch.

Der Mandelkern gehört zum emotionalen Gehirn. Dort werden Gefühle wie Angst, Wut und Ärger verarbeitet. Steht ein Mensch besonders unter Stress und fühlt sich überfordert, werden von dort offenbar Signale an das Knochenmark und andere Körperregionen gesendet, in denen die Abwehrkräfte hergestellt und mobilisiert werden. Stressmoleküle wie Cortisol und Adrenalin durchfluten den Körper. Sodann ergeht der Auftrag, vermehrt weiße Blutkörperchen und weitere Entzündungsstoffe zu produzieren, um sich gegen die diffuse Bedrohung zu wappnen.

Auf diese Weise werden chronische Entzündungen im Körper angestoßen, ohne dass dazu ein von außen eingedrungener Keim oder eine allgemeine Infektion wie etwa eine Grippe notwendig wären. Dieser in der Fachsprache als «Inflammation» bezeichnete Vorgang dient zwar eigentlich zur Immunabwehr, für den Körper stellt er jedoch einen steten und allgegenwärtigen Aggressionsherd dar. Jedes

Organ, jedes Gewebe und besonders jede Wand eines Blutgefäßes kann auf diese Weise angegriffen werden und sich entzünden. Die Gefäßwand wird daraufhin rigider und dicker. In der Folge verengt sich das Gefäß, und damit drohen mittelfristig Krankheiten wie Angina Pectoris, Herzinfarkt oder Schlaganfall.

Die Forscher aus Harvard haben mit Scans des Gehirns und anderer Körperregionen gezeigt, dass die erhöhte Nervenaktivität im Mandelkern damit einherging, dass auch die Konzentration von Substanzen erhöht war, die Entzündungen aufrechterhalten. Die Botenstoffe innerhalb des Immunsystems werden als Zytokine bezeichnet. In weiteren Untersuchungen zeigte sich, dass die Blutgefäße der Studienteilnehmer stärker beeinträchtigt waren und ihr Infarktrisiko um nahezu sechzig Prozent erhöht, wenn der Mandelkern permanent seine Nervensignale abfeuerte.

So wie beim Arztbesuch jedes Mal nach typischen Risikofaktoren für Herz und Kreislauf gefragt wird, sollte künftig auch nach chronischen Belastungen und anderen Stressfaktoren gefahndet werden, fordern die Forscher. Werden die psychischen Belastungen verringert, trägt das schließlich dazu bei, dass sich die Menschen nicht nur besser fühlen, sondern auch ihre Gesundheit geschont wird.

In früheren Untersuchungen hatten Mediziner aus England bereits umfangreiche Belege dafür zusammengetragen, dass psychische Belastungen und negative Gefühle die Wahrscheinlichkeit für einen Infarkt und Schlaganfall fast so sehr erhöhen wie das Rauchen und sogar schädlicher sind als Risiko-Klassiker wie Bluthochdruck, erhöhtes Cholesterin und Diabetes.

In der alltäglichen Praxis und medizinischen Routine wird das längst noch nicht ausreichend berücksichtigt, dabei klagen immer mehr Menschen über täglichen Stress, sei es durch vermehrte Belastungen in der Arbeit, unsichere Jobs oder prekäre Lebensverhältnisse. Und für den Alltag in der Partnerschaft kann man gar nicht überschätzen, wie sehr Unzufriedenheit belastet – und wie zerstörerisch Trennungen sein können.

Eine Ehe ist gut für das Herz

«Während man dem Geist immer mehr Nahrung gibt und die Köpfe erhellt, lässt man nicht selten das Herz erkalten.»
(Gottfried Keller)

Ungläubiges Staunen und Zweifel gehören zum Ritual. Jedes Mal, wenn wieder eine wissenschaftliche Untersuchung die gesundheitlichen Vorteile der Ehe bestätigt, ist die skeptische Reaktion vorhersehbar: Unmöglich, diese Zwangsgemeinschaft kann doch nicht gesund sein. Der Streit, die jahrelang eingeübte Ernüchterung, der tägliche Kleinkrieg!

Aber offenbar ist es immer noch wohltuender für Körper und Seele, sich regelmäßig zu fetzen, wütend aufeinander zu werden oder wahlweise aneinander zu verzweifeln, als gar keinen zu haben, über den man sich aufregt und den man beschimpfen kann. Kardiologen aus Atlanta haben gezeigt, dass dies besonders für Herzkranke gilt.[46] Kein Wunder, dass gerade das Herz als Sitz der Liebe und offenbar auch der zerstrittenen Liebe gilt.

Die Herzexperten hatten mehr als sechstausend Patienten untersucht, die mit Verdacht auf stark verengte Kranzgefäße in die Klinik kamen und sich dort einer Herzkatheter-Behandlung unterziehen mussten. Im Vergleich zu den Verheirateten ging es jenen Probanden in den Folgejahren deutlich schlechter,

98

die geschieden oder getrennt lebten, deren Partner gestorben war oder die niemals verheiratet waren.

Nicht verheiratet zu sein ging demnach mit einem um zweiundfünfzig Prozent erhöhten Risiko gegenüber den Verheirateten einher, an einem Herzinfarkt zu sterben. Um einundsiebzig Prozent war die Wahrscheinlichkeit für Witwer erhöht; für Geschiedene, Getrennte und ewige Singles lag sie immerhin noch um vierzig Prozent höher. «Ich war dann doch überrascht, wie groß der Einfluss der Ehe auf die Herzgesundheit der Patienten war», sagt Arshed Quyyumi, der an der Studie beteiligt war. «Die soziale Unterstützung, wie man sie in der Ehe erlebt, sowie etliche andere Vorteile der Partnerschaft sind für Menschen mit Herzerkrankungen äußerst wichtig.»

In zahlreichen Untersuchungen wurden diverse gesundheitliche Vorteile der Ehe herausgearbeitet. Als Faustregel kann gelten: Wer verheiratet ist, lebt länger. Zudem wird das Immunsystem durch die stete Gemeinsamkeit gestärkt, Stress besser verkraftet, das Schmerzempfinden gesenkt. Banale Erkältungen, aber auch Blasenentzündungen und heftigere Leiden wie Zwölffingerdarmgeschwüre treten ebenfalls bei Ehepaaren etwas seltener auf.

Und wenn es zu einer Erkrankung kommen sollte, verläuft sie zumeist glimpflicher, und die Genesung braucht nicht so viel Zeit. Kardiologen haben schon vor Jahren gezeigt, dass die Bypass-Gefäße von verheirateten Patienten sich nicht so schnell wieder zusetzen wie in der Vergleichsgruppe, die keinen Partner hatte. Wer verheiratet ist, hat also seltener eine weitere Operation nötig.

Ärzte betonen allerdings immer wieder, dass es nicht allein die Nähe und soziale Verbundenheit sind, die Eheleute gesünder sein und länger leben lassen. Wer verheiratet ist, kümmert sich offenbar auch besser um sich selbst und sucht bei Beschwerden zeitiger den Arzt auf – oder wird vom Partner dazu gedrängt, endlich zum Doktor zu gehen. Diese Faktoren verbessern die Prognose wie auch die Lebenserwartung ebenfalls. Und wahrscheinlich ist die Gruppe der Ehepaare, die sich die Partnerschaft so sehr zur Hölle macht, dass die Lebenserwartung dadurch sinkt, so klein, dass sie statistisch nicht weiter ins Gewicht fällt.

Gemeinsam essen

«Man soll dem Leib etwas Gutes bieten, damit die Seele
Lust hat, darin zu wohnen.»
(Winston Churchill)

Mahlzeiten in der Familie sind kein Zuckerschlecken. Und trotzdem behaupten etliche Wissenschaftler, dass es für alle Mitglieder der Sippe besser ist, gemeinsam zu essen. Angeblich wird auf diese Weise das einfühlsame Miteinander geschult, das Essen von der bloßen Nahrungsaufnahme zum Genuss – und alle benehmen sich freundlicher.

Wer zusammen isst, so das Credo der Forschung, beugt zudem Übergewicht und anderen Essstörungen vor, schult soziales Verhalten, wird also schlicht verträglicher und gesünder. Doch kann das wirklich stimmen, wenn man den täglichen Stress in manchen Familien bei Tische kennt oder gar mit ansehen muss? Die Tochter bockt, der Sohn fläzt sich in den Stuhl, spielt mit dem Handy und will jeden Tag nur Nudeln essen. Der Vater hört längst nicht mehr zu, und die Mutter verzweifelt stumm.

Doch egal wie zerrüttet die Familie auch sein mag – alle

profitieren von gemeinsamen Mahlzeiten, haben Wissenschaftler aus Kanada und von der Universität Harvard entdeckt.[47] Auch unter schwierigen Umständen zeigt sich die positive Auswirkung gemeinsamer Mahlzeiten. Sozial und psychologisch gilt das sowieso. Aber auch, was das Essen selbst angeht. Es ist dann vielfältiger, und nebenbei kommt mehr Obst und Gemüse auf den Tisch, wie diverse Studien belegt haben. Zudem trinken Jugendliche und junge Erwachsene weniger gesüßte Softdrinks und essen seltener Fastfood, wenn gemeinsam gegessen wird. In der Folge werden die Familienmitglieder seltener übergewichtig.

«Sich am Tisch zusammenzufinden hat etwas Magisches», sagt Kathryn Walton von der Harvard University, die an der Untersuchung beteiligt war. «Alle kommen erst mal runter, vergessen ihre Alltagssorgen, man kann reden und Probleme lösen – und nebenbei prägen die Eltern das Essverhalten ihrer Zöglinge.» Jess Haines von der Universität Guelph ergänzt, dass dazu gar kein so großer Aufwand nötig sei. «Um von den vielen Vorteilen gemeinsamer Mahlzeiten zu profitieren, braucht man kein Festessen», sagt die Ernährungswissenschaftlerin. «Sogar wenn man nur Tiefgekühltes auftaut und einen Salat dazu macht, hat man eine einigermaßen nahrhafte Mahlzeit.»

In der Gesundheitsforschung stellt sich oft die Frage, ob allgemeine Weisheiten auch dann gelten, wenn die Umstände schwierig sind. So haben etliche Untersuchungen gezeigt, dass die Ehe zwar gesünder ist als das Single-Dasein. Allerdings fragen sich viele frustrierte Paare, ob das tatsächlich auch für sie zutreffen kann, ist ihr trostloses Miteinander doch von Missverständnissen und Konflikten geprägt. Offenbar ist der Nutzen der Gemeinschaft aber gar nicht zu überschätzen. So garstig können Paare und Familien kaum miteinander umgehen, dass die vielen positiven Aspekte des Zusammenlebens – und Zusammenessens – dadurch beeinträchtigt würden.

Und wenn das gemeinsame Essen mit Kindern, besonders während der Pubertät, auch noch schwierig sein mag. Spätestens wenn der Nachwuchs älter ist, stellt sich der Nutzen gemeinsamer Mahlzeiten wieder ein.

Der Preis der Trennung

«Wenn uns die Menschen verlassen oder verwunden, so breitet ja noch immer der Himmel, die Erde und der kleine blühende Baum seine Arme aus und nimmt den Verletzten darin auf.»
(Jean Paul)

Wer sich von seinem Partner auf Dauer verabschiedet und die Beziehung beendet, hat einen erstaunlich hohen Preis dafür zu bezahlen. Dabei geht es nicht nur um finanzielle Einbußen, den emotionalen Schaden für die Kinder und die engsten Freunde des Paares, die sich meistens für eine Seite entscheiden müssen oder in schwere Loyalitätskonflikte geraten. Nein, Scheidungen und Trennungen haben erhebliche gesundheitliche Nebenwirkungen und kommen von ihrer zerstörerischen Wucht her fast an die Folgen eines Todesfalls im engsten Familienkreis heran.

Gerade für ältere Menschen ist es nach einer Trennung nicht leicht, wieder in ein soziales Umfeld zu finden, in dem sie sich aufgehoben und geborgen fühlen. Vielmehr drohen Einsamkeit und Isolation. Die Liste der möglichen Gesundheitsschäden ist lang und reicht von erhöhten Risiken für Herzinfarkt und Schlaganfall und Diabetes bis zu Demenz und ungünstigen Cholesterinwerten. Zudem neigen Menschen, die einsam sind, dazu, mehr zu rauchen und häufiger Alkohol zu trinken. Weniger Sport treiben sie außerdem.

Manche Wissenschaftler sprechen gar von einem gesundheitlichen «Desaster», das durch die Einsamkeit droht. Ahnen hätte man das schon lange können, bevor es in medizinischen Studien bewiesen wurde: Kein Wunder, dass die Einzelhaft oder totale Isolierung in Gefängnissen weltweit als besonders harte Strafe oder gar als Foltermethode gilt; allein auf sich gestellt laufen die Gefangenen Gefahr, den Verstand zu verlieren, und bauen zudem in kurzer Zeit körperlich stark ab. Manchem alleinstehenden Menschen droht ein ähnliches Schicksal, wenn er sozial isoliert und ohne Partner ist.

Einen der frühesten Hinweise auf diesen Zusammenhang veröffentlichten Forscher bereits 1979. Sie untersuchten die persönlichen Verbindungen und sozialen Netzwerke im kalifornischen Alameda und beobachteten die fast siebentausend freiwilligen Teilnehmer über neun Jahre.[48] Wer in der Region kaum Freundschaften hatte, keinen Partner und auch nicht in die Gemeinschaft eingebunden war, hatte ein deutlich höheres Risiko, frühzeitig zu sterben.

Bei Männern war diese Wahrscheinlichkeit um das 2,3fache erhöht, bei Frauen sogar um das 2,8fache. Für sie war es offenbar noch schädlicher, wenn sie sich nicht auf enge Verbindungen zu anderen stützen konnten. Ein weiterer überraschender Befund der Studie bestand darin, dass diese Risiken unabhängig davon bestanden, ob jemand rauchte oder trank, sich für ungesund hielt, übergewichtig war oder sich kaum bewegte. Die Gefahren durch fehlende Kontakte waren also mindestens so groß wie jene durch dasjenige ungesunde Verhalten, das jeder zu vermeiden sucht. Seitdem hat die Forschung zahlreiche Belege dafür zusammengetragen, wie schädlich es ist, keinen nahen Menschen um sich zu haben, isoliert und ausgegrenzt zu sein.

Im Jahre 2010 wurden in einer großen Metaanalyse die bisherigen Daten von mehr als dreihunderttausend Erwachsenen zusammengefasst. Ein Team unter der Leitung der Psychologin Julianne Holt-Lunstad beschrieb den Zusammenhang sehr anschaulich: Je einsamer jemand ist, desto größer die Gefahr für die Gesundheit.[49]

Demnach kann Einsamkeit für das Wohlbefinden ähnlich schädlich sein wie fünfzehn Zigaretten am Tag zu rauchen. Der entscheidende Malus an der Einsamkeit besteht offenbar darin, dass sich der Einzelne aus einer großen Gruppe oder Gemeinschaft ausgeschlossen fühlt – alle anderen sind zusammen, nur er darf nicht dabei sein. Es ist wie bei dem Kind, das weint, weil es nicht mitspielen darf.

Es ist spannend zu beobachten, welche Erkenntnisse über die erzwungene Einsamkeit die Wissenschaft irgendwann aus der Corona-Pandemie 2020 ziehen wird. Eventuell sind die Spätfolgen gar nicht so schlimm, wie man befürchten könnte. In dieser Phase des gesellschaftlichen, sozialen und ökonomischen Stillstands wurden schließlich nicht einzelne Menschen gezielt ausgeschlossen, sondern ganze Länder, ja Kontinente, waren dazu verurteilt, mehrere Wochen in Isolation oder allenfalls im Kreise ihrer Familie zu verbringen. Weil jeder eine Zeitlang weitgehend für sich sein musste, könnte sich daraus sogar ein Gemeinschaftsgefühl angesichts des kollektiven Schicksals entwickelt haben.

Aber nicht nur das Gefühl, allein oder gemeinsam mit vielen anderen Isolierten einsam zu sein, ist entscheidend dafür, wie negativ sich Ausgrenzung auswirkt. Es geht auch um die Wahrnehmung der Kontakte, die nach einer Trennung oder nach anderen Abschieden noch geblieben sind. Schließlich kennt jeder die Situation, sich auch in Gesellschaft einsam und allein vorzukommen. Und auch wenn manche Freunde weit entfernt wohnen und die Telefonate oder Besuche nur sehr selten sind, können sie das Gefühl vermitteln, bei ihnen aufgehoben zu sein und immer ein offenes Ohr zu finden.

Verlassen und verschnupft

Schnief – das bereits geschilderte Experiment, für das Freiwillige in Hotelzimmern mit Erkältungsviren infiziert wurden, gehört zu den schönsten und originellsten Untersuchungen, die jemals in der Medizin unternommen wurden. Forscher hatten dazu dreihundertvierunddreißig Freiwillige rekrutiert, die sich vielleicht nicht von, aber für die Wissenschaft anstecken ließen – und das bei freier Kost und Logis.[50] Die Auswertung ergab, dass Freundschaften und Kontakte vor Erkältungen schützten. Unter jenen, die kaum soziale Verbindungen hatten, breitete sich der grippale Infekt hingegen weitaus schneller aus, und sie zeigten stärkere Symptome.

Eine ähnliche Studie zeigte mehrere Jahre später, dass es gar nicht so sehr auf die tatsächliche Anzahl der Kontakte, Freunde und sozialen Verbindungen ankommt, sondern auf die subjektive Wahrnehmung, verlassen und einsam zu sein. Wer dieses Gefühl hatte, klagte demnach auch stärker über diverse Beschwerden und gesundheitliche Einschränkungen in Zusammenhang mit der Einsamkeit.[51] In einer anderen Untersuchung erwies sich, dass Menschen, die sich allein und verlassen vorkamen, eher dazu neigten, bei Belastungen körpereigene Entzündungen zu entwickeln und aufrechtzuerhalten.[52]

Solche inflammatorischen Prozesse werden von Laien wie Medizinern noch immer unterschätzt. Dabei gelten sie als eine der Hauptursachen für zahlreiche Erkrankungen und Organschädigungen. Etliche Zellen und Botenstoffe des Immunsystems wie TNF-alpha oder Interleukin-6 werden bei Menschen, die sich einsam fühlen, hochreguliert und fachen chronische Entzündungen an, ohne dass ein von außen eingedrungener Erreger oder ein anderer Fremdkörper bekämpft werden müsste.

Bleibt die Belastung bestehen, verschwinden die ständigen Entzündungsreize nicht wieder. Dieser Mechanismus gilt als ein wichtiger Auslöser der Atherosklerose, also der Verkalkung und zunehmenden Verengung von Blutgefäßen. Chronische Entzündungen sind aber auch für etliche andere innere Organe von Nachteil und beschädigen zuvor gesundes Gewebe.

Insofern könnte es schon aus rein egoistischen – nämlich gesundheitlichen – Gründen von Vorteil sein, sich nicht fahrlässig bei nächster Gelegenheit zu trennen, sondern möglichst lange zusammenzubleiben. Der Nutzen für Herz, Hirn, Leber und Nieren ist erstaunlich, weshalb schon lange belegt ist, dass Menschen, die in einer Partnerschaft zusammenleben, eine deutlich höhere Lebenserwartung haben als Singles.

Dies gilt übrigens sogar denn, wenn nicht etwa liebevolle Fürsorge und Harmonie, sondern Mäkeleien und Ärger das Miteinander prägen. Wahrscheinlich hat daher das Bild von dem zerstrittenen Paar seinen Ursprung, das zwar nicht miteinander, aber auch erst recht nicht ohneeinander auskommen kann: Wer im Konflikt den anderen beschimpft, sendet schließlich nicht nur böswillige Botschaften in Richtung des anderen. Sogar der lauteste Streithansel hat ja ein Gegenüber, mit dem er sich anlegt, und schickt diesem immer wieder das Signal: Du bist nicht allein, ich brauche dich – und wenn es nur dazu dient, dich immer wieder zu beschimpfen.

DIE LANGE LIEBE UND IHRE FEINDE

Toxische Zweifel in einer Beziehung

In einer Beziehung sollte eigentlich nichts tabu sein. Über alles reden und sich auch mit peinigenden Themen auseinandersetzen zu können gilt als große Errungenschaft. Gelegentliche Zweifel sind normal, es gibt allerdings ein paar Fragen, die man besser nicht ständig stellen sollte. Weder sich selbst noch dem anderen noch an die Beziehung. Wenn sie trotzdem nicht zu unterdrücken sind, spricht das für einen gewissen Grad der Zerrüttung. Deshalb werden hier die heikelsten Fragen und Zweifel aufgeführt, gleichsam als Alarmsignale. Wenn diese Fragen immer wiederauftauchen, ist es an der Zeit zu handeln – und zwar besser früher als später. Sonst wird es nichts mit der langen Liebe.

Tabufrage: Liebe ich diesen Mann oder diese Frau eigentlich noch?

«Liebe ich ihn noch? Wer sich diese Frage stellt, zweifelt wahrscheinlich schon länger an der Beziehung. Mit unserem Test kannst du herausfinden ...»
(GoFeminin, Online-Portal für Frauen)

Ganz heikles Thema. In dem Moment, in dem dieser Gedanke mit einer gewissen Penetranz auftaucht, sollten schon alle Sirenen aufheulen. Dann besteht höchste Gefahr! Denn die Liebe – und das hat dieses Gefühl gemeinsam mit Glück oder Gesundheit – ereignet sich, wie wir gesehen haben, in einem Zustand der Selbstvergessenheit, ohne ständig hinterfragt, angezweifelt, abgewogen zu werden.

Der Heidelberger Philosoph Hans-Georg Gadamer hat das wunderbar beschrieben. In dem Moment, in dem man zweifelt und sich fragt, liebe ich den anderen oder die andere eigentlich noch, tut man es für einen Moment schon nicht mehr und hat die Liebe in diesem Augenblick bereits ein kleines Stück mehr aus den Augen verloren.

Die Liebe ist dann löchrig geworden, sie wird bezweifelt, kritisiert, hinterfragt und abgewogen. Liebe lässt sich aber nicht einfordern und genauso wenig erarbeiten, sie ist einfach da – und da sollte man sie auch lassen. Wenn Kalkül und Berechnung immer wieder das Denken über die Beziehung bestimmen, sind Hingabe und Zuwendung ohne Erwartung in Gefahr.

Tabufrage: Wäre ein anderer nicht der bessere Partner gewesen?

«Haste ne dünne Dunkle, wünschte Dir ne große Dicke ...»
(Kurt Tucholsky)

Wer vergleicht, hat schon verloren. Denn natürlich gibt es immer Menschen, die hinreißender, überwältigender oder manchmal schlicht liebenswürdiger sind als der langjährige Partner. Oder manchmal ist es schlicht das Aussehen. Und natürlich gilt immer das als besonders attraktiv, was man selbst gerade nicht hat – und der eigene Partner einfach nicht bieten kann.

Bereits aus dem Mittelalter stammt das Gleichnis von Buridans Esel, das die Qual der Wahl anschaulich beschreibt – und zeigt, dass es kein gutes Ende nimmt, wenn man zu lange zwischen zwei Möglichkeiten schwankt. Die Geschichte handelt von einem wählerischen Grautier, das genau in der Mitte zwischen zwei Heuhaufen stand, die nicht nur gleich groß waren, sondern auch ähnlich appetitlich aussahen, zumindest aus Sicht eines Esels.

Der Esel wog zunächst sorgfältig die Vorteile des einen, dann die des anderen Heuhaufens ab. Das zog sich hin, aber er konnte sich dennoch nicht entscheiden. Immer wieder schwankte er zwischen den beiden attraktiven Optionen. Schließlich wusste der Esel immer noch nicht, zu welchem Heuhaufen er sich stärker hingezogen fühlte – und verhungerte elendig.

Wer also schon zu Beginn einer Partnerschaft voller Zweifel ist, weil es immer noch mindestens eine Million anderer Männer oder Frauen gibt, für die man sich ebenso gut hätte entscheiden können, wird es vermutlich weder zu einer langjährigen Beziehung bringen noch Mr. oder Mrs. Perfect finden. Je stärker die Eigenheiten zu Macken des Partners werden und immer größeres Konfliktpotenzial mit sich bringen, desto häufiger droht die Frage nach dem oder der anderen. Die Kirschen in Nachbars Garten sind immer süßer, fruchtiger und praller. Und das, was man kennt, droht schnell gewöhnlich zu werden.

Der eigene Partner kann bei Vergleichen nur schlechter abschneiden, weil man niemanden mit seinen Schwächen und Eigenheiten so gut – und so lange – kennt. Also gar nicht erst damit anfangen, solche Vergleiche sind asymmetrisch und nebenbei auch ziemlich gemein gegenüber dem Partner. Für einen selbst bedeuten sie vor allem einen erheblichen Energieaufwand. Und am Ende droht man doch nur emotional zu verhungern.

Tabufrage: Habe ich nicht so viel verpasst?

«Frauen versuchen noch stärker als Männer, zu optimieren, den perfekten Partner zu bekommen.»
(Arne Kahlke, Ex-Chef der Dating-Plattformen
Parship und Elitepartner)

Die Vermutung «Das wäre mit einem anderen Partner nicht passiert!» ist der sichere Weg ins Unglück. Zwar kommen viele Menschen zwischen Anfang vierzig und Ende fünfzig ins Grübeln und versuchen eine Art Zwischenbilanz zu ziehen. Wer gerade sowieso schlechter Stimmung ist und ahnt, dass sowohl körperlich als auch beruflich der Zenit überschritten ist, kann leicht zu einer fatalistischen Gesamtschau kommen: War doch alles nichts, vieles verpasst – und jetzt lässt sich daran auch nichts mehr ändern.

Solche Zweifel haben aber zumeist nichts mit dem Partner

und seinen etwaigen Fehlern oder Mängeln zu tun. Es geht vielmehr um einen selbst, um das Gefühl, gleich in mehreren Bereichen die falsche Entscheidung getroffen zu haben und es jetzt nicht mehr ändern zu können. Dass andere potenzielle Partner in solchen Situationen verlockender erscheinen, ist verständlich: Von ihnen sieht man nur das freundliche Lächeln, die tolle Figur, die Schokoladenseite also. Welche Schwierigkeiten sich auch mit ihnen schon bald einstellen werden, tragen sie hingegen nicht so deutlich vor sich her.

Tabufrage: Ist das überhaupt der Richtige?

«Unser Suchen kann kein Ende finden.
Unser Ziel ist in der anderen Welt.»
(Michel de Montaigne)

To-do-Listen sind in, Plus-Minus-Bilanzen auch. Trotzdem sollte man sie nicht auch noch auf die Liebe übertragen. Andererseits: Für eine Partnerschaft spielen diverse Abwägungen natürlich sehr wohl eine Rolle. Menschen stellen sich – wenn auch zumeist unbewusst – mindestens zwei Fragen, wenn es um ihre aktuellen oder mögliche künftige Beziehungen geht: a) Welche Vorteile habe ich von einer Partnerschaft zu erwarten und b) Was könnte bei einer anderen Partnerschaft für mich rausspringen?

Wissenschaft ist leider selten romantisch. Auch wenn es nicht nach großer Verliebtheit klingt, haben diese beiden Fragen eine lange evolutionäre Tradition. Schließlich geht es bei der Partnerwahl nicht nur um die akute erotische Anziehung, sondern auch darum, ob eher jemand gesucht wird, mit dem man es sich gut vorstellen kann, Kinder zu bekommen und diese zu versorgen und großzuziehen. Das ist etwas anderes als die ökonomisch geprägte Sicht auf eine Beziehung, die davon geprägt ist, seine Gefühlswelt zu optimieren, und die Liebe als langen Selbsterfahrungstrip versteht.

Der Mensch ist in dieser Hinsicht eine kuriose Ausnahme, denn er würde seine biologisch-instinktiven Vorlieben gerne ignorieren und seine Partnerwahl lieber romantisch rechtfertigen und nicht allein der biologischen Prägung oder gar schnöden Nutzen-Schaden-Berechnungen überlassen.[53] Im Wesentlichen folgt die Partnerwahl aber offenbar drei wesentlichen Dimensionen:[54] a) wie viel Nähe, Herzenswärme und Vertrauen kann ich von einem Partner erwarten?, b) ist der potenzielle Partner attraktiv, vital, gesund und fit? c) welchen Status und welche ökonomischen Ressourcen hat der Partner zu bieten?

Abhängig von den genannten Faktoren ergeben sich mindestens drei verschiedene Paarkonstellationen:

A) Wer besonders auf Nähe, Verbindlichkeit und kuschelige Intimität Wert legt, der wird mit größerer Wahrscheinlichkeit einen kooperativen und verständnisvollen Partner finden, der vermutlich hingebungsvoll seine Elternrolle wahrnimmt, sobald erst einmal Kinder da sind. Auch sonst kann man sich auf solche Partner verlassen.

B) Attraktivität, Vitalität und Gesundheit sprechen dafür, dass ein Partner zumeist dann als attraktiv angesehen wird, wenn er deutlich jünger, vital und fruchtbar ist. Diese Prioritäten finden sich öfter bei Männern, wenn sie eine Frau suchen. Erklärt wird die Vorliebe für runde Formen und ein symmetrisches, rotbäckiges Gesicht zumeist mit dem evolutionären Erbe, wonach diese Eigenschaften nicht nur Gesundheit, sondern auch Fruchtbarkeit versprechen.

C) Der Schwerpunkt auf Status und Wohlstand wiederum verspricht, dass mit der Wahl des richtigen Partners auch

Klassengrenzen überwunden werden können und es möglich ist, eine bessere soziale Schicht zu erreichen. Dieses Muster wird traditionell häufiger von Frauen als von Männern bevorzugt. Auch viele Frauen, die sich für modern halten, sind noch von diesen Vorlieben geprägt, auch wenn sie es ungern wahrhaben wollen. Das gilt bis heute – und wurde für zahlreiche Länder nachgewiesen.[55]

Die genannten Präferenzen entsprechen nicht überkommenen Geschlechterklischees, sondern werden in der Forschung seit Jahrzehnten immer wieder vorgefunden und in ihrer Wirksamkeit bestätigt. Hinter diesen Auswahlkriterien steckt zumeist kein bewusstes Kalkül, trotzdem wirken sich solche Vorlieben und Muster in erstaunlichem Maße auf unser Partnerwahlverhalten aus.[56]

Für die Praxis heißt das aber auch, sich darüber klarzuwerden, was man im Partner ursprünglich gesucht hat. War es zunächst vor allem der charmante Draufgänger, der einen fasziniert hat, ist es wenig überraschend, wenn es im Alltag mit Kindern dann nur wenig Unterstützung von ihm gibt. Und wer zwar der Typ «Dufter Kumpel» ist und allzeit hilfsbereit und verständnisvoll, der ist vielleicht nicht der wilde und exotischfremde Verführer, in dessen Gegenwart einem auch nach jahrelanger Partnerschaft noch jederzeit die Knie weich werden.

Tabufrage: Wer macht mehr?

*«Das Vergleichen ist das Ende des Glücks und
der Anfang der Unzufriedenheit.»*
(Søren Kierkegaard)

Aufrechnen ist heikel. Auf diese Idee kommt man in der Liebe eigentlich nur dann, wenn man sich schon längere Zeit massiv benachteiligt gefühlt hat. Diese Überlegung gibt es am Anfang einer Beziehung nicht. Doch dann, mit der Zeit, wenn man schon einmal dabei ist, finden sich plötzlich genügend Gründe, sich ungerecht behandelt zu fühlen.

Die Anlässe sind vielfältig – zu den Klassikern gehören Haushalt oder Einkauf. Wer kocht wie oft, wer plant die Besorgungen, aber auch den Urlaub, wer kümmert sich um die Kleidung der Kinder? Wer hält das Haus in Ordnung, erledigt kleinere Handwerker-Aufgaben, denkt daran, dass die Winterreifen aufgezogen werden müssen – und wie ist es eigentlich mit der Steuererklärung?

Was Kinder und Haushalt angeht, droht erstaunlich vielen Paaren, die sich für modern halten, die Traditionalisierungs-Falle. Solange noch keine Kinder da sind, wollen sie sich noch alles aufteilen und gerecht entscheiden, wer was übernimmt. Da sind sie sich sicher, das schwören sie sich manchmal sogar hoch und heilig. Doch dann kommt der Nachwuchs, und plötzlich wird alles anders. Ihr fällt es unerwartet doch ziemlich schwer, so früh wieder zurück in den Job zu gehen, solange die Kinder noch sooo klein sind. Und er bekommt es einfach nicht hin, seinem Chef zu sagen, dass er jetzt weniger arbeiten möchte und einige Tage Home-Office braucht. Stattdessen bleibt er immer öfter länger im Büro. Und schon ist die Rollenverteilung klar: nämlich wie bei Mutter und Vater.

Jenseits der klassischen Rollenmuster oder Rollenverteilungen gibt es oft auch einen impliziten Tauschhandel inner-halb vieler Beziehungen. Versteckte Deals könnte man das nennen. Manchmal fragt man sich ja, wie diese liebreizende Frau mit diesem Ekel zusammenkommen oder der charmante Beau sich auf diese Schreckschraube einlassen konnte.

Die Erklärungen und Hintergründe für solche Ungleich-heiten sind den Paaren manchmal selbst nicht ganz bewusst, trotzdem hat sich ein tragfähiges Gleichgewicht entwickelt. Denn der Typ, der sich wie ein Ekel gibt, ist vielleicht äußerst kompromissbereit und findet im Konfliktfall immer ange-messene Lösungen, oder die Schreckschraube ist das, was man früher patent nannte, sodass beide schon wissen, was sie aneinander haben – und dafür große Unterschiede in Kauf nehmen.

Gefahren für die lange Liebe

Wer der Versorger und Ernährer ist

*«Außerhalb seiner Funktion als Ernährer
misst die Frau dem Mann keinen Wert zu.»*
(Esther Vilar)

Dass zwei Menschen als Paar zusammenleben, heißt noch lange nicht, dass sie ihre Zeit immer miteinander verbringen. Der Ausdruck «ständig aufeinanderhocken» umschreibt anschaulich, welche Bedrängnis aus permanenter Nähe erwachsen kann. Das geht anfangs kurz gut, aber dann droht auch die glühendste Zuneigung zu erkalten.

Zu dieser Wahrnehmung passen die Ergebnisse einer großen Analyse der Harvard-Soziologin Alexandra Killewald. Sie hat mehr als sechstausenddreihundert Paare untersucht und nach Ursachen für eine spätere Scheidung gefahndet. Das Risiko für eine Trennung erhöht sich demnach wesentlich, wenn der Mann keine volle Stelle hat und ständig zu Hause herumlungert.[57]

Ob die Frau einer bezahlten Tätigkeit nachgeht und die Höhe des Gesamteinkommens des Paares sind hingegen nicht so wichtig für die Prognose der Partnerschaft. «Doch während

Frauen nicht die klassische Rolle der Hausfrau übernehmen müssen, um die Partnerschaft zu stabilisieren, steigt das Scheidungsrisiko für Männer, wenn sie nicht dem Stereotyp des Ernährers und Vollzeitarbeiters entsprechen», sagt Killewald.

Die Harvard-Soziologin hat jüngere Paare mit solchen verglichen, die vor 1975 geheiratet haben. Für die jüngeren Partner waren finanzielle Aspekte nicht der ausschlaggebende Grund für eine Scheidung. Vielmehr ging es um die Aufteilung der Hausarbeit und die berufliche Erwartungshaltung – besonders in Hinblick auf den Mann, von dem noch immer erwartet wird, das Geld nach Hause zu bringen. Frauen übernehmen heute immer noch siebzig Prozent der häuslichen Pflichten, sie erwarten aber, dass ihr Mann einen Beitrag leistet.

In der älteren Studiengruppe der vor 1975 Vermählten ergab sich ein anderes Bild. Hier stieg das Risiko für eine Scheidung in dem Maße, in dem die Partnerin nicht dem Klischee der Hausfrau entsprach. Je höher der Anteil der Hausarbeit, den die Frau übernahm, desto weniger wahrscheinlich war die Trennung.

Dass die Scheidungsrate in der zweiten Hälfte des 20. Jahrhunderts deutlich angestiegen ist, schreiben viele Menschen der Tatsache zu, dass beginnend mit den 1960er und 1970er Jahren immer mehr Frauen einer bezahlten Arbeit nachgingen. Demnach hatten sie es dank eigener finanzieller Reserven nicht mehr nötig, bei ihrem Partner zu bleiben, wenn die Beziehung zerrüttet war. Doch das ist offenbar falsch.

«Nach Ansicht vieler Leute hat die zunehmende Berufstätigkeit der Frauen das Fundament der Ehe erschüttert», sagt Killewald. «Unsere Befunde legen diesen Schluss aber keineswegs nahe.» Ein weiterer Trugschluss: In der Familienpolitik gehe es fast immer um Frauen, um Teilzeit- und Betreuungsmodelle sowie die Vereinbarkeit von Beruf und Familie. «Dabei ist das Leben der Männer genauso von Geschlechts-Vorstellungen betroffen.» Die Rolle der Frau als Heimchen am Herd mag erodiert sein, jene vom Mann als Ernährer ist aktueller denn je.

Der gnadenlose Blick

«Was tun Sie?», wurde Herr K. gefragt, «wenn Sie einen
Menschen lieben?» – «Ich mache einen Entwurf von ihm», sagte
Herr K., «und sorge, dass er ihm ähnlich wird.» – «Wer?
Der Entwurf?» – «Nein», sagte Herr K., «der Mensch.»
(Bertolt Brecht, Geschichten von Herrn K.)

«Wir gehen schonungslos miteinander um», sagen Christian und Sabine zueinander und übereinander. Sie lächeln sich zwar an, während sie sich dies gegenseitig bestätigen, es sieht aber auch ein wenig so aus, als ob sie sich belauern würden, wenn sie sich über die gelungene Analyse ihrer Partnerschaft freuen. Beide sind neunundfünfzig Jahre alt und seit fast dreißig Jahren miteinander verheiratet. Zunächst klingt ihre Aussage nach großer Ehrlichkeit, so klar und authentisch. Für Paare ist es schließlich prima, wenn sie einander alles sagen können und ihre Ehe keinerlei Tabus kennt.

Was die beiden über ihren Umgang miteinander denken, könnte aber auch ein Zeichen zunehmender Verrohung sein. Man hat sich im jahrelangen Stellungskrieg aneinander abgeschliffen, und der andere ist offenbar nicht mal mehr der Mühe wert, ihm im Alltag freundlich zu begegnen und seine Gefühle zu schonen. Das wäre ein Indiz dafür, dass in dieser Beziehung die große Lieblosigkeit die Oberhand gewonnen hat, zumindest aber dafür, dass es lästig wäre, zueinander nett zu sein oder gar dem anderen einen Gefallen zu tun. In den Macken und Marotten des anderen eine originelle, gar liebenswerte Eigenart zu sehen kommt diesem Paar offenbar nicht mehr in den Sinn.

Es besteht ein großer Unterschied zwischen schonungslos und beschönigend. Dass man sich nicht mehr jedes mittelmäßige gemeinsame Erlebnis schönredet und das Gegenüber nur noch als Traumpartner und in Rosarot getaucht sieht, ist nach einigen Jahren Beziehung völlig normal. Gnadenlos die Schwächen und Niederlagen des anderen auszuweiden und sich vielleicht gar daran zu erfreuen ist jedoch etwas anderes und vor allem niederziehend. Es gibt einen Weg dazwischen – und den gilt es zu finden.

Es ist die Art und Weise, wie der Blick auf- und füreinander ausfällt, die entscheidende Weichen für die Beziehung stellt: Ist er wohlwollend, von Nachsicht und liebevoller Fürsorge geprägt – oder aber vor allem destruktiv und kränkend, wobei jedes Defizit des anderen als Beweis dafür herhalten muss, dass der Partner eben leider doch nicht der richtige ist, der passende Zeitpunkt für den Absprung aber schon lange verpasst wurde.

Zugegeben, wenn sie sich jeden Abend vor dem Zubettgehen mit einem klackenden Geräusch ihre neue Aufbissschiene gegen das Zähneknirschen einsetzt und so für die Nacht präpariert oder er im Schlafzimmer mit größter Hingabe seine kartondicke Hornhaut vom Fußballen raspelt, fällt es schwer, auch weiterhin in wilder Leidenschaft für den anderen zu entbrennen und nur das Positive in ihm zu sehen. Respekt voreinander gehört genauso zu einem gelungenen Ehealltag wie der Versuch, das Erfreuliche am anderen wahrzunehmen.

Der amerikanische Schriftsteller Jonathan Franzen zeigt in seinem Roman «Die Korrekturen» von 2001 auf wunderbare Weise, wie peinigend es sein kann, sich nach und nach von immer mehr Lebenslügen und früheren Idealen verabschieden zu müssen. Das gilt für berufliche Träume, die begraben werden müssen, wie auch für den Partner. Gleichzeitig wird anhand der fiktiven Familie Lambert deutlich, dass ein weniger strenger Blick auf den anderen dabei helfen kann, das eigene Leben und natürlich auch die gemeinsame Beziehung positiver zu sehen.

Besonders hübsch wird diese Fähigkeit mit feiner Ironie beschrieben, als der Patriarch der Familie während einer Kreuzfahrt über Bord geht, seine Ehefrau den Sturz zufällig mitbekommt, weil sie gerade ein paar Etagen tiefer aus dem Kabinenfenster schaut, und sich wundert, dass dieser alte schwere Mann noch so elegant fallen kann.

Auch wenn die erstaunliche Eleganz des Sturzes als positive Eigenschaft des Mannes registriert wird, ist diese Szene natürlich von bösartigem Hintersinn. Aber immerhin wird hier die richtige Spur gelegt, wie aus dem gnadenlosen Blick erst ein gnädiger und dann womöglich sogar ein liebevoller werden kann.

Der Paartherapeut David Wilchfort empfiehlt in seinen kurzen Tutorials zum «1x1 der Liebe» eine Übung, die weniger lange dauert als das tägliche Zähneputzen.[58] Man solle doch nur einmal kurz, für eine Minute etwa, an einen positiven Moment mit dem Partner aus den vergangenen vierundzwanzig Stunden zurückdenken. Nicht an den Ärger, Streit oder das aggressive Sich-Anschweigen, dass es in dieser Zeit womöglich auch gegeben hat, sondern nur an einen positiven Augenblick. Sechzig Sekunden reichen dazu vermutlich aus, länger ist natürlich nicht verboten. Wer diese Empfehlung nur für eine Woche oder einen Monat gar beherzigt, wird schon bald merken, welchen Schatz er an dem anderen hat.

Sünden in der Paarbeziehung

«Solange man selbst redet, erfährt man nichts.»
(Marie von Ebner-Eschenbach)

Der amerikanische Psychologe John Gottman hat vier bis fünf Sünden beschrieben, die eine Ehe oder Partnerschaft mit ziemlicher Sicherheit auf Dauer erst zermürben und dann ruinieren. Er nennt sie die «apokalyptischen Reiter», später wird noch ausführlicher davon die Rede sein. Die Ausgestaltung ist vielfältig, aber wenn der Prozess erst mal in Gang gekommen ist und seine Eigendynamik entwickelt hat, scheint eine Trennung des Paares irgendwann unausweichlich zu sein.

Auch innerhalb der verschiedenen Phasen gibt es Stufen der Steigerung: So kann die *Kritik*, der erste apokalyptische Reiter, über anfängliche Schuldzuweisungen und Anklagen irgendwann ihren Höhepunkt darin finden, dass der Partner allgemein und absolut verurteilt wird. Sein ganzes Wesen wird dann abgelehnt, nicht nur ein isoliertes «Vergehen».

Die *Abwehr- und Verteidigungshaltung*, der zweite apokalyptische Reiter, kann mit einer permanenten Rechtfertigung einhergehen. Dabei werden die womöglich tatsächlich vorhandenen eigenen Anteile an einer schwierigen Situation geleugnet, die Kritik brüsk abgelehnt, sodass Verständigung kaum möglich ist, und der Konflikt beständig weiterköchelt, statt gelöst zu werden.

Die *Verachtung und Geringschätzung* des Partners, der dritte apokalyptische Reiter, birgt ebenfalls zahlreiche Möglichkeiten. Sie kann sich auf Äußerlichkeiten und Verhaltensweisen ebenso beziehen wie auf den Job oder Ambitionen beim Sport. Zielt sie hauptsächlich auf die Schwächen und Unsicherheiten des Partners, ist sie besonders verletzend.

Der *Rückzug aus der Kommunikation*, also mauern, schweigen, sich abwenden und damit der vierte apokalyptische Reiter, ist zumeist eine Domäne der Männer, die dieses Verhalten manchmal noch an besonderen Orten für ihre kleinen Fluchten perfektionieren (Hobbykeller, Kneipe). Frauen sind hingegen eher darin geübt, ihre Partner zu kritisieren, und finden auch hier manchmal ein unerschöpfliches Reservoir an Vorwürfen und Unterstellungen.

Kein Wunder, dass Gottman in den beschriebenen Phasen einer Partnerschaftszerrüttung mit den apokalyptischen Reitern als typischen Galionsfiguren zahlreiche negative Interaktionen in unglücklichen und instabilen Beziehungen gesehen hat. Als «Gegengift» kam er auf die «Gottman-Konstante», wonach das Verhältnis von positiven Äußerungen und Handlungen zu negativen mindestens 5:1 betragen müsse, damit eine stabile Beziehung überhaupt eine Chance hat.

Wem also eine negative Äußerung unterläuft, der muss fünf freundliche oder anderweitig positive Dinge tun oder sagen, damit diese Dysbalance wieder ausgeglichen wird. Also gleich anfangen mit Lob und Nettigkeiten – auf ein positives Verhältnis von 5:1 kommen wahrscheinlich die wenigsten Menschen in ihren Beziehungen.

Verräterische Sprache, alte Muster

«Die Harmonie zwischen zwei Menschen ist niemals gegeben.
Sie muss immer wieder neu erobert werden.»
(Simone de Beauvoir)

Ein untrügliches Zeichen dafür, dass die Großmut in der Beziehung zur Neige zu gehen droht und die liebevolle Wahrnehmung des Partners bald kippen könnte, ist das von den

Paaren benutzte Vokabular. Ihre Wortwahl, wenn sie miteinander im Gespräch sind, verrät eine Menge. Begriffe wie «immer», «ständig» oder eben «nie» oder «kein einziges Mal» sind deutliche Alarmsignale. Denn nach der sprachlichen Generalisierung droht schon bald der Generalangriff:

Was einst als liebenswürdig galt, wird erst zur Marotte, dann zur Macke und schließlich zum Ärgernis (und unüberwindbaren Hindernis), sei es die Art, zu reden, zu gehen, zu essen oder nur in der Gegend herumzustehen. «Sie ließ sich beizeiten von ihm scheiden, weil er Witze um die entscheidende Nuance zu langsam erzählte», führt Kurt Tucholsky als Trennungsgrund für ein Paar an, und dieses Bonmot zeigt wunderbar, dass irgendwann Kleinigkeiten ausreichen, um kolossal vom Partner genervt zu sein.

Was dagegen helfen kann und die Beziehung oder wenigstens das nächste Familienfest rettet? «Wichtig wäre es, bei sich selbst anzufangen und den Wiederholungszwang zu durchbrechen», sagt Peter Henningsen, Chefarzt für Psychosomatik an der Technischen Universität München. «Das bedeutet beispielsweise, zu versuchen, eine traditionell angespannte Situation mit Gelassenheit oder einem Scherz aufzulockern.»

Wie man dahin kommt? Oft sind es ritualisierte Gesprächsabläufe, bestimmte Reizthemen oder Verhaltensweisen, die eine Eskalation auslösen. Steuert das Gespräch – trotz aller Bemühungen, diesmal unbedingt die heiklen Themen zu umschiffen – wieder mal auf den großen Knall zu, nützt es vielleicht, sich die üblichen Muster aus Rede, Gegenreden, Sich-Aufschaukeln und Streit bewusstzumachen und damit zu rechnen, dass es gleich zu den rituellen Vorwürfen und erwarteten Beschimpfungen kommt.

Zu zahlreichen Auseinandersetzungen könnte ja jeder der Partner zuvor schon ein Drehbuch schreiben – man weiß, wer was wann sagen wird und welche Vorwürfe mit Sicherheit kommen. In diesem Sog der partnerschaftlichen Zerrüttung wäre es immerhin ein Fortschritt, zumindest bei sich selbst den Impuls zu einer garstigen Bemerkung zu unterdrücken und damit den Teufelskreis zu durchbrechen.

Eine Gesellschaft, die sich vor wenigem so sehr fürchtet wie vor Übergewicht und Demenz, könnte nicht nur mehr Großzügigkeit in dieser Hinsicht, sondern auch eine große Portion Konflikt-Alzheimer gebrauchen. Gerade Menschen, die schon fast vergessen haben, dass sie sich mögen, müssten sich nur ab und zu sagen: Ich kann mich auch nicht mehr daran erinnern, weshalb wir uns gerade gestritten haben und warum ich mich über dich ärgere.

Erste Alarmsignale nicht ignorieren

«Ein Streit zwischen wahren Freunden, wahren Liebenden bedeutet gar nichts. Gefährlich sind nur die Streitigkeiten zwischen Menschen, die einander nicht ganz verstehen.»
(Marie von Ebner-Eschenbach)

Streit und häufige Auseinandersetzungen sind nicht zwangsläufig ein Zeichen dafür, dass eine Beziehung bald in die Brüche zu gehen droht. Oft trifft sogar das Gegenteil zu, zumindest wenn auch während des Konflikts ein paar Regeln des Respekts eingehalten werden und keiner die Absicht hat, den anderen im Streit emotional zu vernichten, sondern die gegenseitige Wertschätzung bleibt. Wer sich streitet, zeigt dann vielmehr, dass ihm der andere eben nicht egal ist, sondern dass man weiterhin am gemeinsamen Leben interessiert ist und die Partnerschaft – nur eben noch besser als zuvor – auch gerne weiterführen möchte.

Die Alarmlampen sollten eher angehen, wenn ein Paar sich plötzlich nicht mehr übereinander ärgert und miteinander streitet, sondern verstummt und sich bei jedem drohenden Konflikt zurückzieht. Ignoranz und Gleichgültigkeit kündigen den schleichenden Tod einer Beziehung an, nicht Auseinandersetzungen, bei denen es auch mal hoch hergeht.

Andere typische Merkmale dafür, dass eine Partnerschaft in zunehmend unruhiges Fahrwasser gerät, gibt es jedoch einige. Ein Hinweis könnte es beispielsweise sein, wenn man sich nicht mehr darauf freut, mit dem anderen Zeit zu verbringen. Gemeinsame Unternehmungen in der Freizeit oder gar der Urlaub werden nicht mehr sehnsüchtig herbeigesehnt, sondern als Routine wahrgenommen oder nur noch pflichtschuldigst abgeleistet.

Kurzer Rückblick: Zu Beginn der Beziehung konnten die gemeinsamen Ausflüge, die Radtouren, vertrauten Abendessen, Zärtlichkeiten während Kinobesuchen und erst recht die zusammen verbrachten Ferien gar nicht lange genug ausfallen. Jeder freie Termin im Kalender wurde dazu genutzt. Wenn es inzwischen jedoch attraktiver ist, mit den Kumpels oder der Mädelsrunde abends wegzugehen oder sogar den Urlaub zu verbringen, ist das ein deutliches Zeichen, dass es höchste Zeit für eine Auffrischung ist.

Ein weiterer wichtiger Gradmesser für den Zustand der Beziehung ist der Umgang miteinander. Zwar kann es im Streit mal hoch hergehen, und was in größter Wut gesagt wurde, sollte schnell wieder vergessen werden. Wird aber der Ton insgesamt deutlich rauer, ist das ein alarmierendes Signal. Wenn den Partnern immer öfter kleine Beleidigungen, fiese Spitzen oder andere Gemeinheiten «rausrutschen», spricht das dafür, dass aus Wertschätzung Ablehnung geworden ist und tiefgreifende Probleme in der Partnerschaft vorliegen.

In diesem Zusammenhang kann es auch auf eine erhebliche

Störung der Beziehung hinweisen, wenn sich einer der Partner innerlich zurückzieht. Manchmal kann es zwar geboten sein, «auf Durchzug» zu stellen und nicht auf jede Kritik oder jede Anregung sofort zu reagieren. Es gibt Tage, an denen ist man schlicht zu erschöpft, um eine Auseinandersetzung durchzustehen. Wenn dieses Verhalten jedoch zur Gewohnheit wird und die Haltung dominiert, «lass ihn / sie nur reden», ist das kein gutes Zeichen. Die Schweizer Psychotherapeutin Verena Kast bezeichnet eine solche ablehnende Haltung als «passive Aggression». Das trifft es ganz gut, denn obwohl kein lautes Wort dabei fällt – manchmal sogar gar keines –, wird hier erhebliche Gewalt ausgeübt.

So ist längst bekannt, dass es für die meisten Menschen schlimmer ist, *überhaupt keine* Entgegnung auf ihre Äußerungen und ihr Verhalten zu bekommen, als daraufhin die Wut oder den Ärger des anderen zu spüren. Der Mensch ist ein soziales Wesen, und nichts ist für ihn schlimmer, als wenn das, was er sagt, denkt und tut, keinerlei Echo findet und das Gegenüber vollkommen kaltlässt. Ein innerer Rückzug ist also nicht nur irritierend, sondern auch ungeheuer kränkend, zudem kann er auch der Vorbote dafür sein, dass sich der andere demnächst ganz aus der Beziehung verabschieden wird.

Beklagt sich einer der Partner oder beide regelmäßig bei ihren engsten Vertrauten über den mittelmäßigen Zustand der Beziehung, ist das ebenfalls ein Indikator dafür, dass beide dringend etwas ändern sollten. Sich gelegentlich bei der besten Freundin oder dem besten Freund darüber zu beschweren, dass es in der Partnerschaft gerade nicht rundläuft, ist nicht ungewöhnlich. Häufen sich solche Gespräche hingegen und gibt es mit den Freunden fast nur noch dieses eine Thema, ist jedoch Vorsicht geboten. Das zeigt wahrscheinlich an, dass die Schwierigkeiten mittlerweile alles überlagern, jedes Gespräch schon nach kurzer Zeit vom Stress und Streit in der Beziehung dominiert wird und ein normaler Alltag und andere Themen kaum noch möglich sind.

Gelegentlicher Streit gehört zwar zu einer funktionierenden Partnerschaft unbedingt dazu, jedenfalls so wie oben beschrieben. Wenn es jedoch fast täglich zu harschen Konflikten kommt und die Missverständnisse überhandnehmen, ist das kein gutes Zeichen. Es weist vielmehr darauf hin, dass die Bereitschaft, dem anderen wohlwollend und mit Verständnis zu begegnen, bei beiden Partnern massiv zurückgegangen oder gar nicht mehr vorhanden ist.

Die Zündschnur ist jetzt bei beiden extrem kurz, es braucht oft nur einen läppischen Anlass, bis es zur Explosion kommt. Die unvoreingenommene Neugier darauf, wie es dem anderen wohl gerade geht, was er fühlt, denkt und wie er die Welt sieht, ist einer durch und durch negativen Erwartungshaltung gewichen: Man rechnet damit, lauert geradezu darauf, dass der Partner sowieso gleich etwas Falsches sagt oder tut.

Verräterisch kann außerdem auch die Art und Weise sein, in der ein Streit abläuft. Man kann durchaus deutlich machen, dass man in dieser oder jener Hinsicht anderer Meinung ist als der Partner, aber betonen, dass man ihn dennoch respektiert und natürlich sowieso über alles liebt.

«Schatz, da muss ich dir ausnahmsweise widersprechen», könnte ein solches Gespräch beginnen, das Konfliktlinien nicht ausspart, aber trotzdem von großer Wertschätzung geprägt ist. Werden jedoch verallgemeinernde Floskeln eingestreut («Nie verstehst du, was ich meine», «Immer musst du recht behalten») und vor allem abwertende Dinge gesagt, besteht kaum eine Chance auf ein friedliches und konstruktives Gespräch, das zu einer Lösung führt.

Ganz schlimm wird es, wenn im Konflikt die destruktiven Anteile überwiegen und der Partner spürt, dass ihm vor allem mit Bösartigkeit oder gar Verachtung begegnet wird. Dann geht es nur noch darum, den anderen zu kränken, fertigzumachen und diesen Triumph auch noch auszukosten. Diese negative Resonanz zeigt sich nicht allein in herabsetzenden Worten und anderen verbalen Gemeinheiten. Gestik und Mimik, also eine abschätzige Handbewegung oder ein verächtlicher Blick, können mindestens so verletzend sein wie eine Schimpftirade.

Wie groß ist die Gefahr, sich zu trennen?

«In der Ehe muss man einen unaufhörlichen Kampf gegen ein Ungeheuer führen, das alles verschlingt: die Gewohnheit.»
(Honoré de Balzac)

Es gibt zarte Anzeichen, aber auch deutliche Hinweise, die darauf hindeuten, dass eine Beziehung demnächst ihr Haltbarkeitsdatum überschreiten wird. Um das zu erkennen und eine Art Risikoindex aufzustellen, ist es hilfreich, sich zunächst ein paar Fragen zu beantworten. Das kann jeder der Partner zwar auch für sich alleine tun, es geht aber deutlich besser gemeinsam, denn dann zeigt sich, was der andere besonders vermisst und was die wichtigsten Baustellen sind. Zu solchen Fragen gehört beispielsweise: «Wie oft zeigt Ihnen der Partner, dass er sie mag?» Eine andere Frage bezieht sich darauf, wie viele Geheimnisse beide miteinander teilen. Oder wie oft sie sich destruktiv streiten und dann scheinbar unauflöslich in einem bitteren Konflikt verhaken.

Ob die Beziehung in akuter Gefahr ist, zeigt sich zuverlässig daran, wie weit die Antworten der Partner auseinanderliegen. Möchte sie beispielsweise immer wieder mehr Nähe, während ihm das Miteinander oft zu eng ist, sind das keine hoffnungsvollen Aussichten. Klagt er über Langeweile und will mehr unternehmen, während ihr der Alltag zu unruhig ist und sie sich nach mehr häuslichen Abenden auf dem Sofa sehnt, ist das ebenfalls kein gutes Zeichen.

Fallen die Bewertungen und Einstellungen der beiden Partner zu unterschiedlich aus, ist demnach Vorsicht geboten. Dann sind die Erwartungen an die Beziehung und den anderen so verschieden, dass die Partnerschaft schon bald daran zerbrechen könnte. Ähnliche Vorstellungen von dem, was das gemeinsame Leben bieten sollte und was nicht, wie der Alltag, aber auch die Freizeit aussehen sollten, wirken hingegen als haltbarer Beziehungskitt.

Allerdings bedeutet das nicht, dass beide identische Interessen haben, die gleichen Hobbys pflegen und dieselbe Partei wählen müssen. Es ist sogar wünschenswert, wenn beide ihre eigenen Bereiche haben und sich dafür genügend Freiraum lassen. Schwierig wird es allerdings, wenn in elementaren Fragen zu Nähe, Gemeinsamkeit und Alltag die Differenzen zu groß sind.

Ein anderer Hinweis darauf, wie gefährdet die Partnerschaft ist, zeigt sich schon früh im gemeinsamen Alltag. Es geht um die Aufmerksamkeit für den anderen, gerade im scheinbar banalen Miteinander. Freiwillige haben sich dazu von Wissenschaftlern filmen lassen und schon in Kürze vergessen, dass eine Kamera ihre gemeinsamen Momente aufgezeichnet hat.[59] Wer tagsüber gearbeitet hatte, abends nach Hause kam und dann desinteressiert auf die Erzählungen des Partners reagierte, ihn nicht anschaute, nicht richtig zuhörte oder schnell unterbrach, um seine eigenen Gedanken loszuwerden, hatte keine gute Prognose für eine gemeinsame Zeit.

Wenn hingegen in einer Beziehung beide Partner zugewandt, emotional nah und respektvoll aufeinander eingingen, hielt ihre Partnerschaft deutlich länger. Ähnliches gilt für die Art und Weise, wie beide die Beziehung sehen und darüber reden. Wer sie gegenüber anderen positiv bewertet und die erfreulichen Seiten betont, bleibt länger zusammen als jene Paare, die hauptsächlich die negativen Anteile hervorheben.

Interessant an dieser Untersuchung war zudem, dass die Paare die Möglichkeit hatten, sich die Videoaufnahmen von ihrem Alltagsleben anschließend anzuschauen. Einige von ihnen waren entsetzt, als sie bemerkten, wie lieblos sie miteinander umgingen und dass sie aneinander vorbeilebten. Ihnen war der gleichgültige und teilweise respektlose Umgang im Alltag entgangen, und sie gelobten alsbald Besserung. Diese Paare hatten in der Folge bessere Chancen, noch länger zusammenzubleiben, als jene, die, auch nachdem sie die Sequenzen angeschaut hatten, ihre Art der Konversation für normal hielten und daran nichts ungewöhnlich finden konnten.

Was tun, wenn der Blick auf den Partner immer düsterer wird?

«Es ist besser, für das, was man ist, gehasst, als für das, was man nicht ist, geliebt zu werden.»
(André Gide)

Liebe ist eine wunderbare Illusion, ein Theater der Träume, auch wenn dieser Begriff eigentlich für ein Fußballstadion reserviert ist.[60] Aber vielleicht ist die Liebe zum Fußball für manche Männer ja durchaus vergleichbar mit der Liebe zu einer Frau ... Doch während die Treue zu seinem Club für einen echten Fan unzerstörbar ist, zumeist ein ganzes Leben lang anhält und sogar Abstiege übersteht, weil es nun mal Ehrensache ist, seinem Verein auch in schlechten Zeiten beizustehen, lässt die Liebe zu einem anderen Menschen manchmal nach. Statt Wohlwollen übernehmen dann Kritik und Nörgelei das Kommando.

In solchen Phasen ist es wichtig, sich an die vielen Gemeinsamkeiten, nicht an das Trennende, sondern an das Verbindende zu erinnern. Es geht darum, das im anderen zu erkennen, was am Anfang so faszinierend und verlockend war. Und sich das gegenseitig auch zu sagen. Den meisten Paaren fällt so etwas schwer, wenn sie schon länger zusammen sind. Es wäre ihnen peinlich. Aber erst wenn man es ausspricht, merkt man doch, wie viel man noch aneinander hat.

Wer dazu Hilfsmittel braucht – im Falle eines Beinbruchs würde man ja auch sofort die Unterstützung durch Gips und Krücken in Anspruch nehmen, warum also nicht gelegentlich Beziehungskrücken benutzen? –, dem seien Bücher oder Spiele wie «Was ich an dir liebe. Das Fragespiel für Paare» empfohlen.[61] Ein Spiel mit vierundsechzig Karten, auf denen beispielsweise steht: «Gibt es etwas, das du mit mir das allererste Mal in deinem Leben getan hast?» oder «Bist du stolz auf mich? Warum?» oder «Welches unserer total alltäglichen Rituale hast du besonders gern?». Oder auch nur: «Was war dein erster Eindruck von mir?»

Bei solchen Fragen geht es gar nicht anders, als sich die besonderen Augenblicke miteinander noch mal in Erinnerung zu rufen. Oder natürlich das, was am Anfang so einmalig am Partner war. Was dann folgt, ist ebenso naheliegend wie verblüffend: Die dunklen oder zornigen Eindrücke des Moments verschwinden, und es fällt einem schnell wieder ein, wie großartig der andere doch eigentlich ist.

Wenn Familie krank macht – Die Last der Herkunft

«An seinen Vorfahren kann man nichts ändern, aber man kann mitbestimmen, was aus den Nachkommen wird.»
(François de La Rochefoucauld)

Wenn die Frau ständig nörgelt oder der Mann immer schimpft, ist das nicht gesund. In Studien kann noch so oft behauptet werden, dass Verheiratete oder dauerhaft verpartnerte Menschen länger leben würden als Singles. Das ist auch eine der Grundthesen dieses Buches. Allerdings: Das gilt aber eben nur dann, wenn sie sich nicht ständig auf die Nerven gehen. Wird das Leben jedoch zur Beziehungshölle, gehen fast alle gesundheitsfördernden Aspekte einer Paarbeziehung verloren.

Während Beziehungsbücher und die Forschung zu Paaren hauptsächlich die segensreiche Wirkung – oder den verfluchten Alltag – von Partnerschaften thematisieren, wird eine andere intensive Bindung jedoch oftmals zu wenig beachtet. Dabei konnten Ärzte und Psychologen aus den USA belegen, dass Streit in der Familie die Gesundheit womöglich ähnlich stark belasten kann wie Stress mit dem Intimpartner.

Ein Team um die Beziehungsexpertin Sarah Woods hat gezeigt, dass die Herkunftsfamilie, also Eltern und Geschwister, anstrengender sein kann als der Partner.[62] Und anstrengend bedeutet eben oft auch schädlich für die Gesundheit. «Das emotionale Klima in der Familie hat einen großen Einfluss auf die Gesundheit und kann dazu beitragen, dass sich chronische Leiden entwickeln und verschlimmern und es beispielsweise schon in mittleren Jahren zu chronischen Kopfschmerzen oder gar einem Schlaganfall kommt», sagt Woods, die als Familienmedizinerin an der University of Texas tätig ist. «Familiäre Belastungen hatten in unserer Studie stärkere Auswirkungen gehabt als Stress mit dem Partner.»

Die Wissenschaftler um Woods hatten fast dreitausend Erwachsene, die zumeist in ihren Vierzigern waren, fast zwanzig Jahre lang beobachtet und in regelmäßigen Abständen interviewt. In dieser Zeit wurden ihre Gesundheitsdaten erhoben und dokumentiert, ob und wie oft Rückenschmerzen, Magenbeschwerden, Kopfweh und andere Leiden auftraten oder gar chronisch wurden. Zusätzlich wurden immer wieder Fragen zum Verhältnis innerhalb der Familie wie auch zum Partner gestellt («Wie oft werden Sie von Familienmitgliedern – Ihr Partner ausgenommen – kritisiert?», «Können Sie sich auf Ihre Familie verlassen, wenn Sie ein Problem haben?»).

«Nach zehn Jahren war der Gesundheitszustand jener Teilnehmer deutlich besser, die von ihrer Familie unterstützt wurden», sagt der Psychologe Jacob Priest, der ebenfalls an der Studie beteiligt war. «Das emotionale Verhältnis zum Partner spielte langfristig erstaunlicherweise eine viel geringere Rolle.» Als eine mögliche Erklärung für ihre Befunde vermuten die Forscher, dass sich eine Partnerschaft beenden lässt, wenn es beide gar nicht mehr miteinander aushalten. Von seinen Eltern oder Geschwistern kann man sich hingegen nicht scheiden lassen, diese Beziehung bleibt ein Leben lang bestehen. Ist das familiäre Klima vergiftet, hält das Trommelfeuer aus Kritik, Vorwürfen und Aggressionen länger an, als es ein Partner auszuüben vermag.

Ärzte wissen schon länger, dass negative Gefühle und ständige Anwürfe zu einer chronischen Stressreaktion führen. Diese löst wiederum dauerhafte entzündliche Reaktionen im Körper aus, die den gesamten Organismus schwächen. In der Folge verstopfen Blutgefäße schneller, Knochen werden brüchiger, die Schmerzschwelle sinkt – alle Organe können angegriffen werden. «Dauerhaft schlechte Stimmung in der Familie schadet; gerade chronische Leiden werden dann schlimmer», sagt Woods. «Umgekehrt ermuntere ich Patienten deshalb dazu, jene Familienmitglieder in die Sprechstunde mitzunehmen, die sie unterstützen und so zu ihrem Wohlbefinden beitragen.»

Geschwister als Rollenmuster für die Partnerwahl

*«Geschwister können Ressource oder auch Risiko sein.
Manche Menschen heiraten unbewusst ein Abbild ihres
großen Bruders oder ihrer kleinen Schwester – aber
der Partner weiß gar nichts davon und ist auch gar
nicht so wie erwartet. Und dann geht es schief.»*
(Karl Heinz Brisch, Bindungsexperte)

Einmal sperrte er ihn die ganze Nacht über in einen Schrank ein, ein anderes Mal mischte er ihm Rattengift ins Essen. Dann, im Winter, ermutigte ihn der ältere Bruder, doch auf das Eis zu gehen, obwohl es zu dünn war. Der jüngere brach ein, fand unter Wasser nur mit Mühe das Loch, aus dem er sich vor dem Ertrinken retten konnte, und robbte völlig erschöpft und ausgekühlt ans Ufer zurück. Während des dramatischen Vorfalls stand der ältere teilnahmslos am Rand, «noch wie zuvor, zurückgebeugt, die Hände in den Taschen». Immerhin streckte er ihm eine Hand entgegen, als der entkräftete jüngere Bruder auf die Füße zu kommen versuchte.

Daniel Kehlmann schildert in seinem Bestseller «Die Vermessung der Welt» diese frühen Gemeinheiten, denen Alexander von Humboldt durch seinen zwei Jahre älteren Bruder Wilhelm ausgesetzt war – und die gar nicht so einfach zu überleben waren, bevor er später als Erwachsener zum gefeierten Abenteuerreisenden und Entdecker werden konnte.

Kain und Abel, Jakob und Esau, Romulus und Remus – von

Geschwistern gehen seit Beginn der großen Menschheitserzählungen oftmals unheilvolle, aber auch etliche schöpferische Impulse aus. Immerhin ist das Verhältnis zwischen Geschwistern zumeist die längste soziale Beziehung, die Menschen haben können. Sie dauert länger als die meisten Ehen oder andere Partnerschaften, ob beruflich oder privat. Diese Bindung entsteht allerdings ungefragt, zumeist auch ungewollt – und sogar nach einem Zerwürfnis oder einer Trennung lässt sie sich nie vollständig auflösen; von seinen Geschwistern kann man sich nicht scheiden lassen.

Der Gedanke an die frühe Prägung und die Vorbildrolle der Eltern scheint schnell auf, sobald es Irritationen über eigene Verhaltensmuster oder die Partnerwahl gibt. In vergleichbaren Situationen kommen psychologische Laien wie Profis allerdings selten auf die Idee, als Erklärung für Schwierigkeiten in der Beziehung die Erfahrungen mit den Geschwistern zu berücksichtigen. «Du bist wie deine Mutter», rufen sich entnervte Paare schnell zu. «Du suchst in mir nur deinen großen Bruder», werfen sie sich hingegen selten an den Kopf.

Dabei bildet die aus der Familie gewohnte und in der Jugend eingeübte Geschwisterposition oft eine Folie für spätere Konflikte im Beruf oder eben in der Partnerschaft. Es macht sehr wohl einen Unterschied, ob ein Erstgeborener wie selbstverständlich davon ausgeht, eine dominante Rolle im Job oder in der Ehe einzunehmen, oder ob es jemand als viertes von fünf Geschwistern gewohnt ist, sich einzuordnen, und das daher völlig natürlich findet.

Ähnlich naheliegend kann es sein, wenn das Sandwichkind auch im Erwachsenenalter Schwierigkeiten hat, die passende Position zwischen dem alteingesessenen Alphatier in der Gruppe oder im Büro und dem verwöhnten neuen Mitarbeiter zu finden, der plötzlich die ganze Teamdynamik aufmischt.

Das Verhältnis der Geschwister untereinander kann zwar

Zuneigung und Fürsorge ausstrahlen und damit lebenslange Sicherheit bieten, es kann aber auch ein ständiger Quell für Konflikte und Rivalitäten oder sogar ein schlechtes Vorbild sein, das zu frühem Drogenkonsum oder anderem Fehlverhalten anregt. Nach diversen Erhebungen sind immerhin fünfunddreißig Prozent der Befragten während ihrer Kindheit und Jugend von ihren Geschwistern angegriffen worden, dreizehn Prozent trugen sogar sichtbare Verletzungen davon.

Bindungsforscher Karl Heinz Brisch berichtet von zwei stabil zerstrittenen Geschwistern, die mittlerweile beide über siebzig sind und sich nach einer längeren Pause wiedertrafen. Schon nach kurzer Zeit hatten sie die alten Konfliktmuster wiedergefunden und gerieten sich so in die Haare, dass sie aufeinander einschlugen.

Dass auch Geschwister als frühe Lehrmeister für die intime Paarbeziehung dienen können, hat die Wiener Paartherapeutin Susanne Pointner untersucht.[63] Die Position innerhalb der Geschwisterfolge und wie sie wahrgenommen wurde, spiegelt oftmals spätere Erwartungen und Verhaltensmuster wider. «Wer in der Familie ständig abgewertet wurde, neigt vielleicht in der Partnerschaft zur Rache oder hat Angst, sich zu binden», sagt Pointner. «Wer hingegen von den Eltern aufgewertet oder überhöht wurde, könnte leicht ein narzisstisches Profil entwickeln.»

Ist eine Frau auf der Suche nach einem Mann, der ihrem vergötterten großen Bruder ähneln muss, ist die Erwartungshaltung vermutlich groß. Sie sucht, wahrscheinlich unbewusst, die perfekte Erfüllung – und er weiß vor lauter Bemühen gar nicht mehr, was er schon wieder falsch gemacht hat, weil er ja nie das idealisierte Vorbild des Geschwisters aus Kindertagen erreichen kann. Oftmals wissen die neuen Partner genauso wenig, dass sie einem verborgenen Skript zu folgen haben und jemand anders in ihnen gesucht wird, der große Bruder beispielsweise oder die kleine Schwester.

Es sind diese verlorenen und verleugneten Selbstanteile von einem Partner oder von beiden, die Beziehungen so schwermachen können. «Wenn wir uns in einen Partner verlieben, riecht das oft nach Stall», sagt Pointner. «Es geht darum: Wer triggert meine mir seit Kindertagen vertrauten Themen, wer spiegelt das wider, was ich kenne? Das ist dann oft sehr nahe, wenn auch nicht immer angenehm.» Das können Marotten beim Essen oder im Bad sein, die Reaktion auf Vorwürfe oder auch das Verhalten in der Gruppe.

Auch wenn es um die heikle Frage geht, ob und wie oft lange verbandelte Paare noch Sex miteinander haben, spielt die Geschwistererfahrung mit hinein. Die Antworten sind oft ernüchternd. «Es ist erstaunlich, wie viele ‹funktionierende› Paare keinen Sex mehr miteinander haben», stellt Pointner fest. «Dann überwiegt oft die geschwisterliche Liebe und die Vertrautheit. Dabei braucht Sex das Überwinden von Grenzen, die Illusion von Fremdheit und das Wilde, Erotische.» Manchmal ginge das allerdings nur, wenn die «inneren Geschwister» wieder aus der Paarbeziehung verabschiedet werden. Zu viele vertraute Muster, dieses «Kenn-ich-schon», «Weiß-ich-längst» sind eher ein Liebestöter.

Jenseits der individuellen Beziehungen ist das Geschwisterverhältnis oft überhöht und symbolisch überladen worden: Aus evolutionärer Sicht sind Geschwister hauptsächlich deshalb so unterschiedlich und vielfältig, damit wenigstens einer von ihnen auf der Suche nach der überlebenssichernden Nische fündig wird und auf diese Weise sicherstellt, dass die Art erhalten bleibt.

Und politisch gilt die Vision der gendermäßig unkorrekt so genannten Brüderlichkeit gar als ideale Gesellschaftsform,

«Liberté, Fraternité, Egalité» lässt grüßen. Doch ist das wirklich so erstrebenswert, ein bürgerschaftliches Verhältnis wie unter Geschwistern üblich? Über die ambivalente Energie, die von Geschwisterbeziehungen ausgeht, hat Marie Luise Kaschnitz schon geschrieben: «Doch niemals stirbt die wilde Kraft, / der alten Nebenbuhlerschaft, / und keine andere vermag / so bitteres Wort, so harten Schlag.»

Schließlich lässt sich durch Geschwister früh erfahren, was Rivalität, Neid, Aggression und Hass bedeuten. Und bei aller Nähe ist vor allem die Konkurrenz nicht zu unterschätzen: Die kleine Schwester wird schon sehen, was sie davon hat, wenn sie ihren älteren Bruder überholt und irgendwann schneller versteht und schneller lernt als er. Er wird sie dafür nicht auf seinen Roller lassen und bei nächster Gelegenheit vom Klettergerüst schubsen.

«Wenn es in Teams unter Arbeitskollegen und in Partnerschaften zu Gruppenkämpfen und Spaltungen kommt, steht oft die Re-Inszenierung von Geschwister-Dynamiken dahinter», sagt Karl Heinz Brisch. «Oftmals werden Abwertungen aktiviert, wenn beispielsweise die neue, junge Mitarbeiterin ins Team kommt – und keiner von den Kollegen gefragt wurde, ob sie damit einverstanden waren.» So wie den Erstgeborenen niemand gefragt hat, ob er noch ein Geschwisterchen wollte.

Trotz dieser wissenschaftlichen Befunde wäre es interessant zu erfahren, wie Goethes jüngere Schwester Cornelia ihren oberschlauen Bruder erlebt hat. Der berichtet in «Dichtung und Wahrheit» davon, dass er gleichsam nebenbei Französisch und Italienisch gelernt hat, indem er gelegentlich durch die offene Tür oder auf der Treppe ein paar Brocken aufschnappte, während seine Schwester beim Studium mit dem Hauslehrer sich die Sprachen deutlich mühsamer einzuprägen versuchte.

Geschwister können gemein zueinander sein, einander aber auch viel geben. Kurt Tucholsky hat diese vielfältigen Eigenschaften erkannt, indem er schrieb: «Wilde Indianer sind entweder auf Kriegspfad oder rauchen die Friedenspfeife – Geschwister können beides.»

Auf Abschiedstournee gehen

«Nur in den Minuten des Wiedersehens und der Trennung wissen es die Menschen, welche Fülle der Liebe ihr Busen verbarg, und nur darin wagen sie es, der Liebe eine zitternde Zunge und ein überfließendes Auge zu geben.»
(Jean Paul)

In der Phase der ersten Verliebtheit, wir haben es gesehen, werden nur die Sonnenseiten des Partners gesehen. Alles ist so wunderbar, so fabelhaft, schlicht umwerfend. Sobald aber die Beziehung gealtert ist oder dem Ende zugeht, überwiegen die Grautöne oder gar die unschönen Eindrücke und Erinnerungen. Es setzt ein Prozess der Entfremdung ein. Jetzt geht es plötzlich nicht mehr um die größtmögliche Nähe, sondern um Abstand, um Distanzierung. Dann wird der Partner schlechter gemacht, als er ist, und kaum noch ein gutes Haar an ihm gelassen – das ist dann das Ende.

In der Zeit unmittelbar nach einer Trennung ist dieses Phänomen besonders stark ausgeprägt. Die Beziehung wird regelrecht umgedeutet, miesgemacht – was für eine Horrorzeit man da durchgemacht hat! Wie konnte man sich nur auf so jemandem einlassen und gar mit ihm zusammen sein! Fazit: Der oder die andere war eigentlich nie der Aufmerksamkeit, geschweige denn der Liebe wert, vergeudete Zeit, schnell abhaken.

Diese Form der akuten Vergangenheitsbewältigung, nachdem beide Schluss gemacht haben, klingt nach einer überstürzten Abkehr. Schließlich kann man doch durchaus zugeben, dass man einst vom anderen begeistert war. Dieses Verhalten kann aber auch als eine Art Schutzreaktion des psychologischen Immunsystems verstanden werden. Es geht schließlich auch darum, den aufgewühlten Gefühlshaushalt wieder in Ordnung zu bringen.

Negative Erfahrungen wie das Ende einer Beziehung werden offenbar besser verarbeitet, wenn ein triftiger Grund dafür gefunden wird, auch wenn dazu der Ex-Partner abgewertet werden muss. Es ist offenbar nötig, Gründe zu finden und sich selbst dafür zu rechtfertigen, dass eine Trennung – zumindest von so einem Menschen! – der einzig richtige Schritt war.[64]

Was so negativ klingt, ist langfristig womöglich dennoch von Vorteil. Als «die helle Seite dunkler Gedanken» haben das Psychologen sogar bezeichnet.[65] Diverse Untersuchungen deuten darauf hin, dass Menschen besser mit dem Ende einer Beziehung zurechtkommen und zufriedener in einer neuen Partnerschaft sind, wenn sie sich rund um die Trennung deutlich vom letzten Ex abwenden.[66] Ist einige Zeit vergangen, fällt der Rückblick auf die gemeinsame Zeit dann zumeist auch gar nicht mehr so vernichtend aus.

Sozialwissenschaftler der Carleton University in Kanada fragten jüngere Erwachsene zunächst am Anfang ihrer Beziehung und dann einige Zeit später, wie sie mit ihrer Partnerschaft zufrieden waren. Diejenigen, die noch immer mit ihrem Partner zusammen waren, bewerteten die Beziehung mittlerweile zwar auch nicht mehr so positiv wie zu Beginn. Hatte sich das Paar jedoch in der Zwischenzeit getrennt, fiel die negative Bewertung des «Ex» dreimal so heftig aus wie bei den Teilnehmern, die es noch miteinander aushielten.

Höchste Alarmstufe ist also geboten, wenn die Partnerschaft zwar noch besteht, aber der Blick auf das Gegenüber immer erbarmungsloser wird und die negativen Seiten dominieren. Mal wird das Äußerliche verunglimpft, dann finden die Eigenheiten und Verhaltensweisen des anderen keine Gnade. Wenn Abwertung statt Wertschätzung die vorherrschenden Gefühle für den Partner sind, ist die Beziehung in höchstem Maße bedroht, und es ist Zeit, schleunigst einen anderen Blickwinkel einzunehmen – oder sich doch zu trennen.

Beziehungsgift: Verrat statt Loyalität

«Du bist nicht, sagt der Enttäuschte oder die Enttäuschte,
wofür ich dich gehalten habe. Man macht sich ein Bildnis.
Das ist das Lieblose, der Verrat.»
(Max Frisch)

Es gibt ein paar Zutaten, die können das Klima in einer Beziehung garantiert vergiften. Fehlende Beachtung, Gleichgültigkeit und Lieblosigkeit gehören sicherlich dazu. Man ist schon lange nicht mehr füreinander da. Keiner traut dem anderen mehr über den Weg, statt lieber Worte hagelt es nur noch Beschimpfungen, Vorwürfe und Nörgelei allüberall. Hier soll jedoch noch von einem anderen Gift zu sprechen sein, das besonders schmerzt, wenn es verabreicht wird.

Von Verrat ist die Rede. Mit einer kleinen Illoyalität fängt es an. Im Freundeskreis macht sich jemand über die eigene Frau lustig – und man selbst lacht schäbig mit über die Partnerin oder sie gar aus. Es ist ein schmaler Grat, ob man jemanden lächerlich macht oder nur gemeinsam Spaß hat, was naturgemäß manchmal auf Kosten von einem der Anwesenden geht. Was ist Scherz, was Blamage?

Werden aber die Schwächen des anderen aufgespießt, Themen angesprochen, die einen heiklen Punkt treffen und beim anderen erkennbar zu großen Unsicherheiten führen, ist der Weg zur Gemeinheit nicht weit. Beim Partner wächst das Gefühl, sich nicht richtig auf den anderen verlassen zu können und statt einen treuen Gefährten einen Wackelkandidaten an seiner Seite zu haben, der im Zweifel zusticht, statt zu trösten. Nun muss man natürlich nicht jeden Unsinn verteidigen, den der Partner anstellt oder von sich gibt. Kritik sollte unbedingt erlaubt sein. Hier gibt es keine klaren Grenzen und Regeln, es ist oftmals auch nicht das, *was* gesagt wird – sondern *wie*. Kleine Gesten, eine bestimmte Art der Mimik oder das Gefühl, dass eine Spur Verachtung mit im Spiel ist, können aus dem, was die anderen lediglich als Herumalbern empfinden, schnell Verletzungen entstehen lassen. Und wie immer bei dieser Art von Kränkungen gilt: Es sind nicht die anderen, die bestimmen, wie verletzend etwas tatsächlich empfunden wird («War doch gar nicht so schlimm»), sondern die Skala für körperliche wie für seelische Schmerzen kann nur jeder für sich selbst bestimmen.[67] Was der eine als kleinen Schmerz versteht, ist für den anderen bereits der Beginn höllischer Niedertracht.

Im Jahr 2003 fanden Hirnforscher erste Hinweise, dass körperliche Schmerzen und seelische Schmerzen – etwa durch Abweisung und Kränkung – in denselben Regionen des Gehirns verarbeitet werden und sich ähnlich anfühlen können. «Soziale und physische Schmerzen überlappen sich», sagt Naomi Eisenberger von der University of California in Los Angeles. «Wer ausgegrenzt und einsam ist, reagiert oft schmerzempfindlicher.» Seitdem gibt es zahlreiche Erkenntnisse darüber, wie das seelische Befinden die Wahrnehmung physischer Schmerzreize moduliert.

Dass der Schmerz, wenn einen der beste Freund verrät, mit der Metapher «in den Rücken fallen» umschrieben wird, ist kein sprachlicher Zufall, sondern belegt die Nähe der Nervenschaltungen für physische wie psychische Torturen im Gehirn. Die neuronale Nachbarschaft im limbischen System bringt weitere Wechselwirkungen zwischen Körper und Psyche mit sich – und zwar in beide Richtungen. Der Schmerz, vom liebsten Menschen verraten worden zu sein, kann daher doppelt weh tun.

Schluss, aus, vorbei – wenn die Trennung unumgänglich ist

Manchmal geht es nicht anders. Trotz vieler Versuche und gegenseitigen Bemühens hat die Liebe keine Chance mehr, und ein Paar muss getrennte Wege gehen. Zwar wird in diesem Buch deutlich, dass es auch in scheinbar verfahrenen Situationen oftmals noch Möglichkeiten gibt, Konflikte aufzulösen und die Abwärtsspirale einer Beziehung zu stoppen. Doch für manche Paare gilt, dass sie das Ende erreicht haben und es schlicht besser ist, wenn sie nicht mehr zusammenbleiben.

In den vorherigen Kapiteln finden sich viele Hinweise, wann eine Beziehung akut bedroht sein könnte. Allerdings gibt es keine Formel, mit der sich zuverlässig berechnen ließe, wann die Reißleine gezogen werden muss. Einige Merkmale für das baldige Scheitern einer Partnerschaft lassen sich hingegen durchaus zusammenstellen. Die Gewichtung der einzelnen Punkte fällt jedoch individuell aus. Für jeden und jede ist es unterschiedlich, wann die rote Linie endgültig überschritten ist.

Körperliche Gewalt ist ein Fall für sofortige Gegenmaßnahmen und Hilfe von außen, etwa durch die Polizei. Aber auch Sticheleien, Kränkungen und andere seelische Verletzungen – also emotionale Gewalt – haben in Beziehungen zu anderen Menschen nichts zu suchen. Dazu gehören auch Manipulationsversuche und ein besitzergreifendes Verhalten, wobei versucht wird, die Kontrolle über den Anderen zu behalten und sich zum autoritären Richter darüber aufzuschwingen, was der Partner darf und was er gefälligst zu unterlassen hat. Angst und Bedrohungsgefühle sind dann stärker als Zuneigung und Zusammenhalt.

Wenn das Wohlwollen schwindet und das Miteinander nicht mehr von Rücksicht und Liebenswürdigkeit geprägt ist, sondern von Verachtung und Missgunst, ist auch längst der Respekt voreinander verlorengegangen. Schäbiges, destruktives Verhalten kann die Folge davon sein, und das hält kein Mensch lange ohne Schaden an Körper und Seele aus. Es muss auch niemand aushalten, deshalb ist dies ein überdeutliches Signal zur Trennung, erst recht, wenn bereits einige Versuche, die Situation zum Besseren zu wenden, fehlgeschlagen sind.

In einer Partnerschaft muss man sich nicht für alles entschuldigen und rechtfertigen. Ist die Bereitschaft zur Versöhnung jedoch nicht mehr zu spüren, schwindet die Basis für ein verträgliches Miteinander zusehends. Konflikte und Streitereien schwelen dann ewig weiter, die Partner belauern sich und holen nachtragend immer wieder das aus der Mottenkiste ihres Beziehungsknatsches, womit sie sich einst verletzt und gekränkt haben. Statt «lassen wir es gut sein» und «Schwamm drüber» wird unerbittlich nachgebohrt. Dann will einer der Partner (oder beide) weder verstehen noch vergeben, sondern die totale Kapitulation oder gar Erniedrigung des anderen.

Kommen einer oder mehrere der genannten Punkte zum Tragen, wird eine Beziehung eher zur Hölle als zum Himmel auf Erden. Es gibt zwar immer wieder mal Momente in einer

Partnerschaft, in denen man alles schwarz sieht und sofort hinschmeißen möchte. Stellt sich dieser Eindruck jedoch immer wieder ein und auch mit etwas Abstand, dann ist es höchste Zeit für ein baldiges Ende. Die Partnerschaft wird dann längst nicht mehr als anregend und bereichernd empfunden, sondern nur noch als Belastung. Dann kann eine Trennung tatsächlich eine Erlösung sein.

Was tun, damit die alte Liebe frisch bleibt

«Wer besonders haltbare Ehen durchmustert, wird feststellen, dass sie eine notwendige, wenngleich nicht hinreichende Bedingung erfüllen: die Partner vermeiden es, einander fortwährend zu stören. Sie haben gelernt, einander in Ruhe zu lassen. Das ermöglicht so volatilen Neigungen wie Liebe und Treue, viele Jahre hindurch zu überdauern.»
(Hans Magnus Enzensberger)

Durchhalten und sich ausreichend in Ruhe lassen sind schon mal nicht die schlechtesten Empfehlungen, um eine langjährige Beziehung über die Runden zu bringen. Großmut und Wohlwollen sind weitere wichtige Zutaten, um das Ganze gelingen zu lassen. Ansonsten gibt es noch etliche weitere Hilfsmittel, die dazu beitragen, dass die Ehe kein Desaster wird.

Leider gilt, dass es zu jedem Patentrezept auch ein Gegenmittel gibt, das zwar nicht ganz so häufig, aber eben auch immer wieder zutrifft. Damit eine Partnerschaft hält und beide nicht aneinander verzweifeln, sondern zusammen glücklich werden, kommt es auf die passende Mischung an. Hundertprozentige Übereinstimmung in allen hier aufgeführten Punkten wird es vermutlich kaum geben. Aber wer

einige der folgenden Empfehlungen beherzigt, kann ziemlich
sicher davon ausgehen, dass es schon klappen wird und die
Beziehung stabiler ist, als es einem die ständigen Selbstzweifel immer wieder einflüstern.

Erfolgreich altern

«Hatte mein Leben sich gesteigert oder nur vermehrt?»
(Tony Webster, der Held aus Julian Barnes' Roman
«Vom Ende einer Geschichte»)

Altern ist unvermeidlich – und es fängt schon früh an.
Eigentlich bereits spätestens mit der Geburt. Doch obwohl es
ein Leben lang, zumindest aber mit Beginn des Erwachsenen-
alters, viele Anlässe gibt, sich daran zu gewöhnen, bekommen
es nicht alle Menschen vergleichsweise gut hin. Sie wollen zwar
alt werden, aber nicht alt sein und sind geradezu empört, wenn
sie sich plötzlich alt fühlen und es nicht mehr weiter bergauf
geht.

Zumeist sind es persönliche Einschläge wie Krankheit,
nachlassende Leistungsfähigkeit oder der Tod der Eltern,
die irgendwann immer häufiger werden und unmissverständlich anzeigen, dass mit dem Alter leider auch lästige Einschränkungen und heftige Verluste verbunden sind. Kleinere
Beeinträchtigungen und narzisstische Kränkungen, etwa
dass die persönliche Bestzeit auf der Joggingrunde wohl kaum
mehr zu überbieten sein wird, lassen sich noch halbwegs verschmerzen, andere tun hingegen richtig weh.

Um zu erfassen, wie sich angemessen mit nachlassenden
Kräften und Rückschlägen umgehen lässt, die im Alter zwangsläufig drohen, haben Wissenschaftler das Konzept des «erfolg-

reichen Alterns» entwickelt.[68] Wer das hinbekommt, dem geht es aber nicht nur in Hinblick auf im weitesten Sinne medizinische Faktoren gut, also Gesundheit, Selbständigkeit und Erhalt der Mobilität. Vielmehr spielen für das erfolgreiche Altern auch viele «weiche» Aspekte wie Zufriedenheit, Ausgeglichenheit, die Bereitschaft zum Humor und psychische Widerstandskraft eine Rolle. Und manchmal geht es schlicht darum, auch als betagter Mensch noch eine Aufgabe oder einen Sinn im Leben zu finden.

Die Soziologinnen Lisa Carver und Diane Buchanan haben zu Recht angemerkt, dass Alter es nicht automatisch ausschließt, glücklich zu sein, auch wenn die Leistungsfähigkeit nachlässt oder eine chronische Krankheit hinzukommt. Viele ältere Menschen sind zwar behindert oder leiden an diversen Erkrankungen. Sie sind aber trotzdem mit ihrem Zustand weitgehend zufrieden und sogar dankbar dafür, dass sie überhaupt noch am Leben teilhaben können.[69] Gesundheit ist also offenbar auch im Alter längst nicht alles.

Ein wichtiger Aspekt, der zum erfolgreichen Altern beiträgt, ist zudem die partnerschaftliche und damit auch die sexuelle Zufriedenheit. Hier zeigte eine Befragung von verheirateten Frauen im Alter zwischen sechzig und fünfundsiebzig Jahren, dass sie häufig ziemlich zufrieden damit waren, wie sich ihre Sexualität in jüngster Zeit entwickelt hatte. Die Männer in dieser Altersgruppe waren hingegen vor allem dann zufrieden, wenn die Frauen ein aus ihrer Sicht stimmiges Verhältnis zu ihrer eigenen Sexualität entwickelt hatten und wieder mehr Interesse daran zeigten.[70] Das kam dann auch den Bedürfnissen der Männer entgegen.

«Es gibt offenbar eine enge Verbindung zwischen einer befriedigenden Sexualität und erfolgreichem Altern», schreiben die Forscher. «Selbstbestimmt leben zu können, eine Bedeutung im Alltag zu finden und noch etwas bewirken zu können, sind ebenfalls wichtig – und das ist oft erstaunlich wenig abhängig davon, ob Krankheiten oder Behinderungen vorliegen.»

Psychologen kennen dieses Phänomen unter dem Begriff der Selbstwirksamkeit. Darunter ist einerseits zu verstehen, noch handeln, etwas unternehmen und vielleicht sogar beeinflussen zu können. Andererseits ist damit auch gemeint, dass man niemals das passiv-wehrlose Opfer ist, als das sich viele Menschen sehen, sondern immer auch in der Lage, eine Situation zu meistern oder einen anderen Blick auf eine womöglich missliche Lage auszuprobieren.

Für Paare kann das nur heißen, sich gerade mit fortschreitender Partnerschaft darum zu bemühen, für sich – aber möglichst auch gemeinsam – etwas zu finden, was dem Leben eine Bedeutung verleiht, die Gemeinschaft bereichert oder schlicht Spaß macht. Das kann eine ehrenamtliche Tätigkeit wie Nachbarschaftshilfe, aber auch Bonsais stutzen oder die Bewirtschaftung des Schrebergartens sein. Zudem ist es beglückend, wenn man sich miteinander immer wieder über den eigenen Körper und den des Partners freuen kann.

Den passenden Rhythmus finden

«Narren poltern herein, wo Engel nicht aufzutreten wagen.»
(Alexander Pope)

«Die Tragik unserer Ehe ist, dass ich ein Morgensinger bin,
mein Mann eine Nachteule.»
(Loki Schmidt)

Klar, das kann nerven: Er möchte gerne ausschlafen und genießt es, morgens bis zehn oder elf Uhr im Bett zu bleiben, wenn keine Verpflichtungen anstehen. Ihre Unruhe stört ihn allerdings dabei. Sie läuft schließlich schon seit halb sechs in der Frühe schwer aktiv im Haus herum.

Sie kann morgens nicht mehr lange schlafen, erledigt dann Papierkram, sortiert dies und das. Wie sie sich früher schon darüber geärgert hat, dass er nicht dazu zu bewegen war, mal früher aufzustehen. Ausgedehnte Skitage, für die man nun mal um sechs Uhr losfahren müsste, im Frühnebel durch den See schwimmen, Wanderungen im Morgenlicht, all das war mit ihm nicht zu machen. Was haben sie dadurch nur alles verpasst!

Natürlich kann man sich aufeinander einstellen, und mit genügend Respekt und Liebe ist schließlich alles möglich. Andererseits haben Wissenschaftler aus Spanien gezeigt, dass es sehr wohl einen Einfluss auf die Beziehung hat, wenn einer von beiden ein ausgeprägter Morgentyp, der andere hingehen ein Abendtyp ist.[71] Beide Partner waren zufriedener, wenn sie den gleichen Tagesrhythmus bevorzugten, also beispielsweise beide begeisterte Frühaufsteher waren oder beide am Wochenende erst gegen Mittag in die Puschen kamen.

Wenn jedoch die bevorzugten Tageszeiten sehr unterschiedlich ausfielen, konnte das ein Quell der Unzufriedenheit für beide Partner sein. Männer störten sich daran besonders und stuften ihre Partnerschaft als weniger glücklich ein. Frauen waren hingegen besonders dann unzufrieden, wenn sie mit ihrem eigenen Tagesrhythmus haderten und beispielsweise selbst lieber ausschlafen würden, anstatt morgens schon vor Sonnenaufgang aktiv zu sein und die restlichen Hausbewohner mit ihrer Betriebsamkeit aus dem Schlaf zu reißen.

Wer etwas für seine Beziehung tun will, sollte sich also überlegen, ob sich nicht die Tagesrhythmen beider Partner angleichen lassen. Es muss ja nicht gleich ein Jobwechsel sein, aber ihm zuliebe länger im Bett zu bleiben oder sich ihr zuliebe ab und zu früher den Wecker zu stellen (oder umgekehrt) könnte schon helfen und dem Paar viele unausgeschlafene Streitereien ersparen.

Wenn Heimat zum Problem wird

«Wer nicht weiß, welchem Hafen er zusteuern soll,
für den gibt es keinen günstigen Fahrwind.»
(Seneca)

Es fällt den Menschen nicht leicht, wieder nach Hause zu finden. Bereits die erste große Erzählung der Literaturgeschichte berichtet von nichts anderem. Der heldenhafte Odysseus brauchte zehn lange Jahre dafür und musste eine ganze Menge Unsinn erledigen, bis es endlich klappte. Sich an einem Schaf festkrallen, sich Wachs in die Ohren stopfen lassen, solche Sachen. Und als er dann schließlich nach Hause kam, war er immer noch seelisch unausgeglichen und richtete erst mal ein heftiges Gemetzel an. Trotzdem ist das natürlich eine große Liebesgeschichte: Odysseus will, trotz der bezaubernden Circe, nichts anderes als endlich heim zu seiner langjährigen Ehefrau.

Dennoch ist die Spannung zwischen Heimat und der Welt «draußen» ein großes Thema auch für Partnerschaften. Die Weltliteratur ist voll von Geschichten über rastlose Menschen (meistens waren es Männer), die dringend von zu Hause wegmussten, dann aber erst mal diverse Abenteuer zu bestehen hatten, Kämpfe überleben oder fiese Ungeheuer besiegen mussten, bis sie wieder dahin zurückkommen durften, wo sie herkamen – und deshalb eigentlich auch gleich hätten bleiben können.

Doch auch nach ihrer Rückkehr fühlten sie sich selten richtig wohl. Meistens dauerte das Fremdeln noch ziemlich lange an. Und weil sich so viele Menschen (meistens Männer) in diesen Erlebnissen wiederfinden, ist der Abenteuerroman zu einem besonders populären Genre der Literaturgeschichte geworden. Ohne Aventüre offenbar kein Glück.

Hübsch ist beispielsweise die Geschichte von Isidor, dem Apotheker, den Max Frisch in seinen Roman «Stiller» verewigt hat. Isidor ist eigentlich ein freundlicher Zeitgenosse, aber er verträgt es nicht, von seiner Frau «immer befragt zu werden, wo er gewesen wäre». Darüber konnte er «innerlich rasend» werden, und so macht er sich eines Tages unvermittelt aus dem Staub. Er kehrt nach sieben Jahren, die er größtenteils bei der Fremdenlegion verbracht hat, wieder zurück, bärtig, hager, den Tropenhelm unter dem Arm, einen Revolver am Gürtel. Seine Gattin hat Geburtstag, es gibt Kaffee und Torte.

Isidor scheint noch nie viele Worte gemacht zu haben, er ist mittlerweile noch stiller geworden in den Zeiten seiner Abwesenheit. Doch dann fragt ihn seine Frau: «Isidor!

Wo bist du nur so lange gewesen?» Der stille Mann sagt nichts, schnappt sich seinen Tropenhelm, schießt dreimal in die Geburtstagstorte, macht auf der Stelle kehrt und verschwindet wieder.

Nach einem Jahr, wiederum am Geburtstag seiner Frau, kommt Isidor erneut zurück. Auf die Frage seiner Frau, «Isidor, wo bist du denn jetzt wieder gewesen», geht er diesmal nicht ein – dafür, ohne zu schießen, durchs Gartentor hinaus, «um nie wiederzukommen». Die passende Art und Weise, sich nach längerer Abwesenheit wieder mit der eigenen Heimat zu arrangieren, ist also nicht leicht zu finden.

Für viele Erwachsene ist es deshalb eine äußerst schwierige Angelegenheit, nach langen Lehrjahren in der Fremde wieder nach Hause zurückzukommen. Kaum sind sie volljährig (oder schon früher), kann die Distanz zu den Eltern und dem Heimatort nicht groß genug sein. Das bleibt in der Zeit der Ausbildung und des Studiums auch oft so. Bis auf gelegentliche Besuche lassen sich viele Menschen in diesem Alter kaum bei ihren Eltern blicken.

Mit zunehmendem Alter werden Sehnsucht und Nostalgie dann jedoch immer stärker. Plötzlich ist die in den Jahren zuvor ausgeschlagene Einladung zum Klassentreffen doch ganz attraktiv, manche nehmen gar den Kontakt zu früheren Lehrern wieder auf. Und gerade kurz vor Weihnachten kommt es zu seltsamen Phänomenen. Endvierziger besuchen dann plötzlich Disco-Abende und probieren die längst vergessenen Tänze (Disco-Fox) zu den Liedern ihrer Jugendzeit aus den 1970er- oder 1980er Jahren noch mal aus.

Sie spielen mit den Eltern ihrer Schulfreunde am Adventssonntag Memory. Sie gehen wie auf Pilgerreise die Feld- und Waldwege noch mal ab, die sie in stundenlangen Nachtwanderungen bei tiefsinnigen Gesprächen auf der Suche nach dem aufrechten Gang oder der wahren Liebe mit sechzehn, siebzehn oder achtzehn einst gemeinsam grübelnd abgeschritten haben. Manche besuchen sogar zu Weihnachten wieder den Kindergottesdienst in ihrer Jugendkirche.

Wenn der Partner in eine solch nostalgische Heimweh-Phase hineingezogen wird oder sogar für längere Zeit dort verharrt, ist es hilfreich, großzügig zu bleiben – und nicht auf ungeschickte Weise hineinzugrätschen. Gut, es gibt Alarmzeichen: Spätestens wenn der Ehemann den brachliegenden Acker kaufen will, den er vor fünfzig Jahren von seinem Kinderzimmerfenster aus immer sehen konnte, weil ihn das auch jetzt noch an seine nicht erfüllten Träume von der weiten Welt denken lässt – «ich war noch niemals in New York» –, sollten die Ehefrau oder die schon erwachsenen Kinder schleunigst eingreifen und vorsichtshalber mit dem Kundenbetreuer der Bank reden.

Ansonsten gilt: Machen lassen, keine Sorge, es geht hier oft allein um Nostalgie, um die melancholische Möglichkeit und nicht um die reale Umsetzung. Das pendelt sich schon wieder ein.

Umzugspläne zurück in das Haus der Kindheit sollten allerdings gut überlegt werden. Hier drohen schließlich herbe Rückfälle in kindliche Verhaltensmuster oder gar die museumsreife Inszenierung der eigenen Vergangenheit. Immerhin ist jeder Raum vollgestopft mit zahlreichen Erinnerungen – manchmal mit ganz realen wie dem hässlichen Briefbeschwerer in Form einer Talsperre aus Kaprun. Auf jeden Fall aber mit den ideellen Memorabilien, die Erinnerungen, Ängste und Euphorieschübe aus Kindertagen wieder auslösen können. Solche Flashbacks will man als Partner nicht in aller Intensität miterleben müssen.

Ob und wenn ja, wann solche Phasen auftreten, ist leider ganz schwer vorherzusagen. Typischerweise löst jedoch die irgendwann nicht mehr zu leugnende Gebrechlichkeit der Eltern oder ihr Tod eine Rückbesinnung aus auf das, was Heimat und Kindheit eigentlich bedeutet haben. Die Erinnerung soll dann plötzlich um jeden Preis erhalten bleiben. Manchen Menschen reicht es dann nicht mehr, sich an heimelige Momente von früher zu erinnern, sie brauchen vielmehr die materielle Gedächtnisstütze vor Ort, und seien es Häuser, Grundstücke oder Möbel. Das kann teuer werden – oder zumindest größere Umzugs- und Aufräumarbeiten nach sich ziehen.

Typische Probleme in der Partnerschaft entstehen dann, wenn einer der beiden plötzlich voller Wehmut an die wunderbaren Jahre zurückdenkt, die zwar längst vergangen sind, aber plötzlich noch irgendwie zurückgeholt werden sollen, auch wenn die Mittel dazu völlig untauglich sind: Beispielsweise wird der Keller dann nicht mehr aufgeräumt, weil sich darin die zerbrochenen Reste der Spielzeugeisenbahn befinden, deren «Landschaft» damals vom längst gestorbenen Vater und seinem inzwischen ebenso toten Freund liebevoll mit Gips nach dem Vorbild eines strukturschwachen deutschen Mittelgebirges modelliert wurde.

Oder plötzlich verspürt die Frau mit Anfang sechzig noch diesen unstillbaren Drang, unbedingt ein größeres Haus anmieten zu müssen, um dort genau die Feste wie in ihrer Kindheit feiern zu können oder das vor fünfzig Jahren von den eigenen Eltern immer wieder beschworene «offene Haus» zu pflegen: «Bei uns waren immer Freunde zu Besuch», gibt sie zur Begründung an.

Schön und gut das alles – aber es ist nun mal etwas anderes, als Zwölfjährige vom Käse-Igel genascht oder verbotenerweise von der Bowle für die Erwachsenen probiert und dabei Momente großen Glücks verspürt zu haben, als plötzlich mit Anfang fünfzig einen neuen Freundes- und Bekanntenkreis begründen zu wollen, der sich längst gemütlich zu Hause eingesponnen hat und lieber Netflix-Serien schaut. Das Gefühl von damals lässt sich nicht einfach zurückholen. Und selbst wenn solche Feste doch stattfinden sollten – das Gefühl ist dann ein anderes.

Ebenfalls zu diesem Themenfeld gehört der Umgang mit dem eigenen Elternhaus, aus dem man zwar vor dreißig Jahren ausgezogen ist, von dem man sich aber trotzdem nicht trennen mag. Ein heikles Thema, ein weites Feld. Denn sowohl das Zögern als auch die besondere Eile, die abgelegene Hütte im ehemaligen Zonengrenzgebiet veräußern zu wollen, kann eine Partnerschaft ziemlich belasten. Aber was soll man schon sagen gegen den einen, entscheidenden Satz: Es ist schließlich meine Heimat, ich hänge noch sehr daran!?

Neue Ziele setzen

«Habgier im Alter ist eine Narrheit. Vergrößert man denn seinen Reiseproviant, wenn man sich dem Ziel nähert?»
(Cicero)

«Schön, dass jetzt, im Ruhestand, mein Mann und ich gemeinsam frühstücken können. Das Problem ist nur, dass er danach sitzen bleibt.»
(Anonym)

«Alles, was ich anfange, läuft schief», sagt einer der Männer in einer Mischung aus Selbstmitleid und Trotz. «Oh, da ist wohl jemand noch depressiver als ich», entgegnet der andere daraufhin. Und der dritte, der bereits schütteres Haar hat, aber dafür eine E-Gitarre und der so gerne Rockstar wäre, muss sich von seiner spätpubertierenden Tochter das ebenso wahre wie vernichtende Urteil anhören: «Papa, du bist nicht David Bowie.»

Es ist nicht leicht, ein Mann im konturlosen Mittelalter zu sein, also irgendetwas zwischen fünfundvierzig und vierundfünfzig. Was eine Gruppe solcher frustrierten Kerle doch noch antreiben und auf die Beine stellen kann, ist in dem Film «Ein Becken voller Männer» (2019) von Gilles Lellouche zu sehen. Mehrere vom Leben gebeutelte Typen finden sich eher zufällig zu einer Trainingsgruppe zusammen, die sich – kein Witz – zum Wasserballett trifft. Keiner von ihnen hat einen Waschbrettbauch. Waschbärbauch würde es wohl eher treffen.

Lange vorbei sind die Zeiten, als sie noch schlank und rank am Beckenrand hätten stehen können. Inzwischen spannen ihre Bäuche über den viel zu engen Badehosen, und diese Männer eint das Gefühl, überflüssig zu sein. Doch die ratlosen, mittelalten Verlierer haben sich ein ehrgeiziges Ziel gesetzt. Sie wollen an der Weltmeisterschaft im Wasserballett teilnehmen.

Mit der Zeit festigt sich der Eindruck: Das sind gar keine Verlierertypen. Das Leben hat es zwar nicht immer gut mit ihnen gemeint, aber dennoch haben sich hier ein paar liebenswerte, schrullige Kerle gefunden, die sich nach vielen Zweifeln und Rückschlägen noch dazu aufraffen, in einem Sport zum Wettkampf anzutreten, für den sie zunächst so geeignet erscheinen wie ein Gnu für das Reckturnen.

Spätestens diese Erkenntnis ist eine Kernbotschaft für alle Paare, die in die Jahre gekommen sind, ein wenig frustriert, ein wenig rund um die Hüften und bereit, jeden aufkeimenden Motivationsschub im Kern schon selbst zu ersticken, bevor andere es tun. Bringt nichts, hat ja eh keinen Zweck mehr, was soll das Ganze. Andere – erst recht die eigenen Kinder – mögen es peinlich finden, wenn ein untersetzter Mann von über fünfzig Jahren mit Wasserballett anfängt. Oder mit Karate,

Blockflöte oder mit Leichtathletik. Gleiches gilt für die fünfzigjährige Frau, die plötzlich ihre lange versteckte Liebe zum Bodenturnen, Judo oder Freeclimbing ausleben will.

Mögen sich die pubertierenden Kinder ruhig über das gemächliche Joggingtempo ihrer Erzeuger lustig machen. Soll der Partner doch von dem durchtrainierten Bekannten schwärmen, der mit Ende fünfzig den Marathon noch in knackigen dreieinhalb Stunden absolviert, obwohl man selbst schon nach dreieinhalb Kilometern schlappmacht. In beiden Fällen gilt: Nur nicht entmutigen lassen, weitermachen – Hauptsache, man tut es.

Der Nutzen, den es hat, einen Sinn für sich und seinen Partner zu finden oder ein neues Ziel zu entdecken, kann gar nicht überschätzt werden. Eine Aufgabe zu haben geht mit einem Bedeutungsgewinn einher, das gibt Bestätigung und steigert den Selbstwert. Und das funktioniert am besten, wenn man aktiv in einer Gemeinschaft an etwas teilnimmt, sei es die Verpflichtung zu einem gemeinsamen Projekt, der Hilfe für andere oder auch nur ein geteiltes Hobby. Besonders hilfreich ist es, wenn eine Herausforderung damit verbunden ist, das Ziel also nicht gleichsam nebenbei zu erreichen ist, sondern einigermaßen Anstrengung erfordert und eine Weile auch die ernsthafte Möglichkeit des Scheiterns bereithält.

Ein solches Engagement für die gute Sache oder für sich selbst ist übrigens unabhängig davon, wie gesund man ist oder ob andere körperliche Einschränkungen vorliegen. Und nebenbei schützt es vor dem kognitiven Verfall. So hat eine Untersuchung gezeigt, dass Menschen, die im Alter eine Aufgabe haben oder einen tieferen Sinn in ihrem Leben finden, länger geistig fit bleiben und weniger schnell an einer Demenz erkranken.[72]

Denn genau darin besteht die Herausforderung in einer langjährigen Partnerschaft. Glaubt man doch genau zu wissen, was der andere kann und vor allem nicht kann. Neue Initiativen traut man ihm schon gar nicht zu. Den Anfang zu wagen, sich nicht zu ernst zu nehmen, aber dennoch die ersten Versuche mit Würde zu tragen und sich trotz anfänglicher Misserfolge nicht entmutigen zu lassen, darauf kommt es an.

Also sollte der Partner diese Initiativen unterstützen, gut finden und sich nicht darüber lustig machen. Der Stolz darauf und die Freude darüber, irgendwann bei einer neuen Sportgruppe oder einer anderen Initiative mitmachen zu können und es geschafft zu haben – und zwar egal, auf welchem Niveau – und sich dazu überwunden zu haben, ist von großem Wert. Das bereichert die Beziehung. Und macht nebenbei erstaunlich attraktiv. Attraktiver jedenfalls, als es ein bloßer Waschbrettbauch je sein kann.

Aufhören, Abtreten

«Alte Narren sind größere Narren als junge.»
(François de La Rochefoucauld)

Eine oft unterschätzte, aber doch große Herausforderung für Paare, die schon lange zusammen sind, stellt sich dann, wenn einer der beiden, meist ist es der Mann, nicht aufhören kann, nicht abtreten mag. Ob es im Beruf ist oder als ehrenamtlicher Gemeinderat oder als Funktionär im Sportverband – zu viele ruinieren sich ihre Lebensleistung oder machen sich lächerlich, weil sie nicht akzeptieren wollen, dass sie Jüngeren Platz machen müssen. Gerade Männer gleichen dann einem grau pigmentierten Pfau, unfähig zur Selbstkritik, der sich im Glanz seiner längst verstaubten Erfolge sonnt.

Zwar entwickeln nicht alle Silberrücken die diktatorischen

Vorlieben eines Robert Mugabe, der es jahrzehntelang schaffte, Simbabwe mit Menschenrechtsverletzungen, Polizeiwillkür und Verschwendungssucht immer weiter in den Abgrund zu treiben. Aber zum kleinen Despoten und großen Dickkopf, zu geschäftsschädigendem Verhalten und einem erstaunlichen Ausmaß an Peinlichkeit bringen es auch die störrischen Alten in hiesigen Breiten.

Joseph Blatter wurde erst im Alter von fast achtzig Jahren als Fifa-Präsident abgelöst. Er produzierte regelmäßig Skandale und Affären und erreichte es auf diese Weise, dass der Weltfußballverband zum Synonym für Korruption und Vetternwirtschaft oder wahlweise zur verlogenen Lachnummer wurde. Trotz zahlreicher Versuche gelang es lange nicht, den Funktionär aus dem Wallis aus dem Amt zu jagen. Erst 2016 erklärte er seinen überfälligen Rücktritt. Der Ruf der Fifa wird sich von der chronischen Misshandlung durch ihre eigene Führungsriege lange nicht erholen.

Anton Schlecker, Jahrgang 1944 und gelernter Metzger, hat aus einer schwäbischen Drogerie erst ein multinationales Milliardenunternehmen und dann einen der größten Bankrott-Fälle der Geschichte gemacht. Eine Tragödie für Tausende ehemalige Mitarbeiter. Vom Insolvenzverwalter – das Verfahren begann 2012 – musste sich der Mann, der einst weit oben in der Liste der reichsten Deutschen geführt wurde, anhören, den Karren in einer «Mischung aus Naivität und Beratungsresistenz» in den Dreck gefahren und trotz vielfältiger Warnungen zu lang an einem «überholten Ladenkonzept» festgehalten zu haben. Übersetzt: Der Alte hat sich nichts sagen lassen.

Die Beispiele aus Politik und Wirtschaft sind ebenso vielfältig wie skurril. Fast möchte man Mitleid haben. Die alten Männer können oder wollen nicht abtreten. Trotz aller Warnungen bleiben sie beharrlich auf Kurs, auch wenn sie die Einzigen sind, die den noch für richtig halten. Sie fahren dann entweder ihre Firma an die Wand oder verlieren nach sechzehnjähriger Kanzlerschaft und unbestreitbaren historischen Verdiensten um die deutsche Einheit die Bundestagswahl wie Helmut Kohl 1998, der politisch irgendwann nur noch sich selbst über den Weg traute.

Im Kleinen, in der langjährigen Beziehung, zeigt sich dieses Verhaltensmuster in der Sturköpfigkeit mancher Partner, die auf ihrem Das-haben-wir-schon-immer-so-gemacht beharren und unfähig zu Veränderungen sind. Unflexibel und störrisch haben sie entweder ein Gegenüber, dass ihre fehlende Kompromissbereitschaft und den Altersstarrsinn erträgt – oder die Beziehung geht in die Brüche.

Ironie am Rande: Es sind besonders die in die Jahre gekommenen Alt-68er, die nicht loslassen und penetrant an ihren Stühlen kleben. Jene, die damals den Sturz der Autoritäten einforderten und denen alles suspekt vorkam, was über fünfzig und noch in Amt und Würden war, wollen sich auch mit siebzig oder achtzig noch selbst verwirklichen – aber weiterhin angestellt oder wenigstens alimentiert vom Establishment werden. Sie haben früh gelernt, sich die lukrativen Posten und Positionen zu erobern. Und auch als Hochbetagte halten sie sich noch für unersetzbar. Interessant könnte in diesem Zusammenhang auch ein Vorgang bei der Zeitschrift «Emma» sein, wo die Installierung einer Chefredakteurin neben der Gründerin Alice Schwarzer ebenso spektakulär wie schnell scheiterte.

Man muss sich fragen: Warum können viele «der Alten» so schlecht abtreten? Besonders die Patriarchen haben große Schwierigkeiten, ihren Nachfolgern das Feld zu überlassen. Warum fällt es so schwer, in den Ruhestand zu gehen? Ist es die Lust am Machterhalt? Das Gefühl, unersetzlich zu sein? Die Angst davor, sonst nicht genügend Erfüllung zu finden?

Aus der Sicht langgedienter Patriarchen ist die Lage klar: Es ist ein Kreuz! Die eigenen Kinder sind missraten und in der Firma nur nichtsnutzige Kretins unterwegs. Konkurrenz von außen ist nicht in Sicht, da dominieren Speichellecker, Intriganten und Karrieristen. Allenfalls Durchschnitt, aber niemand von Format. Was bleibt da übrig, als wohl oder übel weiterzumachen? Man hat ja schließlich Verantwortung.

Man kennt das als Chefarzt-Phänomen oder auch als Honecker-Syndrom. Wer jahrzehntelang nur von Günstlingen und Abhängigen umgeben ist, nimmt irgendwann keine Kritik mehr wahr, schlicht weil sich aus seinem Umfeld niemand mehr traut, Kritik zu üben. Die Familie sieht der Chef kaum oder nimmt ihre Widerworte nicht ernst, berufliche Unruhestifter sind entlassen oder degradiert. Die Folge sind peinliche Autobiographien von Chefärzten oder der Untergang sozialistischer Staaten.

Der legendäre Chirurg Ferdinand Sauerbruch operierte trotz fortschreitender Demenz noch im Alter von siebzig Jahren in einer Privatklinik oder auf dem heimischen Küchentisch, weil er den Patienten seine güldenen Hände nicht vorenthalten wollte. Wer hätte es denn sonst so gut gekonnt wie er, so seine groteske Selbstverkennung.

Eine persönliche Umfrage im akademischen Umfeld kommt zu ähnlichen Ergebnissen: Alle finden es gut, dass die Alten weitermachen! Sollen sie doch, das habe seine Vorteile. Aber Moment, die Befragten gehen alle selbst auf die sechzig zu oder haben die Pensionsgrenze überschritten. «Es gibt eine krasse Kluft zwischen gestiegener Lebenserwartung und gestiegener Fitness in höherem Alter», sagt beispielsweise der Chefarzt. «Aber die Erwartungen, wann jemand in Pension gehen oder abtreten sollte, die bleiben.» Das heißt: jene, die nicht so früh wie erwartet abtreten wollen, hätten teilweise recht. «Gesellschaftliche Standards und biologische Realität stimmen nicht mehr überein.»

Zudem gibt es immer auch ein Interesse anderer, die Alten in ihren Positionen zu belassen, vermutet der Arzt – sie sind berechenbar. «Die Idee, unersetzlich zu sein, wird vom abhängigen Umfeld bestärkt – und das private Umfeld ist auch nicht immer scharf drauf, den dann unausgefüllten Vater oder Ehemann zu Hause zu haben», sagt der Chefarzt.

Der Geisteswissenschaftler sagt, den Umstand, dass Patriarchen schlecht abtreten können, führen sie schon im Namen: Die Herrschaft der Väter ist per se nun mal eine der Alten. «Wer gibt schon gern seine Macht ab?», fragt er. «Bestimmer zu sein ist ja für die meisten weniger eine Belastung als eine Droge: Macht ist geil, und wenn es sonst mit der Potenz vielleicht nicht mehr so weit her ist, den großen Zampano im Beruf kann man immer noch geben.»

Den mediokren Nachwuchs, der ihnen in ferner Zukunft nachfolgen soll, haben sie ja selber gezeugt und ausgebildet – und wissen deshalb, dass er weniger taugt als sie selbst. Und schließlich, was sollten sie sonst mit sich anfangen, wenn sie nicht mehr der Boss sind? Macht auszuüben war ja eine lebensausfüllende und erfüllende Angelegenheit. Spannend, ob das den Matriarchinnen genauso geht. Werden Angela Merkel und Christine Lagarde einst in Würde abtreten können?

Der Psychologe findet gute Gründe, dass die Alten zeitig schauen sollten, wer ihr Nachfolger wird. Sie machen es oft trotzdem nicht – aus unterschiedlichen Motiven. «Manchmal ist es auch gar nicht sinnvoll, wenn jemand exzellent ist und ein Vorbild an Reife und Weisheit, vorzeitig seine Stelle zu verlassen.» Der Kult der Jugend und starre Nachfolgeregelungen ab einem bestimmten Alter, wie sechzig oder fünfundsechzig, sei deshalb oft übertrieben, das habe nichts damit zu tun, dass man selbst schlecht loslassen kann.

Aber was tun, wenn es keinen adäquaten Nachfolger gibt?

«Das haben die Alten oft selbst verschuldet, weil sie die fähigen Menschen nicht gefördert haben», sagt der Psychologe. «Das hängt oft mit ihrem Menschenbild zusammen. Führungskräfte, die das Potenzial anderer sehen wollen, haben fähigere Leute um sich als Führungskräfte, die nur von sich selbst überzeugt sind nach der Devise: Ich habe meinen besten Mitarbeiter mitgebracht, ich komme selbst.»

Diese Haltung ist oft verbunden mit Omnipotenzgefühlen: sie sind sowieso die Größten, Besten, und alles geht zugrunde, wenn sie nicht mehr in ihrer Position sind. Prestige, Anerkennung und die Verstärkung, auf der Bühne und im Rampenlicht zu stehen, tun ein Übriges. Viele Schauspieler brauchen dieses Gefühl auch. Hinter diesem Streben nach dauerhafter Macht, Einfluss und bleibender Wertschätzung stecken oft Verlustängste, verbunden mit drohendem Identitätsverlust. Wer bin ich ohne Job und Aufgabe dann noch? Bin ich dann überhaupt noch etwas wert? Durch dieses Verhalten blockieren diese Menschen oft Neuanfänge.

Andererseits: Oft ist es nachteilig für eine Organisation, wenn Leute, die geprägt sind von Reife, Weisheit und Autorität, aus Altersgründen eine Position verlassen. Warum soll ein Nobelpreisträger mit achtzig nicht noch forschen? Warum sollen Intellektuelle nicht weiter ihre Ideen transportieren? Warum sollen Tüftler in hohem Alter aufhören zu tüfteln? Warum sollen Künstler und Musiker Altersgrenzen unterliegen?

Der Musiker und Bandleader James Last wurde im Alter von fünfundachtzig Jahren gefragt: Warum arbeiten Sie noch? Seine Antwort: Ich arbeite nicht, ich mache Musik. Das gilt für viele: Ich gestalte weiter, ich schreibe, ich komponiere – oder ich entwickele Menschen. Es wäre manchmal tatsächlich eine Verschwendung, wenn man ab einem gewissen Alter fordern würde: du darfst jetzt nicht mehr denken und arbeiten. Die

Kunst ist es, den passenden Moment zu erkennen: Wer müsste frühzeitig in den Hintergrund treten, und wann kann man froh sein, wenn Menschen ihre Talente weiter einbringen?

Vielleicht kann man von Karl Lagerfeld lernen. Der exzentrische Modezar gab sein wahres Alter gar nicht erst an. Dokumenten zufolge, etwa einer Geburtsanzeige und dem Taufregister von Hamburg-Winterhude, wurde er am 10. September 1933 geboren. Öffentlich gab er sein Geburtsjahr jedoch mit 1938 und gelegentlich auch mit 1935 an, sodass er manchen «runden» Geburtstag im falschen Jahr beging. Seiner Popularität tat das keinen Abbruch, im Gegenteil. Lagerfeld sagte, dass er sofort aufhören würde zu arbeiten, wenn keiner mehr etwas von ihm will. Das passierte nicht. Der Modeschöpfer starb am 19. Februar 2019 und war bis zuletzt vollbeschäftigt.

Diese Frage – Aufhören oder Weitermachen – betrifft die lange Liebe ganz unmittelbar. Oft wird, weil einer der Partner zwanghaft weitermachen will, die Chance verpasst, gemeinsam etwas Neues zu versuchen: Die Beziehung kümmert weiter dahin, bis irgendwann dann doch der Arbeitgeber, der Wähler, das Publikum sagt: Genug. Und dann ist es zu spät. Dann hat man keine Aufgabe mehr – und auch keine Beziehung.

Umgekehrt gilt: Wenn es um eine sinnerfüllende Tätigkeit geht, wie bei James Last oder Karl Lagerfeld, kann das eine lange Beziehung bereichern, so wie in den Jahren zuvor.

Für Partnerschaften mit viel Erfahrung ist das eine vielleicht schwierige, aber lösbare Aufgabe, der sie sich unbedingt stellen sollten: Wann ist Schluss mit den bisherigen Tätigkeiten, wann ist der richtige Zeitpunkt für den neuen Lebensabschnitt – und wie können wir ihn gemeinsam angehen?

LANGE ZUSAMMEN UND TROTZDEM GLÜCKLICH

Strategien für die lange Liebe

Das Verwöhnprogramm für die alte Liebe starten – jetzt!

«Wer sich ein zweites Mal in seinen Partner verlieben will,
muss sich verhalten wie beim ersten Mal.»
(David Wilchfort, Paartherapeut)[73]

Gerade ist die Stimmung mal wieder besonders mies. Dabei hätte alles so schön sein können: Endlich mal wieder raus aus der Routine, ein gemeinsamer Kinoabend stand auf dem Plan, anschließend war ein gemeinsames Abendessen in aller Ruhe vorgesehen. Man würde aneinandergekuschelt den Film genießen, beim Essen Zeit füreinander haben, sich gut verstehen. Alles so wie früher, als die Liebe noch ganz neu und frisch war.

Doch dann kam irgendetwas dazwischen. Ein falsches Wort, eine abschätzige Handbewegung, eine ironische Spitze. Jedenfalls macht der Partner jetzt doch nicht mit, hat keine Lust mehr. Der Abend, der beide wieder näher zusammenbringen sollte, ist gescheitert, bevor er überhaupt begonnen hat. Derjenige, der sich alles so genau überlegt hatte, die Kinokarten besorgt und den Tisch im Restaurant bereits reserviert, fühlt sich vor den Kopf gestoßen. Schnell keimt das Gefühl auf, dass es eh keinen Zweck mehr hat, solche Unternehmungen zu planen. Frustration statt Frutti di Mare. Die gute Laune ist dahin, schließlich kam es schon öfter vor, dass der Partner ein gemeinsames Vorhaben boykottiert.

Jetzt ist es naheliegend (und kommt leider auch häufig vor), dass beide enttäuscht oder wütend reagieren und in den Angriffsmodus übergehen – mit dem Signal zur Attacke. Verständlich wäre es, denn genau jetzt wäre doch der richtige Moment dafür. Besser wäre es, um den beiderseitigen Aggressionen den Wind aus den Segeln zu nehmen, zu einem überraschenden Verwöhnangriff überzugehen. Egal, was vorher gerade Unschönes an diesem Tag passiert sein mag: Der Partner wird nicht mit üblen Beschimpfungen überschüttet, sondern mit erlesenen Freundlichkeiten. Und gegen die kann er sich nicht wehren.

Der Erfolg ist verblüffend. Zunächst jedoch eine kleine Anleitung, wie das geht. Die Idee stammt von Münchner Psychologen und Paartherapeuten, die unter dem Namen «PaarBalance» ein Online-Coaching für Paare anbieten.[74] Vorweg: drei Tage sollte man das Experiment mindestens durchhalten; gegen eine längere Dauer ist natürlich nichts einzuwenden. Das Prinzip besteht darin, den Partner drei Tage hintereinander zu verwöhnen und ihm ausschließlich Gutes zu tun. Es geht darum, das zu reaktivieren, was man in der Phase der ersten Verliebtheit gleichsam automatisch gemacht hat; sich kümmern, den anderen und seine Bedürfnisse wahrnehmen und die eigenen solange hintenanstellen.

Wichtig sind volle Aufmerksamkeit und geballte Wertschätzung – und nicht etwa materiell aufwendige Geschenke, obwohl kleine Mitbringsel natürlich «erlaubt» sind. Apropos, wie am Anfang: Inzwischen sollte es sogar noch besser möglich sein, dem anderen kleine und große Freuden zu bereiten und Wünsche zu erfüllen, von denen er vielleicht gar nicht wusste, dass er sie hatte. Schließlich kennen sich beide jetzt ja schon eine Weile und wissen besser als zu Beginn ihrer Beziehung, was der Partner mag.

Kein Mensch reagiert, wie es im Lehrbuch beschrieben wird, aber Paartherapeuten und Wissenschaftler haben die Erfahrung gemacht, dass der verwöhnte Partner an Tag eins vor allem überrascht sein wird. Auch wenn das Verwöhnpaket angenommen wird und ihm die vielen Aufmerksamkeiten gefallen, ist die Verwunderung zunächst groß.

Geht es an Tag zwei genauso so freundlich weiter, wächst die Skepsis gegenüber den ungewohnten Liebenswürdigkeiten vielleicht sogar noch. «Was hat der Partner vor?», «Hat er mir etwas zu beichten oder andere Pläne, auf die ich auf diese Weise vorbereitet werden soll?» Je nach Persönlichkeit kann der Partner leicht irritiert sein oder sogar ziemlich misstrauisch werden.

An Tag drei verschwindet der Argwohn zumeist endlich, und der Partner kann sich darauf einlassen, dass er zuvorkommend und liebevoll behandelt wird. Jetzt tritt Entspannung ein, und beide genießen die gemeinsame Zeit.

Wer jetzt befürchtet, dass sich der Verwöhnte sofort an diesen luxuriösen Zustand gewöhnen wird und zum kleinen Pascha oder zur Prinzessin mutiert, die es für selbstverständlich halten, dass ihnen in Zukunft jeder Wunsch von den Lippen abgelesen wird, der irrt. Vielmehr entsteht bei dem verwöhnten Partner ziemlich schnell das Bedürfnis, all die Liebenswürdigkeiten zurückzugeben, die er in den letzten Tagen erfahren hat. Vermutlich werden dazu andere Formen der Aufmerksamkeit gewählt, vielleicht dauert es auch noch ein paar Tage, bis es zur liebevollen «Revanche» kommt, doch der Mechanismus, dass sich beide gegenseitig positiv aufschaukeln, ist in Gang gesetzt. Wer hätte das gedacht – nachdem drei Tage zuvor die Stimmung noch auf dem Nullpunkt war.

Kompliziert ist ein solches Verwöhnprogramm also nicht – aber es ist keinesfalls leicht, den Mut dafür aufzubringen und sich gerade dann überbordende Großzügigkeit zuzutrauen, wenn die Atmosphäre in der Beziehung mies ist. Falsch kann man dabei allerdings nichts machen, wenn zwei Regeln beachtet werden: Die klassischen Konfliktthemen sollten während der drei Tage komplett ausgespart bleiben. Und Kritik und Beschwerden haben in dieser Zeit auch keinen Platz. Nur freundliche Worte und Gesten sind zugelassen.

Liebe zulassen und erkennen, was sich verändern lässt

«Frauen, die rechtzeitig erkennen, dass man einen Mann nicht erziehen kann, ersparen sich den halben Kummer ihres Ehelebens.»
(Michèle Morgan)

Damit es gar nicht erst dazu kommen kann, dass sich ein negatives Bild vom Partner und der Partnerschaft festsetzt oder Narben in der Seele bleiben, sind etliche Gegenstrategien möglich. Was akut dagegen hilft, um sich psychisch nicht niederziehen zu lassen, sondern sich mittelfristig vor den Folgen dieses negativen Denkens zu schützen, soll hier aufgezeigt werden.[75]

«Auch in guten Zeiten sollte die Möglichkeit in Erwägung gezogen werden, dass sich etwas zum Negativen verändert und man in die Krise gerät», sagt Marcus Schiltenwolf vom

Universitätsklinikum Heidelberg. «Im Falle der Krise gilt es dann zu prüfen, was früher geholfen hat. Wenn man selbst nicht weiterkommt, ist es keineswegs peinlich, sich Hilfe durch andere zu gönnen.» Dazu müsse man allerdings auch bereit sein, den Blickwinkel auf sich und andere zu ändern. «Schließlich gilt: das Leben ändert sich ständig, wir müssen also darauf gefasst sein», sagt Schiltenwolf. «Das ist insbesondere beim Älterwerden wichtig, denn meistens verändert sich der Körper schneller als der Geist.»

Eingeübte Standardreaktionen, die sich bewährt haben und früher gut geholfen haben, mögen zwar auch später noch eine Hilfe sein. Aber auch sie gilt es zu prüfen und zu hinterfragen, ob sie aktuell noch etwas taugen.

Ansonsten ist für Partnerschaften in der Sackgasse die ebenso schlichte wie bewährte Regel hilfreich: «Love it, change it, challenge it, or leave it». Also die Situation lieben, verändern, herausfordern oder verlassen. «Sich zu wehren ist in der Regel besser, als still und stumm alles auszuhalten», sagt Harald Gündel, Chef der Psychosomatik am Universitätsklinikum Ulm. «Das macht auf Dauer körperlich oder seelisch krank – vermutlich auch über unterdrückte und nicht selten unbewusste Aggressionen, die auch biologisch negative Wirkungen haben.»

Wer den Ärger über den Partner oder den Zustand der Beziehung still und stumm in sich hineinfrisst, kommt meistens innerlich nicht zur Ruhe, sondern es arbeitet und gärt weiter in ihm. Dann wäre es besser, Beratung bei einem Profi zu suchen und gemeinsam herauszufinden, was der beste Lösungsweg sein könnte.

Eine Ausnahme gilt es allerdings zu beachten: Manche Menschen, die sich schnell als Opfer ihrer Ehepartner (oder ihres Chefs) fühlen, haben offenbar etwas an sich, was andere Menschen provoziert, ohne es selbst zu merken oder gar zu wollen. Diese «projektive Identifizierung» beschreibt ein unbewusstes Verhalten, das andere dazu bringt, sie – etwa in einer neuen Partnerschaft – wieder so zu behandeln, wie sie es auf jeden Fall vermeiden wollten. Es lastet ein fast unheimlicher Wiederholungszwang auf ihren Erlebnissen mit anderen Menschen.

Hier können Gruppentherapien oder andere Formen der Psychotherapie helfen, auch mit Hilfe von Kunst, Musik oder Körpertherapien. In der Gruppe kommt es oft zu dem Phänomen, dass andere Patienten solche unbewussten Verhaltensweisen und versteckten Botschaften schnell erkennen, also auch sehen, dass diese Menschen zügig in die verhasste Opferrolle geraten. Wird der Mechanismus thematisiert, verstehen Betroffene nach und nach oftmals besser, was sie ändern könnten. Konflikte entstehen fast immer «im Zwischen», also in der Interaktion mit anderen, egal ob es sich dabei um Partner oder Arbeitskollegen handelt. Nur selten ist einer allein daran schuld.

«Man muss zwischen Umständen unterscheiden, die man ändern, und jenen, die man nicht verändern kann», sagt der Sozialpsychologe Dieter Frey von der Ludwig-Maximilians-Universität München. «Kann ich im Moment wirklich etwas anders machen und bin derjenige, der die Entscheidung in der Hand hat?» Schließlich ist man oft sein eigener Gefangener in der Partnerschaft, in der Familie, in der Firma und hält die Situation für ausweglos, weil es angeblich keine Alternative gibt.

Dann gilt als Erstes, die Devise zu versuchen: «Love it» – und das heißt: Arrangiere dich mit der gerade stockenden Entwicklung in der Beziehung und versuche die positiven Seiten zu sehen, auch wenn einem der Partner gerade schwierig erscheint. Man muss von der Phase der Resignation zwar nicht gleich in die der Euphorie überwechseln, aber die Sonnenseiten (wieder) zu entdecken kann extrem hilfreich sein. Hierzu gehört es auch, sich manchmal ein dickeres Fell zuzulegen und nicht alles persönlich zu nehmen.

Change it: Das ist ein löblicher Vorsatz, wenn sich etwas nicht gut anfühlt und zur permanenten Belastung wird. Normalerweise besteht das erste Ziel darin, sein eigenes Verhalten zu verändern. «Hier hilft es, sich Verbündete zu suchen, die dabei helfen, sich nicht mehr alles gefallen zu lassen», sagt Frey. Dabei geht es gerade nicht um Aufstand, Rebellion oder gar Trennung. Oftmals ist es der erste Schritt zur Veränderung, dem Partner zu sagen: «Ich möchte nicht mehr, dass wir uns in jedem Gespräch so verhaken», oder: «Diese Auseinandersetzung sollten wir abbrechen und in einem ruhigeren Moment weiterreden.»

Wer es bisher nicht gewohnt war, anders gegenüber dem Partner aufzutreten und eigene Vorstellungen stärker umzusetzen, sollte gute Freunde zu Rate ziehen, die in einer solchen Phase der Veränderung die ersten Schritte unterstützen und einen bestärken. Streiten sich Paare oder kommt es immer wieder zu kränkendem Verhalten, halten das viele Menschen für reine Privatsache. «Leider schauen Menschen oftmals weg. Die Aufgabe besteht jedoch manchmal darin, einzugreifen, sich zu solidarisieren und zu schützen», sagt Dieter Frey.

Leave it: Das ist der Traum vieler frustrierter Ehepartner und mindestens so vieler unzufriedener Arbeitnehmer. Mit einem Knall und einem coolen Spruch zum Abschied den Partner verlassen oder das Arbeitsverhältnis beenden. Einfach alles hinter sich lassen. Dem Chef endlich mal zeigen, dass man es nicht mehr mit sich machen lässt, auf diese Weise behandelt zu werden. Die Motive dahinter sind, sich zu schützen und sich ein schädliches Umfeld nicht mehr länger anzutun. Leider ist diese Möglichkeit nicht jedem Menschen gegeben.

Natürlich ist es leichter gesagt als getan: Gerade Frauen

bleiben oftmals bei ihrem Mann, obwohl er sie immer wieder schlägt oder anderweitig erniedrigt. Für sie fühlt sich die Alternative, allein zu sein, noch bedrohlicher an, oder sie fürchten schlicht seine Reaktion. Trotzdem ist es entscheidend, Ungerechtigkeit oder Gemeinheiten nicht mehr zu akzeptieren und sich davor zu schützen. Das kann in einem ersten Schritt bedeuten, dem Konflikt aus dem Weg zu gehen, ohne sich ganz aus der Beziehung zurückzuziehen. Damit lässt sich eine zugespitzte Situation aktuell entschärfen. Reicht das nicht und eskaliert die Konfrontation immer wieder, bleibt nur der letzte Schritt, sich aus der Beziehung zu lösen.

Challenge it: Das ist eine Übung, die Weitblick und zwischendurch immer wieder Distanz erfordert. Sie ist das Mittel der Wahl, wenn sich eine Situation momentan nicht verändern lässt. Dann gilt es, die verzwickte Lage als Herausforderung zu betrachten und trotzdem aktiv zu werden. Beispielsweise gegen einen zänkischen Partner Freunde einbinden oder im Streit einen Paartherapeuten aufsuchen. Es ist wichtig, Verbündete zu suchen, um den schwierigen Zustand zumindest erträglicher zu gestalten.

Eine mögliche Strategie besteht auch im mentalen Selbstschutz. Es kann hilfreich sein zu erkennen, dass das Gegenüber keine objektive Instanz ist, sondern ein in seiner Wut und seinen Begrenzungen gefangener Partner. Zudem ist es wichtig, mögliche Kränkungen oder Beleidigungen auf keinen Fall persönlich zu nehmen und auf die eigene Person zu beziehen. Dies gelingt beispielsweise, indem man sich sagt, dass die Kränkungen oder Gemeinheiten, die vom Partner kommen, mindestens so viel über denjenigen aussagen, der sie ausübt, wie über einen selbst, der sie abbekommt.

Zudem hilft es manchmal, den Umgang mit einem kränkenden Partner akut zu vermeiden oder wenigstens zu minimieren: Das ist nicht immer einfach und nicht immer möglich. Gelassenheit ist schwer zu bewahren, aber ebenfalls wichtig, denn damit lassen sich Zusammenstöße leichter vermeiden, was die Konfrontation nur weiter eskalieren lassen würde. Insofern hilft es zunächst, in heiklen Momenten ruhig zu bleiben, oft beruhigt sich der Angreifer schnell wieder. Den Löwen brüllen lassen, aber sich nicht in eine Opferhaltung begeben.

Nicht in der Opferrolle einrichten: Ein Mensch, der andere kränkt und verletzt, kann auch als jemand verstanden werden, der sich nicht zu behaupten weiß. Auf keinen Fall sollte man als Empfänger solcher Tiraden die Opferhaltung einnehmen und sich zusätzlich selbst geißeln und schlechtmachen. Es zeigt mehr Größe, auch in einer angespannten Situation Signale der Friedfertigkeit zu geben und nicht weiter zu provozieren. Gespräche helfen in einer angespannten Situation nur dann, wenn die Beteiligten halbwegs ausgeglichen und ruhig sind und nicht erhitzt um sich schlagen.

Aktiv zu bleiben und die Kränkungsversuche des Partners nicht zu verharmlosen ist dennoch wichtig. Auch wenn es momentan besser sein kann, auf weitere Konfrontationen zu verzichten, sollte man sie nicht hinnehmen. In einer ruhigen Stunde kann man dann besser mit dem attackierenden Partner reden und ihm klarmachen, dass sein verletzendes Verhalten auf keinen Fall akzeptiert werden kann.

«Kleingeist macht klein – nur Großherz lässt groß werden», sagt Sozialpsychologe Frey zu der Haltung, die in Konflikten wünschenswert wäre. «Grundsätzlich sind das Menschenbild und die Einstellung gegenüber unseren Mitmenschen entscheidend.» Wenn zerstörerische Elemente in einer Partnerschaft keinen Platz haben, ist es auch wieder möglich, sich anzunähern.

Sich nicht alles gefallen lassen

«Wer kämpft, kann verlieren.
Wer nicht kämpft, hat schon verloren.»
(Sponti-Spruch)

Manche Menschen können fürsorglich zu ihren Kollegen im Beruf sein, aber ein Terrorregime in privaten Beziehungen ausüben – oder auch umgekehrt. Meistens fehlt es an Respekt und Anerkennung für den Partner. Das kann sich auch nach Jahren der Beziehung entwickeln. Kommt es immer wieder zu Kränkungen, muss das Opfer klare Zeichen setzen, dass es sich eine solche Behandlung nicht gefallen lässt. Das bedeutet beispielsweise, unmissverständlich anzukündigen, dass man aus der gemeinsamen Wohnung ausziehen werde und auch zur Trennung bereit sei, sollte ein solcher Vorfall noch mal passieren. Wenn es zu schmerzhaft ist, wird die Reißleine gezogen, schließlich kann es nicht sein, dass Menschen durch ihr unkontrolliertes Verhalten das Leben anderer zur Hölle machen.

Manchmal geht es um die Frage, was man gegen Partner tun kann, die ausrasten, schreien, beleidigen und oder sogar körperliche Gewalt anwenden. Hinter solchen Ausbrüchen steckt meistens ein Gefühl der Ohnmacht; dann verlieren die Betroffenen ihre Selbstbeherrschung. Als Spontanreaktion kann es daher helfen, dem Partner kurz zu signalisieren, dass man ihn verstehen kann. Ansonsten ist es empfehlenswert, den anderen auf das unangebrachte Verhalten anzusprechen und ihm die Grenzen aufzuzeigen – wenn sich die Situation abgekühlt hat. In der aufgewühlten Stimmung lediglich zu sagen, «beruhige dich», bringt wenig, wird oft gar als weitere Provokation verstanden.

Hilfreich ist es zudem, als «Opfer» Selbstbewusstsein zu zeigen und sich eben nicht als Opfer zu sehen, auch wenn man sich zunächst zurückzieht. In einer ruhigen Minute um ein vertrauliches Gespräch zu bitten ist besser, als in der überhitzten Auseinandersetzung Contra zu geben. Konsequenzen lassen sich auch später noch ziehen, das muss nicht im Eifer des Gefechts geschehen.

Leider müssen Choleriker in ihrer Beziehung erst erheblichen Leidensdruck spüren, um zu erkennen, dass ihnen Hilfe guttun würde. Sie müssen also ihre Wut kontrollieren wollen, um mit anderen Menschen wieder einen konstruktiven Umgang pflegen zu können. Es geht dabei um verhaltenstherapeutische Ansätze, um Strategien der Achtsamkeit und Akzeptanz. Dabei bietet eine Therapie einen geschützten Raum, es geht nicht um Schuld oder Vorwürfe, sondern um Hilfe.

Macht man dem Partner seine jähzornigen Gefühle bewusst, bedeutet das auch, ihn zwar als Menschen zu akzeptieren, aber dennoch sein verletzendes Verhalten abzulehnen. Wer aufbrausend ist, muss Selbstbeherrschung lernen – das Gegenüber hingegen Gelassenheit und Ruhe. Im Normalfall geht man miteinander offen, ehrlich, höflich, rücksichtsvoll und gleichberechtigt um. Emotionale Gewalttäter streuen allerdings häufig Kränkungen ein, regen sich schnell auf und gehen zu persönlichen Attacken über. Wer mit solchen Menschen zusammen ist, ärgert sich häufig, verzweifelt manchmal und kann leicht beschädigt und verletzt werden.

In diesen Momenten ist es wichtig, zunächst stillzuhalten, auch wenn dies nicht leichtfällt. Denn nach ein paar Minuten hört der Angreifer meist von allein wieder auf. In dem Augenblick, in dem er jedoch auf Widerspruch und Gegenwehr stößt, kommt es schnell zur Eskalation. Da sich emotionale Gewalttäter zumeist im Recht sehen, ist es wichtig, sich aus der Situation zurückzuziehen, das heißt, man sollte sich nicht provozieren lassen. Man kann sich in diesen Augenblicken sagen, gleich ist es vorbei, ich kann im Moment nichts ändern, ich bin nicht schuld. Durch diese Art der Reaktion wird man vom Unterlegenen zum Überlegenen.

Sich auf diese Weise zurückzuhalten bedeutet nicht, feige zu sein. Es gehört vielmehr Größe dazu, auf Aggressionen *nicht* zu reagieren und *nicht* zurückzubrüllen. Wenn wütende Partner sich erst einmal ausgetobt haben, kann ein freundliches Gespräch für diese sogar peinlich sein. Dieses Verhalten hat nichts damit zu tun, sich untertänig oder devot zu geben. Vielmehr gilt es, klar zu zeigen, dass man ein solches Benehmen nicht akzeptieren kann. Auf Unverschämtheiten muss man nicht eingehen, aber der Konflikt sollte angesprochen werden.

Achtsam gegenüber den eigenen Gefühlen

«Gewöhnlich leben wir mit einem auf das Minimum reduzierten Teil unseres Wesens, die meisten unserer Fähigkeiten wachen gar nicht auf, weil sie sich in dem Bewusstsein zur Ruhe begeben, dass die Gewohnheit schon weiß, was sie zu tun hat, und ihrer nicht bedarf.»
(Marcel Proust)

Wer von seinem Partner verletzt und gekränkt wurde, tut gut daran, zunächst das eigene Leid zu sortieren und richtig wahrzunehmen. Das sagt sich leicht – doch viele Menschen haben nicht gelernt zu erkennen, warum es ihnen gerade nicht gutgeht und was ihnen helfen könnte. Sie verstehen dann beispielsweise nicht, dass ihr Unbehagen und ihre Verletzungen durch andere bedingt und nicht sie selbst daran schuld sind. Ihren womöglich geringen Anteil und ihr momentanes Befinden verlieren sie schnell aus den Augen.

Achtsamkeit kann manchmal schon darin bestehen, einen Moment innezuhalten und die eigenen verschütteten Emotionen und Bedürfnisse freizulegen. Wer das hinbekommt und Selbstmitgefühl entwickelt, blendet schmerzhafte Einsichten und Gefühle zwar nicht aus, schützt sich aber davor, sich mit den Attacken von außen und der Kritik des Partners zu identifizieren. Stattdessen wehrt man sich dagegen. Dies verhindert, dass man sich nur noch in den eigenen Problemen suhlt.[76]

Lässt man sich von seinen negativen Emotionen leiten, benutzt nur diesen destruktiven Kompass und macht sich zudem jeden Vorwurf zu eigen, wird das eigene Leid hingegen weiter verstärkt und nebenbei die eigene Person entwertet.[77] Als ob dies der emotional peinigende Partner nicht schon übernehmen würde! Zudem kreist man dann nur noch um sich selbst und ist kaum offen für andere, positive Sichtweisen. Die eigenen Fehler werden übertrieben, man nimmt sich als Mängelwesen wahr, das nicht nur Fehler macht, sondern selbst der Fehler ist. Eigenes Leid und gelegentliche Misserfolge werden ebenso wie der derzeitige Scherbenhaufen der Beziehung ausschließlich mit negativen Gedanken und Gefühlen in Verbindung gebracht.

Selbstmitgefühl richtet sich hingegen auf das Erlebte und Erfahrene und bietet zunächst eine Neubewertung der Situation, die eine wichtige Unterstützung sein kann. Nicht Selbstkritik, sondern Ermutigung steht im Vordergrund. Wie gesund das nebenbei ist, haben etliche Untersuchungen gezeigt: So leiden Menschen mit größerem Selbst-Mitgefühl seltener (und wenn, dann weniger intensiv) unter Angst und Depressionen.[78] Umgekehrt tragen ständige Selbstzweifel und Selbstkritik dazu bei, dass Menschen ängstlicher und eher depressiv werden.

Wer besonders streng mit sich ins Gericht geht, oft Selbstkritik übt und mit seinen Leistungen selten zufrieden ist, reagiert auf Entwertungen von außen verstärkt mit Angst, Selbstvorwürfen und verfällt in Grübeleien. Für das Kriseln in der Beziehung macht man dann alleine sich verantwortlich. Menschen mit Talent zum Selbstmitgefühl hingegen zerfleischen sich nicht, sondern nehmen sich in freundlicher Güte an – mit allen ihren Fehlern.

Selbst-Mitgefühl steigert nicht nur die Resilienz, wie der Schutz vor psychischen Beschädigungen und die seelische Widerstandskraft genannt wird. Es tut auch dem Körper gut. Werden Freiwillige darin geschult, besonders mitfühlend mit sich umzugehen, vermindert sich dadurch sogleich der Spiegel des Stresshormons Cortisol, und ihre Herzfrequenzvariabilität steigt.[79]

Letzteres bedeutet, dass der Pulsschlag abhängig von seelischen wie körperlichen Belastungen mal akut schneller und dann wieder langsamer wird und in einem breiten Bereich variiert, bevor er wieder in die ursprüngliche Ruhephase zurückkehrt. Diese Anpassungsfähigkeit des Herzens gilt als ein gutes Zeichen für die Herzgesundheit und zeigt an, dass die körperliche Reaktion auf die eigenen Gefühle noch intakt ist. Eine eingeschränkte Herzfrequenzvariabilität ist hingegen prognostisch ungünstig und spricht dafür, dass die Herzfunktion unter den ständigen Streitereien und dem Dauerärger gelitten haben könnte.[80]

Wird weniger von dem Stresshormon Cortisol ausgeschüttet, kommt das dem gesamten Körper zugute, denn dann läuft auch die Stressreaktion nach Beleidigungen und Beschimpfungen milder ab. Puls, Blutdruck und Atmung gehen zwar bei emotionalen Belastungen bei jedem Menschen in die Höhe. Die Stressreaktion flaut jedoch rasch wieder ab, sodass Blutgefäße, Nervenzellen und innere Organe nur kurz unter den schädigenden Einflüssen leiden. Auch chronische Entzündungsreaktionen, die sich in jüngster Zeit als besonders schädlich erwiesen haben und Ursache für zahlreiche Leiden sein können, entwickeln sich nicht so leicht.

Der Unterschied, den es ausmachen kann, wenn einer oder beide Partner begabt für Selbst-Mitgefühl sind, ist erstaunlich. Üben Freiwillige, mitfühlender mit sich umzugehen und gütig auf Fehler und Schwächen zu reagieren, bewirkte das in Körper und Seele wahre Wunderdinge: Depressive Gefühle und Angstattacken wurden seltener, das Vermeidungsverhalten ließ nach, und die Stressreaktion fiel allenfalls milde aus.[81]

Selbstmitgefühl beruht auf der nicht ganz leicht zu erlangenden Einsicht, dass es in Ordnung ist, so wie man ist – passt scho, wie die Bayern sagen, mit allen Fehlern und Unzulänglichkeiten. Um sich wertzuschätzen, muss man nicht besonders erfolgreich sein und erst recht nicht andere übertrumpfen. Aber man sollte es weder akzeptieren noch sich gefallen lassen, von anderen immer wieder entwertet zu werden.

Die «apokalyptischen Reiter» verjagen

«Es gibt nichts Schöneres, als geliebt zu werden, geliebt um seiner selbst willen oder vielmehr trotz seiner selbst.»
(Victor Hugo)

Das Miteinander kann am Anfang noch so bezaubernd, innig und berauschend sein. Doch leider ist die Phase jeder tosenden Verliebtheit irgendwann zu Ende. Für Paare, deren Beziehung in die Jahre kommt, heißt das: Jetzt droht der Alltag, fortan geht es darum, die Mühen der Ebene zu bewältigen, ohne daran zu scheitern. Wenn beide nicht aufpassen, stellt sich etwas ein, was so gar nicht zu unserer Vorstellung von der Liebe zu passen scheint: Routine.

Aber: Routine ist prima, wenn es um liebgewonnene Rituale geht. So wie es allabendliche Gute-Nacht-Geschichten für Kinder gibt, können auch Paare Gewohnheiten einüben, die auch nach vielen Jahren noch signalisieren: Du bist mir wichtig, ich denke an dich, das mache ich gerne für dich. Ob er ihr jeden Morgen den Kaffee ans Bett bringt, sie ihm seine Hemden bügelt, er ihr die Fußsohlen massiert oder das Kirschkernkissen zur Nacht für sie aufwärmt – was dem anderen gefällt, ist willkommen und heißt übersetzt: Ich mag dich. Weitere Anregungen lassen sich seit Jahren in «Liebe ist ...»-Cartoons finden. Entscheidend daran ist aber, damit etwas für den anderen zu tun, nicht selber einen Preis für Originalität gewinnen zu wollen.

Jenseits von diesen liebenswerten Geschenken füreinander gilt jedoch: Routine erschwert den Alltag, kann gar zum Sargnagel einer Beziehung werden. Dabei ist Routine kein exklusives Merkmal besonders misslungener Partnerschaften. Sie stellt sich vielmehr in jeder Beziehung irgendwann ein, das ist kaum zu vermeiden. Ein fest getakteter Tagesablauf mit Öffnungszeiten des Kindergartens und dem Schulbesuch der Kinder, festen Bürozeiten, Mahlzeiten und anderen Verpflichtungen bringt zwangsläufig eine gewisse Regelmäßigkeit mit sich, erfordert eingespielte Rhythmen und Berechenbarkeit.

In ihrer Freizeit sind die meisten Menschen ebenfalls Wiederholungstäter, pflegen ihr Hobby, gehen zu festen Terminen ihrem Sport nach, haben fixe Treffen mit Freunden oder müssen bestimmte Sendungen oder Serien unbedingt zu bestimmten Zeiten sehen.

Für die Liebe ist Routine dennoch eine harte Probe, denn aus der schwerelosen, grenzenlosen Zeit des Anfangs wird nach und nach ein Leben nach Stundenplan und Terminkalender. Es muss zwar nicht ganz so schlimm werden, wie es Kurt Tucholsky in seinem Gedicht «Danach» beschreibt:

«Denn kocht sie Milch / Die Milch looft üba / Denn macht er Krach. / Denn weent sie drüba. / Denn wolln sich beede jänzlich trenn ... / Na, un denn –? Denn is det Kind nich uffn Damm. / Denn bleihm die beeden doch zesamm. / Denn quäln se sich noch manche Jahre.» Trotzdem denken sich viele Paare: So habe ich mir das eigentlich nicht vorgestellt!

Schließlich müssen im Trott der Wiederholungen auch noch die Fehler und Schwächen des anderen jeden Tag gesehen, ertragen, besser noch: akzeptiert oder gar wertgeschätzt werden. Es gibt leichtere Übungen in einer Partnerschaft. Aber wer die lange Liebe erhalten will, muss drohende Erstarrung und Ödnis in der Routine bekämpfen.

Der amerikanische Beziehungswissenschaftler und Psychologe John Mordechai Gottman hat fünf typische Kommunikationsmuster beschrieben, die Paaren das Leben schwermachen. Der 1942 geborene Psychologe, der an der University of Washington gelehrt hat, bezeichnet sie als die «apokalyptischen Reiter». Anders als die apokalyptischen Reiter in der Offenbarung des Johannes sind sie aber keine Boten des Weltuntergangs. Allerdings zeigen sie an, dass die Beziehung schon ziemlich auf der Kippe steht. Zwar muss nicht sofort das Ehe-Aus drohen, doch als wichtige Warnsignale sollten sie ernst genommen werden. Wenn sich beide Partner nicht bemühen und ihr Verhalten ändern, stehen sie womöglich schon bald vor den Trümmern ihrer Beziehung.

Gottman hat hauptsächlich darüber geforscht, wie Ehen stabil bleiben und welche Muster und Kommunikationsformen eine Beziehung gefährden. Mit seiner Methode, das behauptet er zumindest selbst, lasse sich mit einer Wahrscheinlichkeit von etwa neunzig Prozent vorhersagen, welche neu verheirateten Paare zusammenbleiben – und welche in der vergleichsweise kurzen Zeit von vier bis sechs Jahren schon wieder getrennt sein werden. Mit dieser Art «Beziehungs-Check» lasse sich sogar eine Prognose darüber abgeben, ob eine Ehe die ersten sieben bis neun Jahre hält. Dann würde die Genauigkeit seiner Prognose aber nur noch zu einundachtzig Prozent zutreffen ... Ob diese Angaben und diese Form der Selbstanpreisung so genau stimmen, mag bezweifelt werden, hilfreich sind Gottmans Hinweise aber allemal. Man muss sie nur umdrehen, dann wird deutlich, was Paare richtig machen, die ihre Liebe frisch halten.

Den *ersten apokalyptischen Reiter* bezeichnet Gottman als «Kritik». Er meint damit allerdings nicht, dass Partner einander nicht sagen sollten, wenn sie etwas stört oder sie mit dem Verhalten des Anderen nicht einverstanden sind. Vielmehr geht es darum, dass Kritik zersetzend wirkt, wenn dabei hauptsächlich etwas Destruktives, Verletzendes mitschwingt und sich der andere in seiner Persönlichkeit herabgesetzt fühlt.

Das passende Vokabular, um den anderen zu kränken und auf die lähmende Routine hinzuweisen, ist kurz und schnell dahingesagt: Es sind Sätze, die mit den tödlichen Verallgemeinerungen «immer», «nie» oder «jedes Mal» beginnen und den Partner damit in eine grausame Tradition stellen: Er nervt mit seinen lästigen Gewohnheiten, Haltungen oder Macken schon lange – und Besserung ist akut sowieso nicht in Sicht und eigentlich auch später nicht zu erwarten. Den anderen verletzen und gleichzeitig seine eigene Frustration hervorheben, das lässt sich kaum kürzer ausdrücken. Noch dazu umfassen solche Generalisierungen meistens alle Zeiten und beziehen sich auf Vergangenheit, Gegenwart und Zukunft. Und wer könnte das bissiger, verletzender ausdrücken als der langjährige Partner?

Der Satz «Immer musst du auf einer Party andere Frauen anmachen – du bist wirklich ein Lüstling, nie kann ich mich auf dich verlassen» ist beispielsweise keine sachliche Kritik, sondern ein frontaler Angriff. (Das gilt auch für die inhaltlich etwas harmlosere Variante: «Nie räumst du deine dreckige Wäsche weg – immer muss ich dir alles nachräumen, aber dich stört dieser Saustall ja gar nicht.»)

Wer auf diese Weise angegriffen wird, kann kaum den Impuls unterdrücken, sich zu verteidigen und dem Partner etwas zu entgegnen, um nicht noch weiter verletzt zu werden. So natürlich diese Gegenreaktion auch ist, bedeutet «Verteidigung» für Gottman den *zweiten apokalyptischen Reiter,* der eine Beziehung nicht weiterbringt, sondern destabilisiert. Denn was folgt, sind keine konstruktiven, klärenden Gespräche, sondern weitere Verletzungen – sowie das Gefühl, in seiner Kritik und seinen Sorgen nicht ernst genommen zu werden.

Zwar gibt es für fast jedes menschliche Verhalten naheliegende Erklärungen. Und in einer Partnerschaft möchte man diese gerne loswerden, damit der Partner die Motive und Hintergründe für das eigene Handeln versteht. In einer aktuellen Auseinandersetzung ist das Gottman zufolge dennoch weder hilfreich noch angemessen, sondern sogar gefährlich für die Beziehung. Denn indem der Angegriffene versucht, seine Sicht der Dinge und die umstrittene Situation zu erklären, fühlt sich der andere nicht gehört und nicht verstanden, sondern in seiner Kritik übergangen. Auf seine Bedürfnisse wurde dann nicht eingegangen – und er reagiert verstimmt.

Rechtfertigungssätze wie «Ich kenne nun mal viele Leute und rede gerne mit ihnen, egal ob es sich um Männer oder Frauen handelt. Das ist keine Anmache, sondern hat gar nichts zu bedeuten» sind dann ebenso zwecklos wie die Erklärung, dass die Wohnung ja groß genug sei und zudem im Job gerade dermaßen viel los sei, dass die Wäsche schon mal liegenbleiben könne. Das mag zwar aus Sicht des Kritisierten stimmen, führt aber nicht dazu, dass der andere besänftigt wird. Im Gegenteil, wer diese Gegenreaktion auf seine Kritik hört, muss denken, dass seine Wünsche und Bedürfnisse weniger wichtig sind, seine Sorgen um die Loyalität des Partners bagatellisiert werden und der andere sein Anliegen ignoriert.

Gottman zufolge wäre es daher besser, herauszufinden, worüber genau der Partner verärgert ist, was ihn am Gespräch mit anderen Frauen oder der herumliegenden Wäsche stört oder gar ängstigt. Auf diese Weise bekäme er signalisiert, dass der Kritisierte zu verstehen versucht, warum sich sein Gegenüber so verhält und ihn attackiert. Eine Antwort, die je nach Charakter mehr oder weniger therapeutisch klingen muss, würde etwa so lauten: «Dass du mich für einen Lüstling hältst und obendrein für unzuverlässig, verletzt mich. Aber klar, du hast recht, ich unterhalte mich manchmal gerne mit anderen Frauen. Was stört dich daran denn?» Auch der Klassikerkonflikt um herumfliegende Socken, die «falsch» ausgedrückte Zahnpasta oder die Unordnung im Wohnzimmer lässt sich erträglicher gestalten, wenn Verständnis signalisiert wird und man trotzdem deutlich macht, dass man sich keineswegs in einem Saustall wohlfühlt.

Wenn sich die Wogen irgendwann geglättet haben und die Partner wieder entspannt sind, können sich beide Seiten einander verständlich machen. Dann klärt sich leichter, warum sie sich manchmal so verhalten, wie der andere es kritisiert. Im nächsten Schritt geht es dann darum, Lösungen zu finden, wie solche Situationen in Zukunft besser gehandhabt werden und der Alltag verträglicher gelingt. Das ist in der Theorie leichter als in der Praxis, aber der einzige Weg, um zu verhindern, dass bestimmte Konflikte genauso lang dauern wie die Beziehung selber.

Wenn es Paare nicht schaffen, Konflikte auf diese oder ähnliche Weise zu bereinigen und damit für beide erträglicher zu gestalten, droht irgendwann jedoch der *dritte apokalyptische Reiter*. Gottman hält ihn für die gefährlichste seiner fünf

Bedrohungen: die «Verachtung», für die der amerikanische Psychologe die mächtige Metapher von der «Schwefelsäure der Liebe» gefunden hat.

Wer erst mal in dieses Beziehungsstadium hineingeraten ist, zeigt sich nicht mehr an Verständnis, versöhnlichen Lösungen oder Ausgleich interessiert. Vielmehr geht es nur noch darum, den anderen zu verletzen – und zwar mit Anlauf. Zu solchen destruktiven Ideen und Handlungen kommt es aber nicht etwa, weil sich jetzt plötzlich zeigt, wie bösartig einer der Partner oder beide sind. Vielmehr ist Verachtung meistens die Reaktion auf Schwierigkeiten, mit denen sich die Partner schon lange herumschlagen, die bisher aber, siehe oben, noch nicht gelöst werden konnten. Lange schwelende Konflikte und negative Gedanken über den Partner sind laut Gottman der häufigste Hintergrund für die Verächtlichmachung des Anderen.

Kennzeichnend für diese Phase ist es, dass die Partner kein echtes Interesse mehr daran haben, ihre Probleme zu lösen. Sie haben die Hoffnung längst aufgegeben, weil sie den Anderen nicht mehr achten können. Verletzungen passieren dann nicht nur nebenbei, sondern mit Absicht. Der Partner *soll* gekränkt werden, der destruktive Anteil an Äußerungen und Handlungen wird einkalkuliert. Wunden zu schlagen ist kein Kollateralschaden mehr, sondern manchmal sogar das Hauptmotiv für die Attacken. Ehedramen wie «Wer hat Angst vor Virginia Woolfe» oder «Der Gott des Gemetzels» zeigen sowohl die zersetzende Kraft solcher Auseinandersetzungen als auch die Anziehung, die von der wechselseitigen Missachtung trotzdem noch ausgehen kann.

Die Wege der Ehezerrüttung sind vielfältig. Zu den besonders hinterhältigen Strategien gehört es, Intimitäten auszuplaudern oder dem Partner im Beisein anderer wenigstens anzudeuten, dass man jederzeit in der Lage wäre, seine Schwächen und verletzlichen Punkte preiszugeben. Gerne genommen werden auch verletzende Bemerkungen über den mangelnden Erfolg des Partners im Beruf (unbedingt auch im Vergleich zu anderen). Wer in der Beziehung so weit gesunken ist, hat schon ein Niveau erreicht, von dem aus es kaum noch möglich ist, die Beziehung zu heilen und wieder zu einem versöhnlichen oder gar liebevollen Miteinander zu kommen. Manchmal bleibt dann nur noch die Trennung, und das kann für beide erlösender sein, als sich weiterhin gegenseitig zu zerfleischen.

Wenn das Paar trotz aller Krisen, Konflikte und Gemeinheiten dennoch auch weiterhin zusammenbleibt, wartet manchmal bereits der *vierte apokalyptische Reiter*. Er hört auf den Namen «Rückzug», manchmal wird er auch als «Mauern» bezeichnet. Die Bilder gehören auch zum Klassikerkanon des Beziehungsunglücks. Beide sitzen gemeinsam am Tisch und schauen sich nicht an. Sagt einer etwas, dreht der andere demonstrativ den Kopf weg.

Die Waffe dieses apokalyptischen Reiters ist Gleichgültigkeit – was er damit beim anderen auslöst, sind Ärger und Frust. Der britische Fotograf Martin Parr hat in seiner großartigen Fotoserie «Bored Couples» bestes Anschauungsmaterial dafür geliefert und zeigt Paare, die immer wieder mit Anlauf aneinander vorbeischauen. Gelangweilt wäre sicher noch eine freundliche Umschreibung für das Verhältnis zwischen manchen der porträtierten Paare – hier zeigt sich eher Ignoranz oder gar Verachtung.

Die Antwort auf Kritik ist dann klar der Rückzug: Der Angesprochene reagiert einfach nicht, sondern zieht sich nur noch weiter zurück. Die Kritik bleibt unerwidert. Männer haben mit dieser Form der Beziehungsblockade mehr Übung als Frauen. Rückzug ist ähnlich verletzend wie verachtend, denn der Mensch ist ein soziales Wesen, und auf wenig reagiert er so verstört wie auf Missachtung. Lieber angeschrien werden, als gar keine Reaktion beim Gegenüber auszulösen und sich als Nichts vorzukommen, das keine Entgegnung wert ist – Bindungsforscher würden die Hierarchie der Kränkungen in etwa in dieser Reihenfolge aufstellen.

«Wenn sich ein Mann von seiner Partnerin abwendet, geht er zwar dem Konflikt aus dem Weg, aber auch seiner Ehe.» So würde John Gottman das Ergebnis dieses Verhaltens bündig zusammenfassen. Der Mann geht nicht auf Konfrontationskurs, doch trotzdem zieht er sich aus vielem zurück, was eine Beziehung ausmacht. Kein herzlicher Abschied am Morgen, keine freundliche Begrüßung zum Abend, keine Aufmerksamkeiten mehr füreinander, keine Blumen und auch keine Kurznachricht oder SMS.

Sich auf diese Weise zurückzuziehen, zu «mauern» eben, wirkt auf den ersten Blick zwar harmloser als der heftige Streit, bei dem sich beide anschreien und wutentbrannt allerlei Gemeinheiten an den Kopf werfen. Tatsächlich aber sind die Folgen mindestens so schlimm, denn das Gegenüber fühlt sich ignoriert und hilflos angesichts der gleichgültigen Haltung des anderen – und reagiert wiederum mit Frustration und Zorn. Sagt der Partner dann noch: «Stell dich nicht so an», ist das doppelt verletzend, denn das Ausmaß der eigenen Kränkungen wird damit auch noch in Frage gestellt. Und anders als beim offenen Streit ist ein Ausweg nicht zu finden, weil man nicht miteinander spricht.

Wenn eine Partnerschaft die bisherigen bedrohlichen Phasen tatsächlich halbwegs gut bewältigt haben sollte, droht der *fünfte apokalyptische Reiter*. Er ist ein Nachzügler und wurde von Gottman erst später als die anderen vier nominiert. Sein Name ist «Machtdemonstration», und er ist offenbar ein Zeichen für das nahende Ende der Beziehung, zumindest ist er Teil des Isolations- und Trennungsprozesses und kann auch als Abwehr der eigenen Ohnmacht verstanden werden. Allerdings folgt er nicht zwangsläufig erst am Ende aller Konflikte, sondern kann sich auch schon in früheren Phasen der Fehlkommunikation zeigen.

In Momenten der Machtdemonstration geht es nur noch darum, zu zeigen, wer der Stärkere ist und im Streit die Oberhand behält. Interesse am Partner oder an einer Lösung des Konflikts besteht offenbar nicht mehr. Deshalb nehmen die Kombattanten auch keine Rücksicht mehr auf die Bedürfnisse oder Verletzlichkeiten des anderen. Wenn sie das Schlachtfeld der Beziehung verwüsten und eine verbrannte Beziehung hinterlassen, ist ihnen das egal.

Sieben Rezepte für eine lange Ehe

Folgt man John Gottmans Theorien, gibt es sieben Grundregeln, die aus einer durchschnittlichen Ehe eine glückliche machen können, die lange währt. All dies sei aber nur auf Grundlage einer tief empfundenen Freundschaft möglich, die das Herz jeder Ehe ausmache, so der Psychologe. Seine sieben Geheimnisse müssen mit konkreten Vorschläge und Beispielen, Dialogen und Übungen für Ehepaare serviert werden. Hier nur ein kurzer Überblick, zur praktischen Ausgestaltung im Alltag sind der Phantasie keine Grenzen gesetzt.

Der erste Punkt besteht darin, die «Partner-Landkarte» wieder auf den neuesten Stand zu bringen. Das bedeutet, sich darüber klarzuwerden, wie man die Beziehung sieht und einschätzt, was einem gefällt, wo man sich verortet.

Zuneigung und Bewunderung füreinander sind der zweite Punkt. Man sollte sich also immer wieder sagen, zeigen und auf alle erdenklichen Arten beweisen, dass man einander mag und voller Hochachtung füreinander ist.

Der dritte Punkt fällt Paaren nicht immer leicht, denn er besteht darin, sich einander zu- und nicht voneinander abzuwenden. In Zeiten der Harmonie ist das einfach, wenn es gerade Konflikte gibt, will es hingegen geübt sein.

Auch mit Punkt vier werden manche Paare Schwierigkeiten haben. Er besteht darin, sich vom Partner beeinflussen zu lassen und Vorschläge, Initiativen oder auch hilfreiche Verhaltensweisen zu übernehmen.

Naheliegend, aber ebenfalls von vielen Paaren zu wenig beachtet, ist Punkt fünf. Dabei geht es darum, jene Probleme zu identifizieren und zu lösen, die sich auch lösen lassen. Und das sind erstaunlich viele.

Zum sechsten Punkt gehört es, Stillstand nicht zuzulassen, wenn sich die Partner in ein Thema oder einen Konflikt verbissen haben und nicht weiterkommen. Dann sollte diese Pattsituation überwunden werden. Wenn beide aufeinander zugehen – und einer dazu den Anfang macht –, gelingt das meistens.

Der siebte Punkt bedeutet, sich gemeinsam als Paar einen Sinn zu verschaffen, eine Aufgabe zu stellen oder ein Projekt zusammen anzugehen. Das verbindet und vertieft die Gemeinsamkeit, ohne dass sich ein Paar dazu nur um sich selbst drehen muss.

Spannenderweise haben es romantisch veranlagte Paare besonders schwer, über partnerschaftliche Krisen hinwegzukommen. Sie sind schließlich überzeugt davon, dass der Zauber des Anfangs unbedingt erhalten bleiben und die Beziehung unbedingt tragen muss, und lernen manchmal erst spät, dass sie sich um ihr Miteinander kümmern müssen und es nicht selbstverständlich ist, dass sie auch nach Jahren noch harmonieren.

Geheimnisse voreinander haben

*«Meine Lebensformel ist recht einfach. Ich stehe morgens
auf und gehe abends zu Bett. Dazwischen beschäftige
ich mich, so gut ich kann.»*
(Cary Grant)

Offenheit in Beziehungen ist gut, ein paar kleine Geheimnisse
voreinander zu haben ist allerdings besser. Dabei geht es nicht
darum, dem Partner grundlegende Dinge zu verschweigen, das
belastet enorm und lässt nebenbei Aufgaben schwerer, Berge
steiler und Entfernungen länger erscheinen.[82] Vielmehr ist
damit gemeint, dass nicht alles immer miteinander geteilt
werden muss. Wenn man sich in allen Lebenslagen kennt und
beobachtet, geht womöglich der Zauber schneller verloren.
Gegenseitige Anziehung beruht schließlich auch darauf, im
anderen noch etwas Fremdes und Unbekanntes zu sehen. Jeder
Mensch möchte ein Geheimnis haben, und das sollte man ihm
lassen. Erotik und Leidenschaft basieren auch auf diesem Ruch
des Geheimnisvollen.

Um dies im Alltag hinzubekommen, ist es wichtig, sich
gegenseitig Freiräume und Schutzzonen zu lassen, in denen
man ungestört sein kann. Ein eigenes Zimmer ist da natürlich
bestens geeignet, aber auch wenn wenig Platz in der Wohnung
ist, kann das eine Ecke oder Nische sein, in die sich der Partner
bei Bedarf zurückzieht und von der er weiß, dass er sie «ganz
für sich» hat und dort niemand seine Kreise stören wird. Im
Zusammenleben bedeutet das außerdem, sich gegenseitig
Hobbys, Treffen und Aktivitäten zu lassen, die man alleine hat.
Das kann Sport, Rosenzucht, das Treffen mit alten Freunden
oder auch das Klischee vom einsamen Rückzug in den Hobbykeller sein.

Eine Spezialform der Partnerschaft, in der Geheimnisse

womöglich eher bewahrt werden, weil sich die Paare gegenseitig große Freiräume lassen, sind natürlich getrennte Wohnungen oder gar Fernbeziehungen. Hier unterscheiden manche Paare die Brutto- und die Nettozeit, die sie miteinander verbringen. Das entspricht nicht der Idealvorstellung der meisten Paare, sondern ist eher aus der Not entstanden. Zudem wächst dann die Wahrscheinlichkeit, dass sich einer von beiden sofort in seine Wohnung zurückzieht, sobald die ersten Schwierigkeiten auftauchen. Und manchmal läuft das Leben von beiden dann so «für sich» ab, dass es mittelfristig mehr Geheimnisse als Gemeinsamkeiten gibt.

Rituale ja, Routine nein

«Das Leben, dachte Michel, müsste eigentlich etwas Einfaches sein;
etwas, das man wie eine Aneinanderreihung endlos wiederholter
kleiner Rituale erleben kann. Rituale, die etwas albern sein durften,
aber an die man trotzdem glauben konnte. Ein Leben ohne große
Erwartungen und ohne Dramen.»
(Michel Houellebecq)

Das Paar lebt im Alpenvorland zwischen Ammersee und Lech. Bayerische Idylle, noch weitgehend unentdeckt, hier kommen kaum Touristen hin. Er ist sechsundsechzig, sie zweiundsechzig Jahre alt. Das erste Mal geküsst haben sie sich vor ungefähr siebenundvierzig Jahren, da war sie fünfzehn und er neunzehn. Kein Jahr war vergangen, da bekamen die beiden ein Kind. Doch schon bald darauf trennte sich das Paar. Beide lebten viele Jahre lang in anderen Beziehungen, bekamen insgesamt vier weitere Kinder, inzwischen haben sie neun Enkel. Dreißig Jahre später kamen sie wieder zusammen, verliebten sich neu ineinander. Zittrige Knie, Schmetterlinge im Bauch, das volle Programm. Kaum einen Monat danach fragte er sie, ob sie ihn heiraten wolle. Sie erbat sich ein halbes Jahr Bedenkzeit, dann sagte sie zu.[83]

Die beiden sind jetzt seit mehr als fünfzehn Jahren verheiratet. Sie hat eine Erklärung dafür, warum ihre Liebe nicht scheitert, wie das bei vielen aufgewärmten Beziehungen nach kurzer Zeit doch der Fall ist: «Weil bei uns so viel Zeit dazwischenlag.» Er glaubt zwar, dass «beide noch dieselben Macken» haben, aber jeder in der Zeit ohne den Anderen dazugelernt habe, aber «jeder eben etwas anderes». Was beide für ihre Liebe tun? Sie schreiben sich seit fünfzehn Jahren täglich morgens eine Nachricht, dass sie sich lieb haben, nur am Wochenende schreiben sie sich nicht. Sie dürfe allerdings nicht immer denselben Text benutzen, verrät sie, «sonst sagt er, du schreibst ja ab». Dazu erklärt er: «Du musst halt die Superlative wechseln.»

Die Rituale dieser beiden sind fest verankert. Nicht allen gelingt das so gut. Wenn Paare in die Jahre kommen, spüren sie dennoch manchmal, dass sie noch etwas für ihre Beziehung tun sollten, wissen aber nicht so recht, was. Dann greifen sie gelegentlich auf Romantikversprechen aus der Retorte zurück. Um das Beziehungsglück zu retten, wird in letzter Verzweiflung das Hide-away-für-Paare-Wellness-Hotel am Wochenende gebucht, mit Verwöhngarantie. Wahlweise gibt es von Eventagenturen, die ansonsten auch Flugsimulationen, Base-Jumping und Eiswassertauchen im Programm haben, den Gutschein für das lauschige Candle-Light-Dinner zu zweit.

Manchmal geht es allerdings auch deutlich handfester zu. Dann sucht er inmitten Tausender anderer metallischer Liebesschwüre verzweifelt nach dem letzten freien Platz an einem kleinteilig gearbeiteten Brückengeländer, an dem sich noch ein Vorhängeschloss anbringen lässt. Ein Schloss, klein und kompakt, mit dem sonst der Schuppen abgesperrt oder der Kellerverschlag verriegelt wird, soll symbolisch zeigen, wie unverbrüchlich die Liebe ist und auf ewig sein wird.

Müssen dann irgendwann aus Gründen der Statik die Schlösser von städtischen Mitarbeitern entfernt werden, wie vor Jahren an einer völlig überlasteten Brücke in Paris, die einzustürzen drohte, dann ist das zwar eine Form höherer Gewalt – trotzdem bleibt die Frage, was solche rohen Eingriffe mit dem Bolzenschneider für die künftige Statik der Beziehung bedeuten. Und was heißt es, wenn das Schloss schon bald Rost ansetzt?

Andere Formen der eingeübten Zuneigungsbekundung bestehen darin, dass Frauen plötzlich neckische Dessous oder gar Liebesspielzeug von ihrem Mann geschenkt bekommen, um die eingeschlafene Erotik wieder aufzupeppen. Kann funktionieren, es droht aber auch der Absturz in die Lächerlichkeit. Und im Februar und im Mai fällt es vielen Männern plötzlich ein, zu den künstlichen Feiertagen der Liebe brav einen großen Strauß Rosen bei der Gattin abzuliefern, obwohl beide den Valentinstag eigentlich längst als abgeschmackte PR-Aktion der Blumenhändler und den Muttertag als überkommene Feier alter Rollenmuster entlarvt haben.

Viele Frauen machen diese vorgegebene Pflichterfüllung erstaunlich ergeben mit oder sind schon dermaßen davon entwöhnt, außer der Reihe eine Aufmerksamkeit von ihm zu bekommen, dass sie empört protestieren, wenn der Göttergatte die Blumen am Valentinstag oder zum Muttertag vergessen sollte. Merke: Ist ein Paar auf solche künstlichen Gedächtnisstützen angewiesen, sollte es sich Gedanken darüber machen, wie es seiner Beziehung ein paar eigene Feiertage widmen könnte – oder wie es sonst noch gelingen könnte, ganz unabhängig von vorgegebenen Jubiläen den Alltag zu feiern.

Werden die Romantikgesten von Paaren routiniert abgehakt – ach ja, für den gehobenen Geldbeutel gehören eventuell auch der Ausflug in der Stretchlimousine oder das Dinner am Strand zum Repertoire –, hat das leider den Nachteil, dass diese Zuwendungen so konfektioniert und erwartbar sind, dass schnell ein schales Gefühl aufkommt. Gleich könnte der Regisseur einer Dauerwerbesendung im Privatfernsehen oder einer Datingshow aus dem Gebüsch gesprungen kommen und würde dem Paar einen überdimensionalen Schlüssel zu ihrem Liebesnest überreichen. Persönlich gemeint fühlt sich der andere dann vermutlich selten, eher pflichtschuldig bedient.

Ähnliches gilt für die immer häufigeren Eheversprechen oder Hochzeitsanträge im Fernsehen oder auf offener Bühne. Als Zuschauer ist man da schnell peinlich berührt, denn es geht doch nicht darum, aus intimen Herzensangelegenheiten eine öffentliche Vorführung zu machen, die nach Applaus giert. Liebe ist nach innen gerichtet und kein Wettbewerb, der nach Zustimmung des Publikums entschieden wird.

Nur wer einen Preis für Kreativität gewinnen will, grämt sich, dass der Plot für etliche Liebesschwüre und Romantik-versprechen oft längst vorgegeben ist. Seit Gunter Sachs aus dem Hubschrauber über dem Anwesen von Brigitte Bardot in der Nähe von St. Tropez Rosen herabregnen ließ, sind auch botanische Grüße per Helikopter nur noch der müde Abklatsch einer einstmals originellen Idee. Es ist also eine Romantik aus zweiter Hand, die manchmal nur auf traurige Weise bestätigt, dass beide längst spüren, wenn der Zauber des Anfangs schon lange verflogen ist.

Bei Aufmerksamkeiten für den Partner geht es allerdings gar nicht um einen Wettstreit an Kreativität und spleenigen Einfällen. Schließlich ist nichts dagegen einzuwenden, wenn sich in eine altgediente Liebesbeziehung heitere Rituale ein-schleichen. Ob er ihr jeden Morgen den Kräutertee ans Bett bringt oder sie ihm an jedem Wochenende seinen Lieblingskuchen backt und serviert – die liebevolle Aufmerksamkeit füreinander ist es, die den anderen daran erinnert, dass in diesem Moment wirklich nur er gemeint ist, dass es immer noch etwas Besonderes bedeutet, dass man als Paar zusammen ist und dass es sich unbedingt lohnt, füreinander Beschwerlichkeiten und Umwege in Kauf zu nehmen.

Deswegen ist es auch nicht entscheidend, füreinander möglichst einfallsreiche Formen der Zuneigungsbekundung zu finden, sondern das authentische Bemühen erkennen zu lassen. Was dabei herauskommt, und sei es noch so klein, ist aber nicht als öffentlichkeitswirksame Showveranstaltung gedacht, für die hinterher Sterne oder Likes verteilt werden, sondern als stille Geste, die der andere schon richtig zu deuten vermag, ohne dass dabei auf den Katalog der Romantik-Versprechen zurückgegriffen werden muss.

Eine verhängnisvolle Affäre

Wie umgehen mit Untreue?

«Ich kenne keinen einzigen Mann, der nicht seine Frau betrügt.
Monogamie ist nur ein kulturelles Konzept,
um unsere Gelüste zu kappen.»
(Lars Eidinger, Schauspieler)[84]

Wer einmal lügt, dem glaubt man nicht. (Allerdings fügt der Spötter Johannes Gross an: Wer immer lügt – der hat gute Chancen.) Der Volksmund fällt ein ziemlich unbarmherziges Urteil über jene, die sich gelegentlich in Widersprüche verstrickt und die Unwahrheit gesagt haben. Zumindest in Partnerschaften, in denen einer den anderen bereits betrogen hat, ist an dieser Maxime aber offenbar etwas dran. Einmal Betrüger, immer Betrüger – so könnte die einfache Formel für alle weiteren Beziehungen lauten.[85]

Obwohl sich die meisten Paare heutzutage für aufgeklärt und offen halten, gehen sie insgeheim oder auch ausgesprochen von gegenseitiger Treue aus. Monogamie ist zwar im Tierreich eher selten, der Mensch hat dazu jedoch seine eigenen Widersprüche entwickelt und nennt das gerne Kultur. Zwar wünschen sich die meisten Paare, dass sie nur miteinander intim sind und kein Dritter dieses Verhältnis stört, doch Anspruch und Wirklichkeit klaffen erstaunlich oft auseinander.[86]

Für die westlichen Länder, also Europa, Nordamerika und Australien, wird beispielsweise geschätzt, dass in wenigstens zwanzig Prozent der Ehen einer der Partner oder sogar beide mindestens eine Affäre gehabt haben.[87] In festen Beziehungen ohne Trauschein wird diese Quote sogar mit bis zu siebzig Prozent angegeben.[88] Beide Schätzungen variieren natürlich von Region zu Region, sind davon abhängig, ob es um die Bewohner von Städten oder von ländlichen Regionen geht, gelten aber trotzdem als eher konservativ.

Forscher aus den USA haben im Jahr 2017 anhand von fast fünfhundert Erwachsenen untersucht, wie sich Untreue in einer vorherigen Beziehung auf die Treue in der folgenden Partnerschaft auswirkt. Das Ergebnis ist ziemlich eindeutig. Wer zuvor bereits eine Affäre oder gar mehrere hatte, bei dem ist es demnach – im Vergleich zu den zuvor Monogamen – dreimal so wahrscheinlich, in der aktuellen Partnerschaft erneut fremdzugehen.

Dieser Zusammenhang wirkt sich auch auf die Erwartungen des betrogenen Partners in folgenden Beziehungen aus. Wer einmal einen Seitensprung des Partners erlebt hatte, rechnet in der folgenden Partnerschaft viermal häufiger damit, auch jetzt wieder betrogen zu werden. Eine Affäre destabilisiert also nicht nur die aktuelle Beziehung, sondern die Verunsicherung pflanzt sich fort – und zwar auch dann noch, wenn der oder die Betrogene längst eine neue Partnerschaft eingegangen ist. Frühere Untreue ist ein Hinweis auf «serielle Untreue», so die Schlussfolgerung der Autoren – und die Folgen für beide Partner wie auch für den gesellschaftlichen Zusammenhalt sollten nicht unterschätzt werden.

Nun können sich Menschen in einer Partnerschaft zwar

darauf einigen, eine offene Beziehung zu führen. Doch das führt – heiter gesprochen – erst zu Durchzug, dann zu unseligen Verwicklungen, wie sie Franca Rame und Dario Fo in ihrer Tragikomödie «Offene Zweierbeziehung» schon 1983 anschaulich vorgeführt haben.[89] Bekannt auch der Fall von Catherine Millet, die einen Weltbestseller über ihre zahllosen Affären in einer offenen Ehe geschrieben hat. Erst sieben Jahre später schrieb sie dann über die quälende Eifersucht, unter der sie gelitten hatte. In der Praxis geht das meistens nicht gut, weil einer von beiden doch stärker verletzt ist und sich nicht mit den Affären des anderen abfinden kann.

Aus medizinischer und psychologischer Sicht wirkt sich Untreue übrigens durch erhebliche körperliche Belastungen aus – und zwar nicht nur für die Betrogenen, sondern auch für die Betrüger. Je nach Charakter und Stresstoleranz kann das Geheimnis unterschiedlich stark am Nervenkostüm und auch der Gesundheit dessen nagen, der untreu ist. Auch wenn nicht gleich Krankheiten die Folge sein müssen, wird das Leben zumindest beschwerlicher: Was immer man vorhat, erscheint komplizierter; man traut sich weniger zu und geht die Aufgaben mit weniger Mut an.[90]

In den meisten Ländern wird Untreue als häufigster Grund für Trennungen oder Scheidungen angegeben. Aus der Sicht von Paartherapeuten ist es zudem eines der schwierigsten Themen, mit denen sie in ihren Sitzungen konfrontiert werden und für das es oftmals keine Lösung gibt, jedenfalls keine gemeinsame. Eine allgemeine Empfehlung, ob sie gebeichtet werden soll und wie der betrogene Partner am besten damit umgeht, gibt es nicht.

Wenn die Affäre keine wirkliche Herausforderung für die Beziehung war, sondern nur eine Art Zerstreuung, ist es womöglich besser, sie zu verschweigen. Die Verletzungen, die durch eine «Beichte» angerichtet werden können, sind schließlich manchmal größer als die Bedrohung, die der Seitensprung mit sich gebracht hat. Geht es nur darum, das eigene Gewissen zu entlasten, ist das ebenfalls nicht Grund genug. Sollen damit allerdings Veränderungen in der Beziehung eingeleitet werden, kann es hingegen sinnvoll sein, dem Partner davon zu erzählen.

Je nach weltanschaulichem und religiösem Standpunkt kommen Wissenschaftler zu recht unterschiedlichen Ergebnissen, was das angemessene Verhalten nach einer Affäre wäre. Schließlich wurde der Partner hintergangen, es geht um einen Betrug, und das Vertrauen kann zerstört sein. Stark religiös gebundene Forscher empfehlen als ethisch hochwertigste Lösung, Untreue unbedingt dem Partner zu beichten.[91] Dieser Schritt sei zwar schwierig, biete aber die besten Chancen für eine Belebung und Erneuerung der Partnerschaft.

Warum es zur Untreue kommt

«Ich bin von Zeit zu Zeit monogam, aber ich ziehe die
Polygamie vor. Die Liebe dauert lange, aber die brennende
Lust nur zwei bis drei Wochen.»
(Carla Bruni)

«Stop right there / I gotta know right now / Before we go any
further / Do you love me? / Will you love me forever? / Do you need
me? / Will you never leave me? / Will you make me so happy for the
rest of my life?» (...)
«Let me sleep on it / Baby, baby let me sleep on it / Let me sleep on
it / And I'll give you an answer in the morning.»
(Meat Loaf)

Es klingt wie im Märchen: Plötzlich, wie von Zauberhand, erscheinen diese berückende Frau oder dieser umwerfende Mann, und man kann einfach nicht anders, als sich Hals über Kopf in sie zu verlieben. Widerstand zwecklos, was soll man gegen diese Fügung des Schicksals schon ausrichten?

Klar, in äußerst seltenen Fällen – oder im Film – erwischt einen die Liebe so wie ein Blitzschlag aus heiterem Himmel, auch wenn man bereits an einen anderen Partner gebunden ist. «Coup de Foudre» heißt das im Französischen, man kann das auch als Liebesgewitter übersetzen. Doch auch das ereignet sich nicht einfach so, auch wenn Drehbücher und Liebesromane diese romantische Vorstellung immer wieder befeuern. Man muss schon offen und bereit dafür sein.

Die nüchtern-wissenschaftliche Bestandsaufnahme sieht nämlich anders aus als eine Hollywood-Romanze und kommt zu dem wenig charmanten Ergebnis, dass es bestimmte Voraussetzungen gibt, die eine Affäre wahrscheinlicher machen. Seitensprünge kommen demnach vor allem dann vor, wenn sich a) einer der beiden Partner oder beide von Anfang an nicht besonders intensiv auf die Beziehung eingelassen haben, b) die sexuelle oder allgemeine Zufriedenheit in der Partnerschaft nicht mehr sehr groß sind, c) die Einstellung zu Treue und außerehelichem Sex eher locker ist oder es schon immer war.

Interessanterweise gibt es auch bestimmte Persönlichkeitsmerkmale, die eine Affäre wahrscheinlicher machen. Wer eher zum vermeidenden Typus gehört und sich zwar bindet, aber Bindungen und Beziehungen eigentlich immer skeptisch gegenüberstand («Ich habe Angst um meine Freiheit»), neigt demnach eher zur Untreue. Der Seitensprung dient dann auch dazu, sich in der Partnerschaft gelegentlich seiner Unabhängigkeit zu vergewissern und sich weiterhin für wild und selbständig zu halten.

Ängstliche, unsichere und an sich zweifelnde Zeitgenossen gehen ebenfalls eher eine Affäre ein. Ihr psychisches Gerüst ist so wenig stabil, und sie sind sich ihrer selbst so wenig sicher, dass sie es offenbar für ihr Selbstwertgefühl immer wieder brauchen, durch eine Affäre zusätzliche Bestätigung zu erfahren. Der Seitensprung hat also viel mit der eigenen Labilität zu tun.

Männer scheinen zudem häufiger Affären einzugehen als Frauen. Das gehört zwar zu den Klassiker-Klischees über die Geschlechter und wird auch in wissenschaftlichen Veröffentlichungen immer wieder berichtet, sollte trotzdem nur sehr vorsichtig und im Konjunktiv erwähnt werden. Denn entsprechende Unterschiede könnten fast vollständig auf sozial erwünschte Antworten von beiden Seiten zurückgehen.

Es wird schließlich auch in Umfragen gerne das gesagt, was dem Rollenverständnis entspricht: Männer brüsten sich immer noch mit ihren Fähigkeiten als Eroberer und erzählen von ihren diversen Liebesabenteuern. Zudem gestehen ihnen alte Rollenbilder ein promiskuitives Verhalten durchaus zu, sie gelten dann als toller Hecht. Frauen setzen hingegen auch heute noch schnell ihren Ruf aufs Spiel, wenn sie sich offensiv als untreu darstellen und damit angeben würden, mit wie vielen Männern sie schon im Bett waren.

Ein – der Einfachheit halber auf heterosexuelle Paare bezogenes – simples Rechenbeispiel zeigt allerdings, dass der Mythos vom Mann als ruhelosem Verführer und der Frau als sittsam-keuscher Einfalt in dieser extremen Ausprägung schlicht nicht stimmen kann. In Ehen und festen Beziehungen sind Mann und Frau ja gleichermaßen gebunden, und der Anteil an verbliebenen Singles ist entsprechend ähnlich auf Männer und Frauen verteilt. Geht nun ein gebundener Mann fremd, wählt er dafür keineswegs nur die «freien» Single-Frauen aus, sondern auch jene Frauen, die in einer festen Beziehung leben. Gleiches gilt für jene Frauen, die einen festen Partner haben, aber auch nicht ausschließlich mit Single-Männern etwas anfangen.

Wenn gebundene Menschen eine Affäre haben, bevorzugen sie es oftmals sogar, sich mit jemandem einzulassen, der ebenfalls gebunden ist. Schließlich ist dann die Erwartung des anderen, dass aus der Affäre bald eine neue Beziehung entstehen möge, nicht so hoch – und die eigene Ehe oder feste Beziehung gerät weniger leicht in Gefahr. Man muss sich diese Strategie wohl als eine Art Seitensprung mit Aussicht auf Verbeamtung vorstellen: Die Absicherung, dass die eigene Ehe weiterhin hält, ist nun mal größer, wenn man mit einem ebenfalls gebundenen Menschen eine Affäre eingeht.

Insofern spiegeln die gerne kolportierten Phantasiezahlen, wonach Männer drei- oder viermal so oft eine Affäre haben wie Frauen und insgesamt über deutlich mehr «Erfahrung» verfügen, wohl kaum den Alltag des deutschen Liebeslebens wider. Männer geben offenbar nur viel lieber damit an, Frauen behalten es hingegen eher für sich. Werden Männer und Frauen in offenen Interviews gefragt, zeigen sich die gewohnten Unterschiede; er prahlt, sie genießt (hoffentlich) und schweigt.

Je anonymer und «verblindeter» aber die entsprechenden Umfragen stattfinden und beide Seiten also sicher sein können, dass ihre Angaben tatsächlich anonym bleiben, desto deutlicher schrumpft die Anzahl der weiblichen Sexpartner, die ein Mann angeblich schon gehabt hat. Und die Anzahl der Männer, auf die eine Frau sich eingelassen hat, nimmt wundersamerweise stetig zu, bis nahezu ein Gleichstand zwischen den Geschlechtern erreicht ist.

Die Eifersucht bezieht sich bei Männern und Frauen übrigens auf unterschiedliche Formen der Untreue: Frauen können es viel schlechter ertragen, wenn er *emotional* untreu ist, sie also vermuten, dass seine Gefühle und Gedanken hauptsächlich um eine andere kreisen. Männer hingegen stört dieser «Gefühlsbetrug» zumeist weniger. Sie sind weitaus stärker empört und gekränkt von der *körperlichen*, also sexuellen Untreue.[92]

Was Untreue bedeutet

«Ich kann so gut verstehen, die ungetreuen Frauen,
So gut, mir ist, als könnt ich in ihre Seelen schauen.
Ich seh um ihre Stirnen die stumme Klage schweben,
Die Qual am langen, leeren, am lebenleeren Leben.»
(Hugo von Hofmannsthal)

Wenn er oder sie in einer festen Beziehung sind und einer von beiden eine Affäre beginnt, wird das gern als Fingerzeig einer höheren Schicksalsmacht gedeutet. Da kreuzte dieser interessante andere Mensch zufällig den Weg, und in einem schwachen Moment konnte man einfach nicht widerstehen. Klingt einleuchtend, kann ja mal passieren, war auch gar nicht so gemeint – andererseits: was soll man schon machen, wenn es einen akut erwischt?

Der eigene Anteil an der Liaison wird traditionell kleingeredet. Dabei ist das genau der falsche Ansatz, denn der eigene Anteil ist entscheidend. Nicht, weil es dabei um Schuldzuweisungen gehen soll, sondern darum, wie eine Affäre verstanden und gedeutet werden kann – und was damit eigentlich gezeigt wird, und zwar dem Partner, vor allem aber sich selbst. Leider geht die Botschaft, die hinter einer Affäre meistens verborgen ist, anschließend häufig verloren. Sie geht unter in einer Mischung aus Versteckspiel, anspruchsvoller Logistik, Heimlichtuerei und – wenn sie dann doch offenbar geworden ist – in lauter aufbrausenden Gefühlen der Kränkung oder der moralischen Entrüstung.

Aber der Reihe nach: Zunächst ist der Mensch kein willenloses, amorphes Etwas, das jeder Neigung sofort nachgeben muss, weil er gar nicht anders kann. Man verrichtet seine Notdurft ja auch nicht im Flur, sobald sich der entsprechende Drang bemerkbar macht, oder bringt in der Wut sofort einen Kontrahenten um – zumindest haben die meisten Menschen sich so weit im Griff, dass sie solche Aktionen unterlassen.

Wenn eine Affäre beginnt, muss zumindest eine gewisse Bereitschaft, eine Offenheit dafür bestehen. Man ist empfänglich dafür. So selbstverständlich das klingen mag – sich zu fragen, was diese Bereitschaft ermöglicht hat und warum man sich überhaupt auf einen anderen Menschen eingelassen hat, ermöglicht bereits hilfreiche Rückschlüsse auf die eigene Beziehung. Vielleicht lässt sich dann erkennen, in welcher Phase man sich mit dem Partner gerade befindet, wo es hakt und was aktuell die größten Schwierigkeiten sind.

Der zweite Punkt ist vielleicht noch entscheidender: Es ist hilfreich, sich klarzumachen, wofür eine Affäre steht, welche Bedeutung sie hat, was man dadurch erreichen möchte und welche Bedürfnisse – jenseits der sexuellen! – dadurch außerdem noch befriedigt werden. Die eigenen Motive genauer zu ergründen soll ebenfalls nicht auf moralische Kategorien abzielen, sondern es geht eher um eine Verlustanzeige: Was ist in der Partnerschaft nicht da, was vermisst man besonders, was ist schon länger verlorengegangen?

Partner, die fremdgegangen sind, berichten beispielsweise häufig, sie hätten diesen Schritt nicht deshalb getan, weil der oder die Neue so unwiderstehlich war oder sie gar eine Trennung im Sinn hatten. Vielmehr ging es ihnen darum, endlich wieder einmal etwas Aufregendes und Lebendiges zu spüren, «sich zu erleben» ... Sie wollten das Fremde, Wilde und Unbekannte erfahren, das ihnen in vielen Jahren gleichförmiger Gemeinsamkeit abhandengekommen war.

In einer Beziehung die Bedürfnisse nach Abwechslung und Unterbrechung des Gewohnten zu haben ist völlig üblich, völlig normal. Die Frage ist allerdings, wie man darauf reagiert. Es klingt überraschend, aber Anregendes, Aufregendes und Fremdes lässt sich auch in einer langjährigen Beziehung erleben – und zwar miteinander. Abenteuer sind mit genügend Phantasie auch mit dem Partner möglich. Neuerungen in der Partnerschaft tun beiden außerordentlich gut, und wer die Initiative ergreift, signalisiert dem Anderen, dass er das Miteinander verbessern will. Anregungen kann man zudem auch bekommen, indem man sich in der Freizeit oder mit anderen Menschen neuen Erfahrungen zuwendet – ohne deshalb gleich untreu werden zu müssen.

Wenn eine Affäre aufgeflogen ist, kann es für den weiteren Verlauf der alten Beziehung entscheidend sein, was die eigentlichen Hintergründe für den Seitensprung waren. So schmerzlich es meistens ist, betrogen zu werden, wenn es dabei «nur» um die Sehnsucht nach Aufregung, Bestätigung oder etwas Neuem war, ist das kein Grund, die Partnerschaft aufzukündigen und sich zu trennen. Vielmehr geht es dann darum, gemeinsam etwas zu finden, das beiden die offenbar schon länger vermissten Gefühle und Erfahrungen wieder ermöglicht.

Der Reiz des Verwegenen

«Es erregte ihn auch, dass Daisy bereits von vielen Männern begehrt worden war – in seinen Augen steigerte das ihren Wert.»
(F. Scott Fitzgerald)

Diese Passage in dem 1925 erschienenen Roman «Der große Gatsby» deutet den Reiz des Verwegenen und Verbotenen an. Das Phänomen ist hier zwar nur für Männer beschrieben worden, aber es trifft offenbar gleichermaßen auf Frauen zu. Es gibt also den Drang, gerade dann eine Frau (oder eben einen Mann) zu begehren und haben zu wollen, wenn auch andere sie bereits haben wollten – und umgekehrt.

Immer noch wünschen sich die meisten Menschen für ihre Beziehung einen Partner, der ihnen treu ist. Allerdings gibt es sehr wohl Unterschiede zwischen den Geschlechtern, was die Neigung zu einem kurzen Seitensprung angeht. Erfahren gebundene Frauen davon, dass ein Mann schon gelegentlich untreu war, erscheint er ihnen sogleich unattraktiver zu sein – und zwar sowohl für eine kurze Affäre als auch für eine spätere feste Partnerschaft. Sind die Frauen allerdings gerade solo, ist das etwas anderes, dann finden sie solche Männer durchaus attraktiv.

Bei Männern ist diese Abwägung hingegen nicht so eindeutig. Für eine kurze Affäre ist eine solche Frau auch aus der Sicht gebundener Männer recht interessant. Und erstaunlicherweise verstärkt das gerne als Bindungs- und Kuschelhormon verharmloste Oxytocin die unterschiedlichen Vorlieben der Geschlechter noch.

Unter dem Einfluss des Hormons finden gebundene Männer untreue Frauen noch begehrenswerter als sonst und können in der Folge auch selbst leichter untreu werden. Bei Frauen löst der Botenstoff die gegenteiligen Wirkungen aus, sodass sie sich noch stärker als zuvor zu den besonders treuen und verlässlichen Männern hingezogen fühlen, zumindest solange sie selbst in festen Händen sind.[93]

Es geht bei solchen Vorlieben allerdings nicht allein um den Reiz des Lasziven oder Verruchten oder die Anziehung, die große Verführer ausüben können. Vielmehr ist hier ein ganz simples Signal von Bedeutung, das auch von anderen Spezies wie dem Guppy oder der Wachtel bekannt ist – auch im Tierreich finden manche Weibchen die bereits vergebenen Männchen besonders attraktiv.

Schließlich vermittelt die Tatsache, dass diese Männer schon eine Frau (oder mehrere in der Vergangenheit) erobert haben, dass sie vermutlich gut für eine Beziehung zu gebrauchen sind. In gewisser Weise steigert also eine beachtliche Zahl an Partnern den Wert – auch wenn dieses Gütesiegel bei manchen Menschen mit monogam geprägten moralischen Bedenken kollidiert. Diese werden aber meistens übertrumpft von der Abwägung: Wer so begehrt ist, an dem muss schon etwas Besonderes dran sein. Ein uraltes Muster: Was alle haben wollen, will ich auch.

Vergeben oder die eigene Verletzung spüren lassen?

«Mit Gedächtnisschwund und dem Willen zu vergeben kommt man schon sehr weit. Am weitesten aber kommt man mit Güte.»
(Anjani Thomas)

«Wenn bei einer Frau etwas zerbricht, ist der Fisch jedenfalls geputzt. Dann ist es endgültig. Männer sind nie so endgültig. Sie versuchen, sich immer ein Türchen offen zu halten, um die Sache notfalls wieder rückgängig zu machen.»
(Ulrich Tukur)

Es hat viele positive Seiten, dem Partner zu vergeben, auch wenn er eine Affäre hatte. Es zeugt von menschlicher Größe und der Bereitschaft, gemeinsam weiterzumachen oder einen Neuanfang zu versuchen und dabei alte Verletzungen nicht immer wieder aufwärmen zu müssen. Fehler macht schließlich jeder mal, und je nachdem, welche Bedeutung der Seitensprung hatte, kann er die Beziehung möglicherweise nicht wirklich in Gefahr bringen.

Womöglich war die Treulosigkeit «nur» ein Zeichen des Ausbruchs und stand für die Sehnsucht nach etwas Neuem, anderem oder Aufregendem. Die Liebe und Zuneigung zum bisherigen Partner sind aber womöglich auch weiterhin unverändert groß, und es war nie eine Option, den Partner zu verlassen und mit «der Affäre» dauerhaft zusammenzukommen.

Andererseits haben diverse Untersuchungen gezeigt, dass es manchmal durchaus sinnvoll sein kann, dem Partner eine rote Linie aufzuzeigen und ihm deutlich zu machen, dass die Verletzung groß, war und so ein Fauxpas nie wieder vorkommen soll.[94] Dabei geht es nicht um Strenge und Bestrafung oder darum, dass sich der Partner auf ewig mit seinem schlechten

Gewissen herumquälen soll, sondern um die eigene Psychohygiene.

Dem anderen zu vermitteln, wie sehr einen der Seitensprung gekränkt hat, ist aus vielerlei Gründen womöglich wichtig und richtig: Einerseits wird damit signalisiert, dass die Verletzlichkeit in der Partnerschaft groß ist und es weh tut, wenn Werte wie Verlässlichkeit und Vertrauen so fundamental verletzt werden. Andererseits zeigt eine deutliche Ansage eben auch an, dass einem die Beziehung nicht gleichgültig ist – und man gerade deswegen so resolut und mit emotionaler Wucht reagiert, weil man sie gerne gemeinsam fortsetzen will. Der Satz klingt manchmal abgeschmackt, dass eine Affäre ein Paar auch näher zusammenbringen kann. Wenn dadurch aber die Motive für das gemeinsame Leben wieder deutlicher werden, ist das jedoch durchaus plausibel.

Fehler vermeiden – das Rettungspaket für die lange Liebe

Es gibt ein paar Dinge in einer Beziehung, die man tunlichst unterlassen sollte. Dazu gehören Sätze, die man nicht sagen sollte. Handlungen, die man vermeiden sollte. Routinen, die man nicht zulassen sollte. Das gilt eigentlich für jede Partnerschaft und ganz allgemein, aber erst recht, wenn die Beziehung schon etliche Jahre andauert und nicht demnächst ein Fall für die Entsorgung auf dem emotionalen Wertstoffhof werden soll. Ein paar der gängigsten Fehler, Falschwahrnehmungen und Situationen, die es in einer Partnerschaft zu vermeiden gilt, werden im Folgenden aufgeführt. Aber natürlich ist die Skala nach unten offen. Den Ungeschicklichkeiten und Versäumnissen sind keine Grenzen gesetzt.

Wissen, was man aneinander hat

*«Man sieht oft etwas hundert Mal, tausend Mal, ehe man
es zum allerersten Mal wirklich sieht.»*
(Christian Morgenstern)

Je gnadenloser der Blick auf den anderen mit der Zeit wird,
desto mehr fallen einem dessen Mängel und Defizite auf. Was
gibt es da nicht alles zu kritisieren: Wie nachlässig er sich
kleidet! Was sie wieder für dummes Zeug erzählt! Er ist in den
letzten Jahren dicker und dicker geworden! Warum muss sie
nur immer so viel tratschen! Wie laut und polternd er ist! Sie
muss sich doch wirklich nicht immer so aufspielen! Dieser
Phlegmatiker! Kann sie eigentlich auch mal jemanden ausreden lassen?

In Stanley Kubricks Klassiker «Full Metal Jacket» von 1987
gibt es den sadistischen Ausbilder Gunnery Sergeant Hartman.
Er wird gespielt von R. Lee Ermey, der beim Casting offenbar
dadurch überzeugte, dass er mit einem hundertfünfzigseitigen
Notizbuch voll mit unterschiedlichen Beleidigungen am
Set erschien und Statisten minutenlang in immer neuen
Variationen beschimpfen konnte. Ähnlich lang muss man sich
wohl die Liste mit Vorwürfen vorstellen, die Paare aufstellen
können, wenn sie in der Kunst der Ehezerrüttung besonders
geübt sind.

Es ist ein sich selbst verstärkender Mechanismus: Wer die
Negativbrille einmal aufgesetzt hat und erst recht nicht
abnimmt, wenn gerade der andere gemustert wird, dem fällt
vor allem auf, was er alles *nicht* an seinem Partner hat und *nicht*
von ihm bekommt. Der Mann, der früher der ausgleichende,
beruhigende Pol in der Beziehung war und ihre häufigen
Stimmungsschwankungen und Eskapaden behutsam aus-

geglichen hat, wird dann beispielsweise dafür gescholten, dass er so lethargisch und monoton ist und nicht ein unberechenbarer Hans Guck-in-die-Luft, der immer für eine Überraschung gut ist.

Und der gutorganisierten berufstätigen Familienmanagerin, die neben ihrem fordernden Job auch noch den Großteil der Einkäufe erledigt und sich darum kümmert, dass die Kinder die aktuellen Schulbücher haben, ihre Hausaufgaben erledigen und wieder passende Hosen bekommen, wird vorgeworfen, dass sie manchmal so müde ist – und nicht der aufregende Vamp, der sich prinzessinnengleich in der Hängematte rekelt und nur darauf wartet, dass man ihr Cocktailglas wegräumt und sie endlich wach küsst.

Wer den Partner so unfair bewertet, hat offenbar vergessen, warum er sich einst für den anderen entschieden hat. Oftmals waren es gerade jene Eigenschaften, die jetzt wahlweise so langweilig oder anstrengend zu sein scheinen, die den anderen damals so attraktiv gemacht haben. Zudem ist es – mit ein bisschen Abstand betrachtet – geradezu absurd, dass einem Menschen erst nach fünfzehn oder zwanzig Jahren Ehe auffallen sollte, dass sein Partner doch eher schweigsam, häuslich, selbstbezogen, handwerklich ungeschickt oder was auch immer ist. Vermutlich hatte er diese Neigungen schon immer und konnte auch früher keinen Nagel in die Wand schlagen. Anders ausgedrückt: Aus einem Brauereigaul wird nie ein Rennpferd werden oder umgekehrt – und mit zunehmendem Alter schon mal gar nicht.

In einer Partnerschaft sollten sich daher beide auf das besinnen, was sie aneinander haben – und nicht auf das, was fehlt.

Es mag ein bisschen nach Stuhlkreis klingen, aber hilfreich ist in solchen verfahrenen Situationen eine fast banale Übung, die trotzdem vielen Paaren schwerfällt: Man sagt sich wechselseitig, was man aneinander gut findet und gegenseitig schätzt. Auch wenn es einem selbst schlicht vorkommen mag, ist es für den Partner vielleicht überraschend, den Satz zu hören: «Ich finde es gut, wie offen und natürlich du auf andere zugehst.» Oder: «Ich mag es, dass du dich nicht so leicht unterkriegen lässt und die Dinge gelassen nimmst.» Auch der Satz «Ich finde es klasse, wie zuverlässig du bist und dass du dich um viele organisatorische Dinge so lautlos kümmerst» ist zwar keine feurige Liebeserklärung, aber vermutlich Balsam auf die Seele dessen, der ihn hört – weil er gar nicht wusste, dass so etwas dem Partner überhaupt noch auffällt.

Es lohnt sich, solche freundlichen Sätze miteinander auszuprobieren. Zumeist fühlt es sich anfangs komisch an, ungewohnt – gerade wenn man seit langem schon darauf eingespielt war, sich hauptsächlich mit Attacken, Unterstellungen und Vorwürfen zu begegnen.

Nicht immer auf denselben hereinfallen

«Warum landen wir immer wieder in ähnlich toxischen Beziehungen? – Wir verwechseln schlichtweg das für uns Bekannte mit dem für uns Guten. Wir bevorzugen die Vertrautheit der Hölle vor dem Unbekannten des Paradieses.»[95]
(Holger Kuntze, Paartherapeut)

Dieser Nachahmungszwang kann furchtbar sein. Der Freundeskreis verdreht gleich die Augen, wenn ihm der neue Partner oder die neue Partnerin vorgestellt wird. Es ist schon nach wenigen Momenten klar, dass mit ihm oder ihr schon bald ähnliche Probleme auftreten werden, die vor kurzem zur letzten Trennung geführt haben. Nur: Warum sehen das Freunde und

Bekannte sofort, während man selbst immer wieder auf die gleichen Typen hereinfällt?

Die freundliche Antwort lautet, dass man an dieser Herausforderung wachsen und sich entwickeln will, also die Probleme lösen, an denen man beim letzten Partner noch gescheitert ist. Realistischer ist allerdings, dass es an der Gewohnheit liegt, an der Prägung aus dem Elternhaus, die einem so bekannt und vertraut vorkommt. Der Vater war ein Trunkenbold, der das ganze Geld verspielt hat? Dann fühlt man sich leider auch zu dem ständig angeheiterten Hallodri hingezogen, der für jedes Glücksspiel zu haben ist und seine unregelmäßigen Einkünfte mit Fußballwetten auf die albanische Liga verzockt.

Das kommt einem gar nicht befremdlich vor, sondern geradezu heimisch, es riecht nach dem eigenen Stall. Außerdem hat man solche Situationen ja immer irgendwie überstanden, gemeistert, und deshalb kann es so schlimm schon nicht gewesen sein, erklärt der Paartherapeut Holger Kuntze das psychologische Muster, das dahinter steht.[96]

Ähnliches gilt für andere Konstellationen, etwa wenn sich Vater oder Mutter im Streit immer hinter eine Mauer des Schweigens zurückgezogen haben und tagelang nicht miteinander redeten. Als Kind hat man dann in vorauseilendem Gehorsam den Haushalt übernommen und war besonders artig und beflissen, in der Hoffnung, dass bald alles wieder gut werde. Und jetzt reagiert die neue Partnerin also auch nicht und sagt kein Wort, wenn sie beleidigt oder aus unerfindlichen Gründen verärgert sein sollte. Dann macht man ihr Geschenke, erledigt anstehende Besorgungen, verhält sich besonders freundlich, doch sie schweigt weiter. Ist doch völlig normal, oder?

Auch diese Wutausbrüche des neuen Partners sind nicht besonders ungewöhnlich. Die Eltern haben sich schließlich auch jedes Mal angeschrien, bis aufs Blut niedergemacht und die Kontrolle verloren, wenn der Streit erst eine gewisse Temperatur erreicht hatte. Also muss das offenbar so sein, wenn zwei Menschen längere Zeit zusammen sind, so ist das eben in einer Partnerschaft, oder?

Natürlich gibt es auch das gegenteilige Reaktionsmuster. Dann suchen sich Menschen gerade solche Partner aus, mit denen sie nicht jene Situationen erleben, die sie in ihrem Elternhaus so gehasst haben. Deshalb haben sie sich schon früh geschworen, es später einmal ganz anders zu machen – oder sich sogar nie fest zu binden.

Für solche Nachahmer, und das sind leider auch im Negativen sehr viele, ist es oft hilfreich, sich über die Parallelen klarzuwerden und sich zu überlegen, ob man in der eigenen Partnerschaft immer wieder – wahrscheinlich unbewusst – das nachspielt, was einem von den Eltern oder auch aus der Geschwisterreihenfolge bekannt vorkommt. In vielen Fällen sind die Vorbilder der Eltern hoffentlich hilfreich, anregend oder zur Nachahmung empfohlen.

Gab es in dieser Hinsicht allerdings vor allem Streit und destruktive Erlebnisse, ist es besser, sich früh davon zu distanzieren – um nicht in nächster Generation die gleichen Fehler zu wiederholen. Vielen Menschen in solchen Verstrickungen ist gar nicht klar, was sie sich täglich antun. Die Rückmeldung, dass sie sich in einem Verhältnis befinden, das mit einer liebevollen Beziehung nichts zu tun hat, kann da sehr hilfreich sein. Der Hinweis, dass es nicht für Liebe, Wertschätzung und Respekt spricht, auf garstige Weise vom Partner behandelt zu werden, ist ebenfalls wichtig, um die toxische Wiederholung von Abhängigkeit, Erniedrigung und Niedertracht zu durchbrechen.

Die richtige Kommunikation zur richtigen Zeit

*«Alle glücklichen Familien gleichen einander, jede unglückliche
Familie ist auf ihre eigene Weise unglücklich.»*
(Leo Tolstoi, Anna Karenina)

Sie ist in der Küche beschäftigt, er sitzt entspannt im Sessel und
liest Zeitung. Schon bald beginnt sie das Gespräch, und dann
nimmt das Verhängnis seinen Lauf. «Was tust du?» – «Ich tue
nichts.» – «Du kannst doch nicht nichts tun.» – «Doch.» – «Aber
irgendetwas musst du doch tun?» Der Fortgang der Geschichte
aus dem Loriot-Sketch ist bekannt, und nicht nur Paare, die
frustriert sind, zitieren die Dialoge immer wieder. Anfangs
antwortet der Mann noch geduldig auf die Fragen seiner Frau,
obwohl er eigentlich nur Zeitung lesen und in Ruhe gelassen
werden möchte. Dann reagiert er zunehmend genervt, und
nach einer Weile des fruchtlosen Aneinander Vorbeiredens
rafft er sich zum finalen Entschluss auf: «Ich bringe sie um,
morgen bringe ich sie um.»

In langjährigen Beziehungen haben sich viele typische
Muster herausgebildet, wie beide miteinander reden – oder
besser gesagt: nicht miteinander reden oder mit Anlauf
aneinander vorbeireden. Förderlich für die Gemeinsamkeit
ist das in vielen Fällen längst nicht mehr. Manche Partner
schwören zwar darauf, die Attacken und Vorwürfe des Anderen
ins Leere laufen zu lassen, um die Situation nicht unnötig
eskalieren zu lassen. Andere sind hingegen überzeugt, dass
es besser sei, das Gegenüber direkt mit der eigenen Unzufriedenheit zu konfrontieren. Doch so einfach ist es nicht. Es
gibt nicht die eine Zauberformel, sondern vielmehr passende
Gesprächsstrategien für jede Lebenslage.

John Gottman beschreibt zwar, wie oben gesehen, in seiner
Klassifikation der apokalyptischen Reiter die typischen Kom-

munikationssünden in einer Partnerschaft. Doch die lassen sich nicht auf jede Beziehungssituation übertragen. Es gibt kein Patentrezept für die richtige Sprache in der späten Liebe. Vielmehr gilt oft die unbefriedigende Formel: Kommt darauf an. Was einem Paar in einem Moment helfen mag, kann im nächsten Augenblick schon wieder vollkommen falsch sein.

So beschreiben Beziehungsforscher verschiedene Situationen, in denen es mal zielführend sein kann, den anderen direkt anzugehen und mit seiner Unzufriedenheit zu konfrontieren – während es zu anderen Gelegenheiten besser für beide ist, den Partner erst mal in Ruhe zu lassen.[97] Insofern ist die perfekte Kommunikationsstrategie zwischen zwei Menschen noch nicht erfunden worden, sondern durch die gleiche Art des Umgangs kann eine Beziehung verbessert und beiden geholfen werden oder aber auch der Schaden vergrößert – der Kontext entscheidet jedes Mal neu darüber, welches die optimale Strategie ist.

Zwar wünschen sich die meisten Menschen, dass sie in ihrer Partnerschaft Zufriedenheit und Zustimmung finden, und halten die Kommunikation dann für gelungen, also «positiv». Doch es gibt auch etliche Hinweise dafür, dass beide auf Dauer mit ihrer Beziehung zufriedener sind, wenn es in Konfliktsituationen nicht nur Harmonie-Soße, sondern auch gelegentlich Kritik und Ablehnung gibt und der andere sich erkennbar ärgert.[98] Sie registrieren zwar die Loyalität des anderen, fühlen sich aber von ihrem Partner auf Dauer nicht wertgeschätzt und ernst genommen, wenn der ihnen immer nur wachsweich zustimmt, sodass die gutgemeinte Freundlichkeit eben nicht die Beziehung stabilisiert, sondern in der Schwebe lässt.

Es ist die alte Geschichte: Streit und heftige Konflikte sind keineswegs immer ein Zeichen dafür, dass eine Beziehung in die Brüche zu gehen droht. Im Gegenteil, das zeigt vielmehr, dass beide Partner noch Interesse aneinander haben und es ihnen nicht egal ist, wie sich der andere verhält oder wie sich die Partnerschaft entwickelt. Wenn Gleichgültigkeit statt Anteilnahme das Miteinander bestimmt, dann wird es gefährlich.[99]

Deswegen kann es beispielsweise hilfreich sein, in direkter Opposition den Partner anzugehen, wenn es um ernsthafte Probleme geht – und er auch offen dafür ist, sich oder sein Verhalten zu verändern. Fühlen sich die Partner hingegen nicht wirklich aufgehoben in ihrer Beziehung und sind eher verunsichert und zweifelnd, ist eine solche Art der Konfliktbesprechung eher schädlich. Den ultimativen Ratschlag, wie man es am besten richtig macht, gibt es also nicht, kann es nicht geben, weil sich je nach Situation eine andere Gesprächshaltung als nützlich erweist.

Im Gegensatz dazu ist eine kooperative Kommunikation, die eher indirekt abläuft, dann sinnvoll, wenn es um kleinere Probleme geht, sowieso keine Veränderung möglich ist oder wenn es die Abwehrhaltung von einem der Partner unwahrscheinlich erscheinen lässt, dass sich ein Problem lösen lässt.

Aus alldem folgt, dass es wichtig ist, sein Gegenüber jedes Mal neu wahrzunehmen und zu erkennen, was ihn gerade beschäftigt. Aufmerksamkeit und Achtsamkeit helfen dann meistens weiter – aber nicht das selbstgefällige Motto: Kennen wir schon, haben wir schon immer so gemacht.

Die Liebe nicht vernachlässigen

«Glück entsteht oft durch Aufmerksamkeit in kleinen Dingen,
Unglück oft durch Vernachlässigung kleiner Dinge.»
(Wilhelm Busch)

Es kündigt sich meist nebenbei an, verstärkt sich schleichend, und plötzlich ist es dann so weit: Im Alltag ist die Aufmerksamkeit füreinander verlorengegangen. Job, Familie, Haushalt und Hobbys fordern die gesamte Konzentration, und die Partnerschaft läuft nur noch auf Stand-by-Modus. Dass sie noch funktioniert, wird für selbstverständlich gehalten, ein Automatismus sozusagen, obwohl sich beide kaum noch darum bemühen, manchmal auch viel zu erschöpft dazu sind. Die Beziehung ist zwar nicht mehr so prickelnd wie am Anfang. Trotzdem schleift sich die Haltung ein: Läuft schon irgendwie von allein.

Ist dieser Zustand einmal erreicht, verändert sich bei vielen Paaren der Blick auf die Beziehung. Die schönen Dinge, die Überzeugungen und Werte, die sie miteinander teilen, und alles, was sie Positives aneinander finden, kommt ihnen längst selbstverständlich vor. Gleichzeitig wird die Unzufriedenheit mit den Macken des Partners und dem, was in der Beziehung auch weiterhin Probleme bereitet, immer größer. Die Herausforderungen und Schwierigkeiten scheinen sich sogar zu häufen.

Dann geht irgendwann die Balance in der Beziehung verloren, weil nur noch das Negative gesehen wird. Paartherapeuten vergleichen diese verengte Wahrnehmung mit einem «inneren Scheinwerfer», der nur noch auf das gerichtet ist, was nicht gleich auf Anhieb klappt.[100]

Man kann sich das ungefähr so vorstellen, als ob man in einer traumhaften Villa mit Meerblick lebt, sich aber den ganzen Tag darüber ärgert, dass in ein paar Ecken des Hauses die Mülleimer nicht geleert worden sind. Anstatt sich mit einem Cocktail in der Hand auf die Terrasse zu setzen und die Sicht auf den Strand und die Wellen zu genießen, fixieren die Augen nur noch den übervollen Papierkorb, und die schlechte Laune deswegen nimmt zu.[101]

Dass es hier eigentlich paradiesisch ist und auch so zugehen könnte, wird nicht mehr gesehen. Manche Paare kennen diesen Tunnelblick wahrscheinlich aus dem letzten Urlaub, als sie von Anfang an dazu entschlossen waren, das Reiseziel doof zu finden, das Ferienhaus und erst recht natürlich den Partner.

Und da man schon mal dabei ist, sich in eine Abwärtsspirale aus Kritik und Nörgelei hineinzusteigern, werden plötzlich neue Rechnungen aufgemacht und hässliche Bilanzen erstellt: Dann überwiegen die Probleme und der Ärger in der Partnerschaft, die Defizite des Anderen und die vielen Leerstellen, die es in der Beziehung gibt. Hinzu kommt die destruktive Frage: Geht das nicht schon viel zu lange so? Das Ergebnis solcher negativ getönten Überlegungen steht von vornherein fest, und es sieht verheerend aus.

Der typische Reflex in der Beziehung besteht dann darin, die Probleme anpacken zu wollen und den Partner spätestens beim nächsten Streit damit zu konfrontieren, was einem alles an ihm missfällt und auf die Nerven geht. Es ist eine verständliche Reaktion, die Konflikte angehen und die Schwierigkeiten gemeinsam bearbeiten zu wollen. Dem anderen zu sagen, was besonders stört. Immerhin spricht es dafür, die Partnerschaft auch weiterhin retten zu wollen. Hilfreich ist es trotzdem nicht, im Gegenteil.

Wenn alle Probleme geballt auf den Tisch kommen und zumeist in einer aggressiven Drohgebärde vorgetragen werden, droht der Partner in einem Trommelfeuer aus Vorwürfen, Herabsetzungen und Kritik erschlagen zu werden. Zudem geht er in Deckung. Es geht gar nicht anders, eine solche Situation wird von jedem Menschen als Belastung empfunden, sodass in einer Stressreaktion des Körpers eine Kaskade von diversen Alarm-Molekülen wie Adrenalin, Cortisol und anderen Stress-hormonen aktiviert wird und den Organismus überschwemmt. Der Körper steht jetzt maximal unter Anspannung und bekommt vielfältige Kommandos zur Attacke. Der Partner ist jetzt ebenfalls in die Kampfhaltung übergegangen.

Gesund ist das auf Dauer nicht, aber vor allem macht es eine konstruktive Diskussion geradezu unmöglich. Beide Partner stehen sich gegenüber wie im Duell: Einer der beiden ist schließlich von Anfang an im Angriffs-Modus – und der Attackierte keift zurück oder nimmt sofort die Verteidigungs-haltung ein. Wahlweise tritt er auch die Flucht an oder versucht gelegentlich aus der unbequemen Defensive in die Offensive zu wechseln und seinerseits den Angreifer zu attackieren. In diesem Zustand ist ein freundliches oder wenigstens hilf-reiches Gespräch kaum noch möglich. Denn mit der Alarm-reaktion des Körpers wird all das verhindert, was nötig wäre, um Probleme in den Griff zu bekommen.

Um Schwierigkeiten in der Beziehung zu meistern und Probleme zu lösen, braucht es nämlich ein paar Voraussetzungen. Eigentlich ist es ganz simpel: Beide Partner müssen respektvoll miteinander umgehen, und dazu ist die erste Bedingung, dass sie sich in Ruhe und in einer Wohlfühl-atmosphäre begegnen. Zudem müssen beide die Sicherheit haben, dass sie ihre Gefühle, Gedanken und ihre Einschät-zung der Partnerschaft ohne Druck ausbreiten können, ohne dass es zu weiteren Attacken kommt. Dazu gehört nicht nur das Wissen, dass ihnen genügend Raum dazu gegeben wird, sondern auch das Gefühl, dass der Partner zuhört und den anderen auch wirklich verstehen will. Also das Signal: Ich sehe dich, ich höre dich.

Deshalb gilt für Paare, die sich schon viel zu lange vernachlässigt haben, das paradox anmutende Motto: Erst das Vergnügen, dann die Arbeit![102]

Es fällt nicht leicht, aber gerade dann, wenn die Konflikte immer häufiger werden, an Schärfe gewinnen und eine Partnerschaft zu erdrücken drohen, ist es wichtig, die positiven Seiten des Miteinanders zu betonen und das zu sehen und wertzuschätzen, was besonders liebenswert am Partner und an der Beziehung ist. Jetzt ist es höchste Zeit für Lob, Anerkennung oder einfach für ein erfrischendes oder albern-ausgelassenes Miteinander.

Je besser es einem Paar miteinander geht, desto einfacher gelingt es beiden, die Probleme freundlich und mit ausreichendem Respekt für den Partner anzusprechen. Das ist leichter gesagt als getan, aber in einer solchen Stimmung ist es auch möglich, das anzunehmen, was den anderen bewegt, und nicht sofort als persönlichen Angriff falsch zu verstehen. Gelingt dies, muss sich auch niemand verteidigen oder gar flüchten, schließlich wird ja auch keiner angegriffen. Brisante Themen müssen dann keineswegs ausgespart bleiben, denn für sie gilt besonders, dass sie sich nur in einer friedlichen Atmosphäre und in guter Stimmung lösen lassen, nicht aber mit Groll und Aggressionen.

Sich nicht gehenlassen

«Und falls du doch den Fehler machst
Und dir nen Ehemann anlachst,
Mutiert dein Rosenkavalier
Bald nach der Hochzeit auch zum Tier.
Da zeigt er dann sein wahres Ich
Ganz unrasiert und widerlich
Trinkt Bier, sieht fern und wird schnell fett
Und rülpst und furzt im Ehebett.»
(Die Ärzte: «Männer sind Schweine»)

Es ist ein allzu verständlicher Wunsch: sich zu Hause so verhalten zu können, wie man es gerne möchte. Sich endlich nicht
mehr zusammenreißen müssen, sondern sich einfach mal
gehenlassen, ohne dafür getadelt zu werden. Dazu gehört auch,
im Gespräch nicht jedes Wort sorgsam abzuwägen, sondern
den Ärger und Frust über den Alltag im Büro, die Freunde oder
den Anderen einfach mal rauszulassen. Das ist schließlich echt
und ziemlich authentisch, ganz unverstellt eben – und das gilt
ja in vielen Lebensbereichen als durchaus erstrebenswert.

Wie das im Alltag ausgelebt wird, wenn man sich ungeniert
gehenlässt, ist bei jedem Paar unterschiedlich. Das Niveau
kann erstaunlich weit abgesenkt werden. Mal hält es der eine
nicht für nötig, sich halbwegs ordentlich anzuziehen, wenn
beide tagsüber zu Hause sind, sich zu rasieren, die Haare zu
waschen, und er läuft am Wochenende auch nachmittags noch
im Schlafanzug und mit verstrubbelten Haaren herum. Wenn
beide diesen Jogginghosen-und-Unterhemd-Look schön und
attraktiv finden, ist es natürlich okay. Oftmals stört sich aber
einer der Partner daran und fasst es nicht als legeren Stil,
sondern als Respektlosigkeit auf.

So gibt es bei vielen Paaren unterschiedliche Auffassungen

darüber, wie man sich am besten zum Frühstück begegnen sollte: verschlafen, noch mit «Sand» in den Augen, zerzauster Frisur und im Pyjama – oder frisch gebügelt und geduscht, wahlweise rasiert oder mit gezupften Augenbrauen und mit einem Dresscode, wie man ihn auch für ein Vorstellungsgespräch wählen würde. Man kann sich durchaus auch statt in Ballonseide mit gebundener Krawatte an den Frühstückstisch setzen, wie es konservative Essayisten gerne vorgeben oder Thomas Mann in den Buddenbrooks beschrieben und selber praktiziert hat.

Ähnlich ist es mit der gemeinsamen Unterhaltung. Wenn nicht mehr auf einen höflichen Umgang miteinander geachtet wird, einer den anderen im Eifer des Gefechts nicht mehr ausreden lässt oder gar immer wieder derbe Ausdrücke oder Fäkalsprache in das Gespräch eingestreut werden, die man gegenüber anderen oder im Beruf niemals benutzen würde, ist das ebenfalls ein Zeichen dafür, dass die Aufmerksamkeit gegenüber dem Partner böse nachlässt. Kleine, aber gemeine Spitzen und Lästern bis hin zum Verrat können eine mindestens so schädliche Wirkung entfalten.

Wie einflussreich die richtige Wortwahl ist, zeigt sich in erstaunlich vielen Bereichen, auch jenseits von Partnerschaften. So hat eine Untersuchung gezeigt, dass der Aufruf zur freiwilligen Blutspende unterschiedlich stark befolgt wurde, abhängig davon, was auf entsprechenden T-Shirts stand. Um Studenten zur Blutabgabe zu animieren, trugen Freiwillige Oberteile, die entweder nicht bedruckt waren oder auf denen die Begriffspaare «Spenden = Helfen» oder «Lieben = Helfen» zu lesen waren.

Während es keinen Unterschied machte, ob auf den T-Shirts nichts stand oder der Begriff Spenden mit der Hilfe verbunden war, hatte das Wort «Liebe» einen erstaunlichen Effekt. Dann stieg die Bereitschaft zur Blutspende erheblich an.[103] Bewusst die Wortwahl zu verändern und positiv besetzte Begriffe zu benutzen kann also bereits bemerkenswerte Auswirkungen haben. In Liebesbeziehungen, in denen gerade in Krisenzeiten jedes Wort auf die Goldwaage gelegt wird, gilt das natürlich noch viel mehr als im Blutspendewesen.

Wenn sich Partner in der Beziehung gehenlassen und ungezügeltes Verhalten pflegen, wird das gerne damit erklärt, dass es doch gerade eine Liebesbeziehung ausmacht, dass man sich darin nicht mehr verstellen muss. Vielmehr könne man sich so zeigen, wie man tatsächlich ist. Das sei nicht nur bequem, sondern mache eine Qualität der wahren Liebe aus. Es ist keine Show mehr füreinander nötig, sondern man wird so angenommen und für seinen wahren Kern geliebt, wie man ist. Ungeschminkt und unverstellt eben.

Die Begründungen dafür, wenn sich ein Partner immer häufiger gehenlässt, sind vielfältig, manchmal sogar originell. Eine Beziehung müsse das eben aushalten, heißt es dann beispielsweise. Außerdem sei man nun mal impulsiv, und dieses emotionale Verhalten gehöre auch zum «Gesamtpaket», auf das man sich einst mit so großer Begeisterung eingelassen habe. Alles habe seinen Preis, und dieses Temperament und diese Leidenschaft wisse der Partner in anderen Situationen ja durchaus zu schätzen, also solle er sich doch, bitte schön, auch damit arrangieren, wenn es ihm mal nicht in den Kram passt.

So verständlich der Wunsch ist, jederzeit und immerdar und in allen Situationen geliebt zu werden, so unrealistisch ist er auch. Das hat nichts mit bedingungsloser Liebe zu tun. Vielmehr ist es hilfreich für die Beziehung, sich den gegenseitigen Respekt auch im Alltag zu erweisen und damit zu signalisieren: Du bist es mir wert, deshalb gebe ich mir Mühe, das zu berücksichtigen, was für dich wichtig ist. Weil die Erhaltung der Liebe eben nicht selbstverständlich ist.

Oftmals zeigt sich eine solche respektvolle Rücksicht-
nahme zuerst in Äußerlichkeiten, dann in einer Gesprächs-
form, die niemals übergriffig wird. Äußerlichkeiten werden
zwar oftmals abgetan als oberflächlich und unwichtig. Im alltäglichen Miteinander können sie jedoch ein wichtiges Symbol
sein und anzeigen: Ich denke an dich, ich tue dir den kleinen
Gefallen und achte außerdem auf mich, auf meine Kleiderwahl
und meine Tischmanieren – und damit auch auf dich.

Es gibt ein hübsches Gleichnis, das anschaulich macht, wie
schnell die Aufmerksamkeit in der Beziehung verlorengehen
kann, auch wenn die Liebe anfangs noch so groß war.[104] Darin
geht es um eine wunderschöne schwere Vase, die jemand
geschenkt bekommen hat und die ihm so gut gefällt, dass
ein besonderer Platz in der Wohnung dafür reserviert wird.
Anfangs achtet er besonders auf das kostbare Stück, pflegt es
und passt sorgfältig auf, dass sie keinen Kratzer bekommt und
ihr niemand zu nahe kommt.

Dann passiert doch irgendwann dieses ärgerliche Miss-
geschick. Halb aus Versehen, halb mit Absicht stößt der
Beschenkte in einem Moment des Ärgers oder der Unachtsam-
keit gegen die wertvolle Vase. Vielleicht auch aus Wut oder um
sich abzureagieren. Einerseits tut es ihm zwar leid, das schöne
Geschenk beschädigt zu haben, andererseits ist er sich sicher,
dass die schwere Vase das schon aushalten wird, so stabil, wie
sie gebaut ist. Schließlich ist sie hochwertig und robust, von
allerbester Qualität.

Mit der Zeit wird aus dem einmaligen Ausrutscher ein
immer häufigeres Vorkommnis. Kein Versehen mehr, sondern
Absicht. Die Vase bekommt erst ab und zu etwas ab, dann
immer öfter. Mal ist es ein kleiner Stoß im Vorbeigehen, dann
ein heftiger Schubser, wenn die Wut gerade wieder groß ist,
bei nächster Gelegenheit ist es nur ein kleiner Klaps. Das wird
sie schon aushalten, ging ja bisher auch immer gut. Allerdings

ist die Vase aus empfindlichem Porzellan. Sie bekommt kleine, feine Risse, die anfangs kaum zu sehen sind. Dann werden die Risse immer größer, das Muster ist an einigen Stellen bereits unterbrochen.

Beim nächsten Schlag zerbricht die Vase in viele Stücke. Jetzt ist das Bedauern groß. Das herrliche Geschenk ist kaputt, und überall liegen nur noch die Bruchstücke herum. Auch wenn der Beschenkte jetzt versucht, sie wieder zu kitten, wird die Vase nie wieder so wunderbar aussehen und so vollkommen sein wie am Anfang.

Das Beispiel ist eigentlich ziemlich platt und kommt holzhammermäßig daher. Aber vielleicht ist es gerade deshalb so gut und taugt bestens als Analogie für die erst seltenen, dann immer häufigeren Einschläge, die eine Liebe zu zerstören drohen. Denn jedem ist sofort klar, dass ein zerbrechliches Geschenk wie eine Vase über kurz oder lang zerbrechen wird, wenn es immer wieder mit Stößen und Schlägen traktiert wird. Und man muss auch kein Glasbläser sein und nicht in einer Porzellanmanufaktur gearbeitet haben, um zu verstehen, dass eine Vase, die mühsam wieder zusammengeklebt worden ist, nie mehr so schön aussehen und die Anmut haben wird wie das intakte Original.

Dennoch kommen die wenigsten Menschen auf die Idee, ihren Partner auch nach vielen Jahren der Gemeinsamkeit immer noch so behutsam zu behandeln wie die Vase zu Anfang dieses Gleichnisses – also wie ein außerordentlich kostbares Geschenk. Vielleicht hält es der Partner auch einmal oder zweimal aus, etwas gröber behandelt zu werden, aber im Wiederholungsfall bekommt die Beziehung ziemlich schnell Risse, um dann schließlich bald ganz zu zerbrechen. Ebenso einleuchtend ist es, dass die Bemühungen, eine beschädigte Partnerschaft wieder zu kitten, zwar halbwegs erfolgreich sein können, aber auf jeden Fall ein paar Kratzer zurückbleiben werden. Und besonders tiefe Wunden verheilen sogar nie. So schön wie am Anfang wird es dann nicht mehr.

Deshalb stellt sich schon die Frage, warum es die Menschen nicht lassen können, ihren Partner, der ihnen am Anfang der Beziehung doch mal das Liebste war, immer wieder grob zu behandeln. Oftmals passiert das ja nicht aus einem halbwegs triftigen Grund heraus oder aus Versehen, sondern weil die Laune gerade schlecht ist, es Stress im Job gab oder die Stimmung durch andere Ereignisse verhagelt ist.

Was das Gleichnis mit der wertvollen Vase allerdings auch deutlich macht: In einer Beziehung haben es beide selbst in der Hand, ihr kostbares Miteinander zu pflegen und sich nicht bei jeder Gelegenheit anzurempeln. Dabei hilft vor allem Humor, und dazu gehört es auch, die eigenen Launen nicht ganz so ernst zu nehmen – und vor allem nicht ungefiltert am Partner auszulassen. Der kann meistens am allerwenigsten dafür und ist außerdem viel zu kostbar, um als Fußabtreter für Ärger im Job oder als Boxsack zu dienen, an dem die eigenen miesen Gefühle abreagiert werden.

Wer hingegen zum Beziehungsrüpel wird, ist nicht etwa besonders echt oder authentisch, sondern vor allem rücksichtslos. Sich gehenzulassen ist kein Zeichen von wahrer Liebe, sondern führt dazu, dass die Partnerschaft recht bald in Scherben liegt, die irgendwann nicht wieder zu kitten sind.

Nicht den Anderen ändern wollen – sondern sich selbst

«Versuche niemals, jemanden so zu machen, wie du selbst bist. Du solltest wissen, dass einer von deiner Sorte genug ist.»
(Ralph Waldo Emerson)

Wenn sich zwei Menschen in einer Beziehung so richtig ineinander verhakt haben, kommt es zu einem seltsamen physikalischen Phänomen: Beide sind zwar ständig in Bewegung, attackieren einander, machen sich Vorwürfe, ziehen sich kurz zurück, um dann mit nur noch größerer Wucht aufeinanderzuprallen. Allerdings geht trotzdem nichts vorwärts. Vergleichbar ist das mit zwei ineinander verbissenen Hunden, die sich zwar immer tiefere Wunden zufügen, aber dennoch nicht voneinander lassen können. Der Kampf dauert immer länger und wird immer heftiger – bis einer von beiden das Weite sucht oder schwer verletzt aufgibt.

In diesem Zustand des gegenseitigen Sich-Belauerns und Sich-Bekämpfens gibt es allerdings eine Überzeugung, die beide gemeinsam haben: Der andere hat sich gefälligst zu ändern, und zwar schleunigst, dann wird alles wieder gut. Vielleicht kann man ihn ja schnell in die Änderungsschneiderei bringen. Wieso sollte man auch selbst den Anfang machen, wo es doch der Partner viel dringender nötig hätte? Bei ihm/ihr liegen die Probleme schließlich auf der Hand. Gerade wenn man zu erkennen meint, welche Eigenschaften des Partners besonders viele Schwierigkeiten in die Beziehung bringen, ist dieser Wunsch naheliegend.

Verständlich ist diese Haltung unbedingt. Und so warten viele Paare, beobachten sozusagen in Habachtstellung, dass der andere endlich die Initiative ergreift und anfängt, sich zu ändern. Sie warten und warten. Meistens warten sie sehr lange, ohne dass sich etwas tut, was ihren Ärger auf den anderen nur noch größer macht. Und die meisten Menschen warten sogar vergeblich.

Dabei gibt es einen Menschen, der sich garantiert ziemlich einfach verändern ließe. Das geht im Zweifel sogar sehr schnell und vor allem in alle möglichen Richtungen. Wer also einen Menschen in der Partnerschaft ändern möchte – der kann sofort anfangen, und zwar bei sich selbst.

Andere ändern zu wollen, den langjährigen Partner gar, ist hingegen meistens ein hoffnungsloses Unterfangen. Die Schrullen und Eigenheiten sind so fest in der Persönlichkeit vertäut, und manchen erscheint ihre Wesensart gar als ein Erfolgsmodell der Evolution. Wie sonst, wenn nicht mit diesen einzigartigen Eigenschaften – die andere unverständlicherweise für «Macken» halten – hätte man sonst so alt werden und es so weit im Leben und im Beziehungsdschungel bringen können? Bisher ging ja auch immer alles gut.

Zudem gilt besonders in Beziehungen die wiederum aus der Physik entlehnte Regel, wonach Druck fast immer Gegendruck erzeugt. Wer also mehr oder weniger sanft von seinem Partner darauf hingewiesen wird, dass er sich doch bitte schleunigst zu ändern habe, tut das mit großer Sicherheit nicht. Man muss nicht mal besonders bockig sein, um sich dagegen aufzulehnen. Und wer von einem wütenden Partner mit Vorwürfen konfrontiert wird, dass alles ganz anders wäre, wenn er sich nur endlich ändern würde, tut dies garantiert auch nicht.

«Ein Zusammenleben kann nur gutgehen, wenn man auch in der größten Verliebtheit eine Art der Realität sieht. Man muss wissen, dass man den Partner nicht ändern wird ... Wenn du das akzeptierst und aushältst, kommt alles andere leicht und schön.» Wer das sagt, könnte es wissen: Senta Berger ist seit mehr als fünfzig Jahren glücklich verheiratet.

Vielversprechender ist es vielmehr, sich selbst zu verändern und dabei auch die heiklen Bereiche einer Beziehung nicht auszusparen. Es ist beeindruckend, wie sehr es als Vorbild wirkt, wenn einer als gutes Beispiel vorangeht. Der Partner wird ziemlich bald nachziehen und sein Verhalten auch ändern. Das passiert garantiert – vielleicht zwar nicht am ersten oder zweiten Tag, aber lange wird es nicht dauern. Etliche Untersuchungen zeigen, dass die Zufriedenheit in der Partnerschaft auch dann spürbar ansteigt, wenn nur einer von beiden die Initiative ergreift und etwas für sich verändert.

Sein Verhalten ohne Aufforderung von außen zu ändern hat viele erfreuliche Nebenwirkungen. Es zeigt einerseits, wie leicht das geht, ohne sich selbst verraten zu müssen, und vermittelt andererseits das so wichtige Gefühl der Selbstwirksamkeit: Man ist nicht das hilflose Opfer im Beziehungsknatsch und wird vom Strudel schlechter Launen und gegenseitiger Unfreundlichkeiten hinuntergezogen, sondern kann eigenmächtig etwas ändern, man hat es selbst in der Hand.

Man handelt, anstatt nur abzuwarten. Und nebenbei kann man auf diese Weise dafür sorgen, dass es einem selbst bessergeht und die Zufriedenheit wächst, wenn schon der andere nichts dafür tut.

Aus diesem Grund ist es übrigens auch hilfreich, zur Not alleine therapeutische Unterstützung zu suchen, um die Probleme in der Beziehung in den Griff zu bekommen. Das kann beispielsweise dann der Fall sein, wenn sich einer der beiden Partner partout weigert, Hilfe von außen anzunehmen und eine gemeinsame Paartherapie zu beginnen. Womöglich hatten beide gemeinsam eine solche Therapie schon geplant, doch einer von beiden springt dann kurzfristig ab. Aber auch wenn sich nur einer der Partner mit psychologischer Hilfe ändert, hat das kurz- bis mittelfristig erstaunlich positive Auswirkungen auf die Paarbeziehung.

Den Wunsch nach Veränderung ansprechen

«Die meisten Frauen setzen alles daran, einen Mann zu ändern,
und wenn sie ihn dann geändert haben, mögen sie ihn nicht mehr.»
(Marlene Dietrich)

Ein Mensch lässt sich nur wenig durch Druck von außen und die Wünsche des eigenen Partners verändern. Dass sich die Beziehung verändert, ist hingegen sehr wohl möglich, denn dies gelingt leicht, wenn beide es wollen – oder auch schon, wenn nur einer der beiden Partner die Initiative dazu ergreift.

Manchmal ist es nicht mal die Veränderung selber, sondern allein das Bedürfnis danach, das hilft. Frauen mögen es sehr, wenn der Mann anspricht, dass er sich Veränderungen in der Partnerschaft wünscht, oder gleich Verbesserungsvorschläge dazu mitliefert. Bei Männern ist der Wunsch nach solchen Gesprächen nicht so ausgeprägt. Doch sobald das Thema auf die Möglichkeiten der Gestaltung kommt, die beide in der Beziehung haben, verbessern sich nebenbei auch das Gesprächsklima und die Stimmung. Beide gehen wohlwollender und freundlicher miteinander um.[105] Voraussetzung dafür ist allerdings, dass nicht Forderungen und Drohungen angesprochen werden, sondern Sehnsüchte, Bedürfnisse und Wünsche, möglichst als Ich-Botschaft, also nicht mit Sätzen, die «man» oder «es wäre schön» beinhalten, sondern «ich wünsche mir» oder «ich hätte gerne».

Die Beziehung profitiert davon, wenn er gelegentlich anspricht, dass er von sich aus etwas in der Partnerschaft verändern will. Unabhängig davon, ob die Umsetzung gelingt, versteht sie dies als Zeichen, dass ihm die Beziehung nicht gleichgültig ist, sondern er weiterhin Interesse an ihr und dem gemeinsamen Leben hat. Wenn Frauen den Eindruck haben, dass ihr Mann immer wieder mal die Initiative ergreift und Vorschläge für ein besseres Miteinander macht, bewerten sie ihre Beziehung automatisch als lebhafter und befriedigender.

Verfestigt sich bei Frauen hingegen der Eindruck, dass immer sie es sind, die auf die Schwierigkeiten, aber auch Möglichkeiten der Veränderung in der Partnerschaft hinweisen müssen und er nie solche Themen anspricht, frustriert sie das. Sie bewerten ihre Beziehung dann als deutlich weniger befriedigend, und das Risiko einer Trennung steigt.[106]

Den Partner zur Entfaltung bringen

«Jede Frau erwartet von einem Mann, dass er hält,
was sie sich von ihm verspricht.»
(Chariklia Baxevanos)

Man muss es nicht übertreiben, so wie der Lehrer einer Waldorf-Klasse, der mit seinen Schülern auf Semesterfahrt in der Toskana war. Die Klasse sollte dort bildhauerisch tätig werden und jeder aus einem groben Steinblock eine Skulptur hauen und meißeln. Auf die Frage einiger Schüler, was für eine Figur sie eigentlich erschaffen sollten, entgegnete der Lehrer: «Höre darauf, was der Stein dir sagen will. Dann wirst du wissen, was du daraus machen sollst.»

Diese – übrigens wahre – Geschichte mag etwas zu klischeehaft klingen, zudem sind Steine manchmal etwas maulfaul. Nicht zu jedem Schüler wollte der Stein sprechen. Daran, dass sich in jedem Menschen eine Persönlichkeit befindet, die zur weiteren Entfaltung kommen kann und die durch die Mithilfe eines liebevoll zugewandten Menschen womöglich noch bunter und vielfältiger wird, besteht trotzdem kein Zweifel.

Ob es die Raupe ist, die zum Schmetterling wird, oder der Frosch, der sich nach einem beherzten Wurf als Prinz erweist – die Natur, aber auch die Literatur und die Märchen sind voll von manchmal wunderbaren, manchmal wundersamen Metamorphosen. Meistens gehen sie gut aus und dienen dazu, dass der Mensch hinterher ein wenig besser wird.

Manchmal läuft es aber auch schief, wie bei Kafkas Gregor Samsa, der zum Käfer wurde, oder Lots Frau, die zur Salzsäule erstarren musste. Manchmal sind in der Verwandlung auch Hin- und Rückfahrt inbegriffen, wie bei den Gefährten des Odysseus, die zunächst von der Zauberin Circe in Schweine verwandelt und in einen Koben gesperrt wurden, aber glücklicherweise nicht lange warten mussten, bis sie wieder Menschen sein durften.

Am schönsten als Gleichnis für die Entwicklungsmöglichkeiten eines Menschen ist aber wohl der Ausspruch von Michelangelo, dem Bildhauer und Universalkünstler der Renaissance, wonach «in jedem Marmorblock bereits eine einzigartige Skulptur verborgen» ist, die vom Künstler nur erst aus seiner steinernen Umfassung befreit werden müsse, damit sie sich entfalten kann.

Was er damit offenbar auch meinte – und weshalb sein Zitat als Analogie für eine Partnerschaft so reizvoll erscheint –, ist, dass es in der Bildhauerei nicht primär darum geht, seine eigenen Vorstellungen von einer Figur zu verwirklichen, sondern das Schöne freizulegen, was ohnehin schon in dem Marmorblock enthalten ist. (Insofern muss der Waldorf-Lehrer zu Beginn des Kapitels wohl doch rehabilitiert werden, auch wenn er seinen Schülern die Sprache der Steine etwas alltagsnäher hätte erklären können.)

Ähnlich wie der Bildhauer, der dem Stein zu seiner «eigentlichen» und damit schöneren Form verhilft, liegt es auch in der Macht eines Menschen, seinem Partner dabei zu helfen, das zu werden, was er gerne sein möchte – oder was in ihm verborgen liegt, obwohl er selbst vielleicht noch wenig davon weiß. Da die Wechselwirkungen in einer Beziehung viel mächtiger sind, als es die meisten Menschen vermuten, wird sich ein solches Verhalten auch auf die eigene Persönlichkeit auswirken, denn wer den Partner dabei unterstützt, sein Potenzial auszuschöpfen und seine Ziele zu verwirklichen, wird zumeist seinerseits auch darin bestärkt, selbst weiter voranzukommen.

Dabei geht es übrigens nicht um eine Form der gegenseitigen Leistungsoptimierung, um ein rundum bewundertes «Power-Couple» zu werden, sondern schlicht darum, sich das zuzutrauen, was man gerne möchte, und dabei vom Partner aufgemuntert, ermutigt und nicht eingeschränkt zu werden.

Klingt eigentlich ganz leicht, doch es ist nicht allen Menschen gegeben, ihre Partner sich zu dem entwickeln zu lassen, was sie wollen. Die eigenen Wünsche und Ideale kommen allzu oft dazwischen, manchmal steckt auch die Angst dahinter, dass sich der Andere dann abwenden könnte. Auch wenn es meistens unbewusst geschieht, haben viele Menschen doch ziemlich genaue Vorstellungen davon, was und wie ihr Partner zu sein hat – und was nicht. Dann bleibt die Unterstützung aus, und die mehr oder weniger subtilen Versuche der Umerziehung beginnen. Das klappt so gut wie nie, wie in anderen Kapiteln bereits ausgeführt wurde. Zudem ist es eine frustrierende Erfahrung für beide.

Von Paaren in einer solchen Situation ist oft zu hören, dass sich einer von beiden oder beide «eingeengt» fühlen, ihnen «die Luft zum Atmen fehlt» und sie sich kontrolliert oder gar bevormundet vorkommen. Das ist kein erstrebenswerter Zustand, und die Lösung aus dieser Umklammerung besteht darin, den anderen so sein zu lassen, wie er ist, und auch die interessantesten Vorschläge wohlwollend zu begleiten. Dabei ist es egal, wie ungewöhnlich die Wünsche erscheinen mögen, also ob der achtundfünfzigjährige Partner noch gerne Klippen-springen in Acapulco lernen möchte oder die Vierundfünf-zigjährige unbedingt ihren Traum vom Studium der Tier-medizin verwirklichen will.

Man sollte «ergebnisoffen» an solche Wünsche und Themen herangehen, würden Politiker sagen. Das Motto «Stärken stärken und Schwächen schwächen» trifft es aber vielleicht auch ganz gut.

Vorteile hat eine solche Einstellung für beide Seiten: Wer sich von seinem Partner unterstützt, bestärkt und in seinen Zielen gefördert fühlt, kann sich nicht nur besser verwirklichen, sondern ist auch zumeist in seiner Beziehung zufriedener. Der Andere fühlt sich plötzlich wertgeschätzt und in seinen Ideen ernst genommen. In einer solchen Atmosphäre können auch heikle Themen und Kritik viel besser angesprochen werden, und der Partner fasst sie nicht gleich als Attacke auf, sondern kann sie in Ruhe an sich heranlassen.

Für einen selbst hat diese unterstützende Haltung zudem den Vorteil, dass im Gegenzug auch die eigenen Entwicklungs-möglichkeiten durch den Partner stärker gefördert werden. Fühlt der sich nämlich ausreichend verstanden und in seinen Zielen und Wünschen bestätigt, wird er diese Einstellung garantiert irgendwann zurückspiegeln und seinerseits dazu beitragen, dass sich der andere ebenfalls besser verwirklichen kann. Diese Form der positiven Rückkopplung macht beide zufriedener und das Paar glücklicher.

Zudem bringt der liebevolle Blick auf die Stärken des Part-ners und seine noch brachliegenden Potenziale noch weitere Vorteile mit sich: In der Gesamtschau des Partners stehen nicht mehr allein seine Schwächen und Defizite im Vordergrund, sondern es wird das gewürdigt, was man an ihm hat und was das Miteinander erfreulich macht.

Zeit füreinander finden

*«Es ist nicht zu wenig Zeit, die wir haben,
sondern es ist zu viel Zeit, die wir nicht nutzen.»*
(Seneca)

Es klingt auf den ersten Blick banal – und außerdem: Wieso sollte man sich ausgerechnet für den eigenen Partner noch zusätzliche Zeit einräumen? Mit dem ist man doch sowieso schon seit Jahren zusammen, man kennt sich in- und auswendig. Eher wären doch endlich mal wieder ein paar Stunden mit alten Freunden an der Reihe, der Besuch bei den Eltern oder eine Tour mit dem Rennrad, bevor es im Keller endgültig einzurosten droht.

Die Pflege des Freundeskreises und regelmäßiger Sport sind gut und schön – aber den meisten Paaren fehlt es tatsächlich mit den Jahren daran, gemeinsam entspannte Zeiten zusammen zu verbringen und das miteinander zu tun, was über den täglichen Organisationswahnsinn hinausgeht und wobei der Spaß im Vordergrund steht und nicht die Pflicht. Aber Job, Haushalt, Erziehung, Fahrdienste für die halbwüchsigen Kinder, Hobbys und andere vermeintliche oder echte Verpflichtungen lassen die gemeinsam zu zweit verbrachte Zeit oftmals auf ein Minimum schrumpfen. Es klingt seltsam, aber gerade für den Menschen, mit dem man zusammenlebt, sollte man sich immer wieder einen Platz im Terminkalender freischaufeln.

Ein kurzer Rückblick zeigt, warum das dringend nötig wäre: Aus dem Gefühl zu Beginn einer Liebesbeziehung, jede Minute miteinander verbringen zu müssen, wird schon nach wenigen Jahren eine Hinhaltetaktik mit allerlei diplomatischen Floskeln: «Vielleicht bekommen wir es ja heute Abend hin, endlich mal wieder in Ruhe zusammen essen zu gehen», heißt es dann beispielsweise. Oder: «Ende nächster Woche klappt es bestimmt, dann gehen wir mal wieder zusammen ins Kino.» Theoretisch ist es ja immer möglich, sich zu verabreden. Praktisch klappt es dann so gut wie nie.

Dieses Verschieben, Vergessen und Vertrösten ist meistens nicht mal böse gemeint, sondern Folge der alltäglichen Anforderungen, denen beide nun mal ausgesetzt sind. Es speist sich zudem aus den Zutaten zu einem Teufelskreis, der sich in der toxischen Mischung aus wenig Zeit, wenig Nähe und angespannter Stimmung immer weiter hochschaukelt.

Diese drei Komponenten eignen sich bestens dazu, sich gegenseitig zu verstärken, mit dem Ergebnis, dass noch weniger gemeinsame Zeit füreinander bleibt und die Frustration immer größer wird. Aus «man könnte», «man sollte» und «bald machen wir mal» wird eine einzige Verhinderung. Und dann können erst beide nicht, dann wollen beide nicht mehr, und das nüchterne Ergebnis ist, dass sie nicht mehr viel miteinander unternehmen.

Um sich aus dieser verfahrenen Situation zu befreien und wieder mehr Zeit zu zweit zu verbringen, braucht es zwar nicht besonders viel Energie, aber doch eine neue Strategie, zumindest aber einen anderen Blick auf die Partnerschaft.

Erstens gehört dazu, seine Prioritäten zu überdenken und gegebenenfalls neu auszurichten. Eine Verabredung mit dem Partner, sei es auch «nur» ein gemeinsamer Restaurantbesuch oder ein Kinoabend, muss künftig genauso wichtig sein wie ein beruflicher Termin oder ein Treffen mit einem alten Schulfreund. Auch wenn vielleicht beide das Gefühl haben, solche gemeinsamen Unternehmungen ließen sich ja jederzeit problemlos arrangieren oder wiederholen, sollten sie nicht leichtfertig verschoben oder gar abgesagt werden – denn dann finden sie nie statt.

Wenn es partout nicht anders geht und eine gemeinsame Aktivität tatsächlich ausfallen muss, ist es wichtig, sie nicht auf den Sankt-Nimmerleins-Tag zu verschieben («das holen wir demnächst nach»), sondern gleich einen konkreten Termin zusammen auszumachen. Nur wenn sich beide verbindlich darauf einlassen, wird es auch umgesetzt.

Zweitens ist es wichtig, sich zu überlegen, *was* man gerne mit dem anderen machen würde. Sich zu versichern, «wir unternehmen dann mal wieder etwas zusammen», reicht nicht aus. Dabei ist es hilfreich, das zu reaktivieren, was man am Anfang der Partnerschaft besonders gerne gemeinsam unternommen hat. Egal, ob es die Bootsfahrt unter tiefhängenden Trauerweiden, die lange Radtour zum See, der Besuch des Lieblingsclubs oder eine bestimmte Musik («unser Lied ...!») waren – solche Aktionen aus der ersten Zeit der großen Verliebtheit schreien nach einer baldigen Wiederholung.

Aus zweierlei Gründen kann sich eine solche Wiederbelebung gemeinsamer Ereignisse lohnen: Einerseits scheint es ja damals tatsächlich Spaß gemacht zu haben, mit dem Partner zu rudern, Spaghetti-Eis zu essen oder ein Zehntausend-Teile-Puzzle zu legen – andererseits ist die Wahrscheinlichkeit groß, dass mit der Erinnerung an ähnliche Aktionen vor vielen Jahren auch die damaligen Gefühle von Nähe, inniger Liebe und großer Harmonie wieder reaktiviert werden.

In der durch denselben Ort, dieselbe Handlung oder dasselbe Erleben stimulierten Erinnerung werden mit der Wiederholung parallele Erinnerungen und Gefühle ausgelöst. So wie der Geruch von gebrannten Mandeln oder Glühwein ausreicht, um bei den meisten Menschen Erinnerungen an einen lange zurückliegenden Besuch auf dem Weihnachtsmarkt zu reaktivieren, so können Bootsfahrt, Radtour oder Club auch die Erinnerung an die damals mit diesem Erlebnis verbundenen

Gefühle inniger Verliebtheit «triggern». Derselbe romantische Platz, dasselbe Lied oder dieselben Gerüche – das löst etwas aus, was denselben Emotionen von damals schon ziemlich nahekommt.

Drittens gelingt es besser, gemeinsame Zeit füreinander freizuschaufeln, wenn der Partner dazu in positiver Weise ermuntert wird. «Für mich wäre es schön, wenn du heute schon um sechs Uhr zu Hause bist, damit wird nicht so abgehetzt im Kino ankommen», klingt deutlich freundlicher als die Drohung: «Wenn du wieder so spät kommst wie an den letzten Tagen, hat es gar keinen Zweck, dass wir überhaupt noch losfahren» oder die Unterstellung, «Es ist wahrscheinlich sowieso sinnlos mit uns, wenn du es nicht mal schaffst, pünktlich zu sein.»

Viertens sollten die Partner versuchen, sich zu überraschen und einander ein paar Dinge zu verraten, die für den anderen neu sind. So wäre es eventuell eine Neuigkeit, dem anderen zu erzählen, warum man sich damals so bedingungslos in ihn verliebt hat. Das ist leichter gesagt als getan – Lob und freundliche Worte fallen den meisten Menschen schwerer als Kritik – und gerade in angespannten Zeiten fällt der Blick auf den Partner deutlich skeptischer aus. Es kostet anfangs einige Überwindung, dem Anderen plötzlich zu offenbaren, was man so unwiderstehlich an ihm gefunden hat.

Als *fünfter* und letzter Punkt ist es ratsam, dem Partner immer wieder mal davon zu erzählen, welche Hoffnungen einen umtreiben und welche Sehnsüchte man verspürt. In einem solchen offenen Gespräch geht es nicht um Vorwürfe und Nörgelei. Vielmehr sollte betont werden, was man früher gut am anderen fand, was man heute noch schön an und mit ihm findet – und welche Erfahrungen man unbedingt wieder (oder auch neu) zusammen machen möchte und wie sehr man sich darüber freuen würde.

Voraussetzung dafür, dass es wieder klappt mit mehr Zeit zu zweit, ist allerdings eine wohlwollende Atmosphäre, wenn beide über ihre verschütteten Erwartungen und Wünsche reden. Ein Krisengespräch, das aus Ärger über die Mangelverwaltung der gemeinsamen Zeit vom Zaun gebrochen wird, bringt hingegen wenig.

Wo bleibt die Zärtlichkeit?

Mitmachspiel unter dem Motto «Satzzeichen retten Ehen» –
Setze oder unterlasse das Komma an der richtigen Stelle:
«Was willst du schon wieder?»

Aus der Reihe «Alte Vorurteile, neu bestätigt» muss aus gegebenem Anlass ein ganz altes Klischee aus der Mottenkiste geholt werden. Es geht um die unterschiedliche Einstellung von Männern und Frauen zu Erotik und Sex. Demnach brauchen Männer erst Sex, damit sie Nähe empfinden können. Frauen brauchen hingegen zunächst die Nähe, um überhaupt Sex haben zu können.

Diese Maxime gilt vielleicht nicht für die unaufschiebbare Lust auf ein schnelles Abenteuer, also für einsame nächtliche Beutezüge und die Bereitschaft zum One-Night-Stand. Auf Paare, die schon länger zusammen sind und bei denen sich die Momente vibrierender Leidenschaft nur noch selten auf den eigenen Partner beziehen, trifft sie hingegen oftmals durchaus zu.

Das bedeutet leider auch: Wenn der Knatsch in der Beziehung überwiegt und die Stimmung allenfalls als durchwachsen zu bezeichnen wäre, ist die Flaute im Bett geradezu unvermeidlich. Ärger, Streit, Unzufriedenheit in der Beziehung haben oft zur Folge, dass ein Paar nicht mehr miteinander schläft; es ist oft sogar das früheste Anzeichen dafür, dass die Partnerschaft in Schieflage geraten ist. Wenn es stimmt, dass im Krieg die Wahrheit das erste Opfer ist, so ist es im Beziehungskrieg mit Sicherheit der Sex.

Auch hier ist ein kurzer Rückblick hilfreich, um sich zu vergegenwärtigen, wie rasant sich der Magnetismus in einer Beziehung, also Anziehung und Abstoßung zwischen zwei Partnern, in nur wenigen Jahren verändern kann. Aus Sex-Maniacs, die anfangs kaum voneinander lassen konnten, werden dann Enthaltsamkeitsapostel: Mussten die beiden in den ersten Wochen und Monaten ihrer Beziehung fast jedes Mal sofort übereinander herfallen, sobald sie sich gesehen hatten, schlafen sie jetzt in einer Mischung aus Erschöpfung und Desinteresse nur noch selten miteinander, sondern zumeist nebeneinander ein – voneinander abgewandt, versteht sich. Manche haben gar getrennte Schlafzimmer und bewachen ihre Territorien wie zwei verfeindete Separatistengruppen.

Für viele Paare ist es nicht leicht zu verkraften, dass mit zunehmender Dauer ihrer Beziehung auch die Lust nachlässt und die Erotik manchmal über einen längeren Zeitraum oder sogar ganz einschläft. Das ist nicht ungewöhnlich, sondern dieser Verlust an sexueller Anziehung kommt in vielen Partnerschaften vor. Unzufrieden macht es trotzdem. Um die Lust an der körperlichen Liebe wieder aufzuwecken, ist zwar kein Marshallplan nötig, aber doch ein partnerschaftliches Aufbautraining, das es in sich hat. Vor allem braucht es viel Zeit und Geduld – und Rückfälle sind leider nicht ausgeschlossen. Ein paar nützliche Tipps gibt es trotzdem.

Hilfreich für die Wiederentdeckung der Erotik ist es, wenn sich beide Partner in ihrem Körper wohlfühlen und man ihnen das auch anmerkt und ansieht. Nun muss ein Paar, um miteinander ins Bett zu gehen, nicht Muskelpartien vorweisen, in denen sich jede Faser durch die Haut abzeichnet, wie bei einer Fitnesstrainerin oder einem Türsteher, der Kampfsport betreibt. Gemütliche Menschen mit Wohlfühlbauch können genauso erfüllten Sex haben wie Zehnkämpfer und Kunstturnerinnen, sofern sie mit sich und ihrem Aussehen im Reinen sind.

Das Entscheidende ist Zufriedenheit in der Beziehung. Wenn ein Paar miteinander glücklich – oder wenigstens zufrieden – ist, ist das die beste Voraussetzung für regelmäßigen und erfüllten Sex. Mehr muss man dazu eigentlich nicht sagen, das ist das wichtigste Rezept überhaupt.

Glückliche Partnerschaften sind allerdings nach vielen Jahren der Gemeinsamkeit eher die Ausnahme als die Regel. Um wenigstens halbwegs in die Nähe dieses Zustandes zu kommen, ist es deshalb hilfreich, Spannungen abzubauen, Ärger zu vermeiden und gegenseitig Wohlwollen zu zeigen. Gemeinsame Aktivitäten, zugewandte Gespräche und andere gelungene Erlebnisse zu zweit verbessern die Stimmung ungemein, und nur in dieser Mischung aus Geborgenheit, Verständnis und Nähe (gewürzt mit einer großen Prise Leichtigkeit und Humor) kann die gegenseitige Lust aufeinander wieder dauerhaft gedeihen.

Unterschätzt wird in diesem Zusammenhang auch, wie viel Nähe durch flüchtige Berührungen und andere körperliche Kontakte entsteht, die zunächst wenig mit Erotik zu tun haben. Es geht dabei um kleine Zärtlichkeiten und innige Berührungen, die nicht das Ziel haben, den anderen möglichst schnell ins Bett zu bekommen. Vielmehr ist das Zeichen wichtig: Ich bin dir nahe, ich mag dich, und wir sind uns vertraut. Die positiven Auswirkungen einer solchen regelmäßigen Kontaktaufnahme sind ungeheuerlich. Deshalb ist das auch ein Kapitel für sich.

Touch me – wie Berührung hilft

«Wer Worte macht, tut wenig: seid versichert,
die Hände brauchen wir und nicht die Zungen!»
(William Shakespeare)

Die einfachen Dinge sind oft besonders wirksam. Es ist eine banale Alltagserfahrung, dass Berührungen guttun – zumindest, wenn sie vom richtigen Menschen zur richtigen Zeit kommen und richtig dosiert werden. Sie beruhigen sofort, sie spenden Nähe, Wärme und vermitteln einen wohligen Schauer des Behagens. Vom aktuellen Lieblingsmenschen sind sie besonders willkommen, aber auch die Umarmung eines guten Freundes, eines Verwandten oder die tröstende Hand eines Arztes kann sehr viel bewirken.

In langjährigen Beziehungen ist es geradezu unentbehrlich, sich immer wieder anzufassen. Damit sind nicht nur die Streicheleinheiten gemeint, die im weitesten Sinne als erotisch gelten könnten. Mindestens so wichtig ist die flüchtige Berührung zwischendurch: der Arm auf der Schulter, das Knuddeln zum Abschied oder zur Begrüßung, das Händchenhalten während des Spaziergangs. Mit solchen kleinen Gesten und freundlichen Handgreiflichkeiten wird spontan Zuwendung signalisiert, und zwar ganz ohne Worte.

Es ist erstaunlich, wie viele Paare man beobachten kann, bei denen keine Geste, keine Bewegung, ja überhaupt keine Form von vertrauter Körperlichkeit darauf hindeuten, dass sie zusammen sind. Sie könnten auch gerade mit ihrem Bruder oder ihrer Schwester unterwegs sein, so wenig liebevoll-zärtlicher Austausch ist da zu sehen. Dabei wäre es so wichtig, dass es in Partnerschaften immer mal wieder handgreiflich zugeht.

Berührungen müssen nicht weiter erklärt werden, sie

kommen ohne jede Gebrauchsanweisung aus. Zudem lösen Berührungen im Körper eine Kaskade an neurobiologischen, vegetativen und hormonellen Reaktionen aus, die an ein Wunder grenzen. In ihrer psychologischen und physiologischen Wirkung können erwünschte Berührungen gar nicht überschätzt werden. Gesund und ein ideales Mittel zum Stressabbau sind sie obendrein.

Berührung ist die erste Sprache. Keine andere Form der Kommunikation erschließt sich so unmittelbar, deswegen verstehen Babys sie sofort. Und sie hat ungeahnte Wirkungen, wie etwa ein verändertes Schmerzempfinden. Wer liebevoll angefasst wird, dem tut weniger weh. Der Schmerzreiz mag zwar da sein, im Gehirn kommt aber weniger davon an.

Pavel Goldstein kam während der Geburt seiner inzwischen vierjährigen Tochter auf die Idee, diesen Zusammenhang genauer zu untersuchen. «Meine Frau hatte starke Wehen, und ich dachte nur daran, wie ich ihr helfen könnte», erinnert sich der Psychologe von der Universität Haifa. «Ich hielt ihre Hand, und das schien die Beschwerden bereits zu lindern. Deshalb wollte ich später im Labor herausfinden, ob Berührung tatsächlich die Schmerzen verringern kann – und wenn ja, wie.» Was passiert beispielsweise, wenn ein Vertrauter intuitiv die Hand eines ihm nahen Menschen ergreift, sobald der Zahnarztbohrer, fiese Spritzen oder andere brenzlige Situationen drohen? Die hilfreiche Wirkung ist ja bei Kindern wie bei Liebespaaren zu beobachten.

Der Wissenschaftler aus Israel hat mit seinem Team bei Paaren untersucht, was Körperkontakt bewirken kann. Die Forscher zeigten, dass sich physiologische Vorgänge wie Herzschlag und Atmung bereits einander annähern, wenn sich zwei Partner nur im selben Raum befinden.[107] Plötzlich auftretender Schmerz – in diesem Fall ausgelöst durch leichte Hitzereize am Unterarm – unterbricht diese Synchronisierung jedoch abrupt, ihre Herzen schlagen dann nicht mehr im Takt. Dürfen sich die Paare hingegen berühren, während der Schmerz ausgelöst wird, passen sich die Rhythmen sofort wieder einander an, und das Leiden wird weniger stark empfunden.

Die schmerzlindernde Wirkung einer liebevollen Berührung lässt sich sogar noch steigern. Sie fällt umso stärker aus, je ausgeprägter die Empathie füreinander ist. «Berührung könnte das Werkzeug sein, mit dem wir uns gegenseitig Mitgefühl vermitteln», sagt Goldstein. «Die Folgen sind mit der Einnahme von Schmerzmitteln vergleichbar.»

Auch Babys spüren von Anfang an die beruhigende Wirkung und behagliche Wärme, wenn sie angefasst werden. Sie wachsen dann schneller, sind weniger schmerzempfindlich und besser vor Infektionen geschützt, wenn sie immer wieder liebevoll berührt werden. Sogar die Nervenbahnen in ihrem Gehirn vernetzen sich schneller, und ihre körperliche wie geistige Entwicklung vollzieht sich rascher, sodass sie einfache Aufgaben früher lösen können. Freundliche Berührungen lösen einen positiven Schub bei ihnen aus.

Doch in vielen Gesellschaften wird mit zunehmendem Alter nicht etwa mehr Nähe und Körperkontakt zueinander gepflegt; vielmehr prägen Distanz und Abgrenzung oftmals schon das Miteinander, sobald Babys das Kleinkind- oder Grundschulalter erreicht haben. Dabei gilt auch für Erwachsene, dass Berührung für sie eine besonders effektive Medizin ist, noch dazu ohne Nebenwirkungen: ihre Blutgefäße bleiben elastischer, Herzinfarkte sind seltener und die Mobilität im Alter ist erst später eingeschränkt, wenn sie immer wieder liebevoll angefasst werden.

Der Mensch ist ein soziales Wesen, auch wenn das in der Hektik des Alltags oft nicht zu spüren ist. Sehen Kinobesucher einen bewegenden Film, gleichen sich ihre Herzrhythmen und Atemzüge an, beim Singen und Tanzen geschieht das sowieso, aber auch zwei Fußgänger fallen nebeneinander schon bald in den gleichen Schritt, und in Konferenzen nehmen Kollegen, die gegenüber platziert sind, die gleiche Sitzhaltung ein.

Auch deswegen ist es so wichtig, dass Paare regelmäßig gemeinsame Unternehmungen planen, sich zusammen bewegen, Sport treiben oder auch nur zusammen spazieren gehen und nicht nur miteinander reden. Umgekehrt ist Einsamkeit und Ablehnung sogar ein körperlich schmerzhafter Prozess. «Soziale Schmerzen» entstehen, wenn jemand aus einer Gruppe ausgeschlossen wird und sich allein fühlt – die Ausgrenzung zeigt sich auch darin, dass die Empfindlichkeit für körperliche Schmerzen ebenfalls wieder steigt.

Paare, Freunde und Kollegen sollten deshalb die hauseigene Schmerzapotheke offensiv nutzen, fordern Goldstein und andere Berührungsforscher. Schließlich lassen die meisten körperlichen Leiden nach, wenn man liebevoll angefasst wird, das wissen schon Kinder, die von Mutter oder Vater die wärmend-beruhigende Hand auf den Bauch gelegt bekommen. Und schon bei gelegentlichen flüchtigen Berührungen halten Beziehungen länger, weil sie das verbindende Band stärken. Sogar ein Berg wirkt weniger steil, wenn ein Paar oder gute Freunde auf dem Weg bergauf Händchen halten. Beim Anstieg zum Gipfel kann es zudem sowieso nicht schaden, im Gleichschritt und mit synchronem Puls voranzukommen.

Sich richtig anfassen –
auch nach Jahren nicht einfach

*«Es gibt Menschen, deren einmalige Berührung mit uns
für immer den Stachel in uns zurücklässt, ihrer Achtung
und Freundschaft wert zu bleiben.»*
(Christian Morgenstern)

Menschen ertragen Berührungen unterschiedlich gut, das
Phänomen ist aus dem Alltag bekannt. Manche mögen heftige
Umarmungen lieber als zartes Streicheln. Allerdings ist es
nicht immer leicht, das richtige Maß zwischen freundlichem,
aber bestimmtem Druck und sanftester Zärtlichkeit zu finden,
wie das Beispiel von Temple Grandin zeigt. Behaglich sieht es
schließlich nicht gerade aus, wenn sich die ältere Dame auf
allen vieren in ihren Verschlag zurückzieht. Mindestens einmal
in der Woche krabbelt sie in ein Gestell, das aussieht, als hätte
ein mäßig begabter Heimwerker versucht, eine Hundehütte zu
zimmern. Aber wofür sind die dick gepolsterten Platten an den
Innenseiten gut?

Die resolute Grandin wurde 1947 geboren und hockt sich in
ein seltsames Gehäuse, an dem sie ein Emaille-Schild mit der
Aufschrift «The big squeeze» angebracht hat. «Das kräftige
Drücken» müsste man das wohl übersetzen. Oder besser noch:
«Die heftige Umarmung». Dort, in dieser Holzkiste, holt sich
Grandin ihre Streicheleinheiten ab. Den Druck, mit dem sie
sich von den beweglichen Polstern massieren lässt, kann sie
mit Hilfe einer Fernbedienung selbst steuern. Die ältere Dame
hat ein spezielles Verhältnis zu Berührungen.

Temple Grandin ist Verhaltensbiologin und Autistin, eine
der bekanntesten der Welt, nachdem ihr Leben in Büchern
und Filmen nachgezeichnet wurde. Wie viele Autisten erträgt
sie sogar leichte Berührungen nur schwer. Warum das so ist,

können Wissenschaftler bisher nicht genau erklären. Forscher aus Harvard haben allerdings Hinweise dafür gefunden, welche Mechanismen die Berührungsempfindung beeinträchtigen könnten. Die Neurobiologen haben gezeigt, dass dem Phänomen offenbar eine Überempfindlichkeit im peripheren Nervensystem zugrunde liegt, die sich zumindest im Tierversuch pharmakologisch abschwächen lässt.[108]

Warum das wichtig für Berührungen in der Partnerschaft sein könnte? Die Harvard-Forscher haben entdeckt, dass bei Menschen mit Autismus jene niedrigschwelligen Nervenbahnen, die auf leichten Druck ansprechen und entsprechende Empfindungen weiterleiten, nicht so gut funktionieren – ebenso wie die weitere Reizübertragung zum Rückenmark. Dadurch ist der Signalweg zum Gehirn gestört, und zarte Berührungen fühlen sich unangenehm an. Der Tastsinn ist überempfindlich. Dies könnte erklären, warum manche Menschen, obwohl sie keine Autisten sind, die körperlichen Kontakte mit anderen nicht gut aushalten.

Dass Autisten besonders empfindlich auf Berührungen reagieren und sie manchmal nicht ertragen können, wurde lange Zeit für eine lästige, aber weitgehend harmlose Begleiterscheinung des Leidens gehalten. Inzwischen ist bekannt, dass es durchaus negative Auswirkungen hat, wenn Nervenzellen nicht richtig auf Berührungen ansprechen und ihre Kommunikation untereinander sowie die Signalweiterleitung an das Gehirn gestört ist. So wird eine verzögerte Hirnentwicklung damit ebenso in Verbindung gebracht wie vermehrte Angstzustände und Störungen der Magen-Darm-Funktion, die wiederum mit Untergewicht und frühkindlichen Gedeihstörungen einhergehen können.

Wenn Menschen Schwierigkeiten haben, Kontakt mit der Außenwelt aufzunehmen, sie visuelle und auditive Eindrücke aber ungewöhnlich intensiv wahrnehmen, wurde ihr empfindlicher Tastsinn als Selbstschutz vor Reizüberflutung interpretiert. Heute ist zwar bekannt, dass die gelungene Weiterleitung sensorischer Stimuli die geistige wie motorische Entwicklung fördert. Warum manche Menschen Körperkontakt lieber ganz meiden, andere dagegen distanzlos sind und ihren Mitmenschen unangemessen nahe kommen, erklärt das aber noch nicht. Immerhin wissen Forscher mittlerweile, welche Berührungen im Körper was auslösen, es gibt also eine Art Code, der sich hinter dem richtigen «Touch» verbirgt.

«Der Druck, mit dem wir berührt werden, hat unterschiedliche Auswirkungen», sagt Dougal Hare von der Universität Manchester. Leichte Berührungen wirken demnach zumeist anregend – und aufregend; der Körper reagiert mit einer Alarmreaktion und fühlt sich überwach an. Stresshormone wie Cortisol werden freigesetzt, Puls, Blutdruck und Atemfrequenz steigen an. Das für Kampf und Flucht zuständige sympathische Nervensystem ist in höchstem Maße stimuliert, das kann erregend wirken.

Spüren wir hingegen kräftigen, länger anhaltenden Druck, etwa bei einer festen innigen Umarmung, beruhigt das und senkt das Aktivitätsniveau im Organismus. Die Frequenz von Puls, Blutdruck, Atmung und anderen Körperfunktionen verlangsamt sich, und das parasympathische Nervensystem gewinnt die Oberhand. «Deep Touch», wie dieser beruhigende, zupackende Druck auch genannt wird, kann sogar therapeutisch wirken und Angstzustände und Depressionen abmildern, wie Psychiater gezeigt haben.[109]

Schon lange wissen Experten für frühkindliche Bindung und Entwicklung, dass es einen Zusammenhang zwischen der Intensität der Berührung und der Ausbildung körperlicher wie kognitiver Fähigkeiten gibt. Wer in jungen Jahren selten angefasst, gestreichelt und umarmt wird, zeigt später auch häufiger auffällige Verhaltensweisen, Ängste und Depressionen.

Von Ratten ist das Phänomen schon länger bekannt. Aus unbekannten Gründen werden die Jungtiere von ihren Müttern nach der Geburt unterschiedlich oft abgeleckt, ohne dass dies ein Zeichen für mehr oder weniger Zuwendung sein muss. Jene Tiere, die öfter geleckt werden, sind später jedoch resistenter gegen Stress. Sie können die Wirkung von vermehrt ausgeschütteten Stresshormonen wie Cortisol bei Belastungen schneller neutralisieren, weil sie mehr Rezeptoren ausbilden, an denen die Alarmmoleküle binden. Von Autisten ist bekannt, dass ihre Krankheit umso schwerer verläuft und mit weiteren Beeinträchtigungen verbunden ist, je irritierter sie auf die verschiedenen Berührungsreize reagieren.

Temple Grandin konnte übrigens als Kind kaum fremde Berührungen ertragen. Als sie mit ihrer Tante im Auto unterwegs war, sah sie zufällig, wie Rinder in einer Vorrichtung aus Brettern von beiden Seiten eingepfercht und fixiert wurden. Sie sollten stillhalten, um geimpft werden zu können. Statt aufgeregt und wild zu reagieren, wurden die Tiere durch den seitlichen Druck immer ruhiger. Grandin erkannte, dass sie so eine «Press-Vorrichtung» brauchte, und baute sich als Jugendliche eine Berührungsmaschine, die ihr half, mit der Reizüberflutung durch die Außenwelt zurechtzukommen.

In späteren Jahren wurde die eigenwillige Dame zur weltweit anerkannten Expertin für Viehhaltung – und für Autismus. Ihre ungewöhnliche Geschichte wurde in Büchern von Oliver Sacks und in mehreren Filmen aufgegriffen. «Die Maschine machte mich zu einem angenehmeren Menschen», sagt Grandin über sich selbst. «Wenn ich in meine ‹Squeeze Machine› ging, beruhigte ich mich sofort. Ich benutze sie heute noch. Dank ihr überlebte ich die Pubertät.»

Möglich, dass der richtige Druck – im Notfall mit mechanischer Unterstützung, aber besser durch einen Liebsten – vielen Menschen dabei helfen würde, ein schöneres Leben zu führen.

Die passende Berührung finden

«Touch me, touch me
I want to feel your body
Your heartbeat next to mine»
(Samantha Fox)

Wer gerade keinen geeigneten Partner zur Hand hat, aber wieder mal so richtig gedrückt werden will, steht vor der Wahl: Auf eine der in Mode gekommenen Kuschelpartys gehen oder zum Gaudi-Raufen? Zarte Streicheleinheiten oder handfeste Rangeleien?

Im Angebot hat die Berührungsindustrie mittlerweile beides, denn die Nachfrage nach mehr Körperkontakt ist enorm. Regelmäßig geben etwa die Hälfte der Deutschen an, dass sie sich nach Berührungen sehnen. Nur: Woher nehmen in einer Gesellschaft, in der es vierzig Prozent Single-Haushalte gibt und auch Menschen mit Partner oft nicht die Berührungen bekommen, die sie bräuchten und nach denen sie fast verzweifelt dürsten?

Die Diagnose trifft ziemlich genau zu: «Der Mensch ist nicht nur ein geistiges, sondern auch ein körperliches, emotionales und soziales Wesen», schreibt der selbsternannte «Kuschelmeister», der im Raum München «Kuschelpartys» organisiert. «Und er hat entsprechende Bedürfnisse, die er in unserer Gesellschaft häufig nicht oder nur sehr oberflächlich befriedigen kann. Absichtsloses Kuscheln unter qualifizierter Anleitung kann dem so entstehenden Mangel entgegenwirken.»

«Kuschelenergie» nennen die Organisatoren das, was während der Treffen entsteht. Fremde Menschen finden sich dort zusammen, begrüßen sich höchstens mit dem Vornamen und fassen sich bald darauf an. Erotische Annäherungen, Sex sowieso sind tabu bei diesen Events. Alle sind bequem gekleidet, und der Körperkontakt soll einfach nur behaglich und zufrieden machen.

Die Teilnehmer finden auf solchen Veranstaltungen endlich das, was sie sonst so sehr vermissen: Nähe, ohne weitere Verpflichtungen. Einfach kuscheln können, ohne dass mehr daraus wird. Man schmiegt sich aneinander oder setzt sich in den Schoß des anderen, manchmal hintereinander wie bei Kindern, die sich auf der Rutsche aneinander festhalten. Am Ende legen sich alle auf die Decken und Matratzen und streicheln beim Gemeinschaftskuscheln drauflos.

Vorher baden oder duschen ist erwünscht, starke Parfüms sind es hingegen nicht. «Absichtslos» sollen die Teilnehmer kommen, rät ein Anbieter von Kuschelpartys. Aber das ist illusorisch, denn mit einer Absicht sind ja alle Beteiligten hier: sie wollen endlich wieder berührt werden.

Wurden anfangs nur Treffen zum Kuscheln und für sanfte Berührungen angeboten, gibt es jetzt auch derbere Zusammenkünfte, etwa das Gaudi-Raufen. Es geht also nicht nur um Streicheln, auch Handgreiflichkeiten sind offenbar gefragt. «Normalerweise ist der körperliche Umgang ja eher distanziert», berichtet eine Teilnehmerin von ihren Erfahrungen beim «Rauftreff» in der Nähe Münchens. «Aber hier kann ich meine Kraft nach außen bringen. Ich darf dabei auch laut sein und meine Anstrengung und meine Gefühle zum Ausdruck bringen.»

Menschen brauchen unterschiedliche Formen der Berührung, schon bei kleinen Kindern ist das zu sehen. Manche möchten fest in den Arm genommen werden, andere genießen es hingegen, sanft gestreichelt zu werden. Wiederum andere brauchen kaum Kontakt, ohne dass sie deswegen weniger empfindsam wären. Und manches Kind mag am liebsten ständig angefasst und auf den Arm genommen werden. «Es gibt Cuddler und Nicht-Cuddler», sagt Florian Heinen, Chefarzt für Neuropädiatrie und kindliche Entwicklung am Haunerschen Kinderspital der Universität München. «Die einen kuscheln viel und gerne, andere brauchen das nicht so, ohne dass daraus auf ihren Charakter oder ihre Entwicklung geschlossen werden könnte.»

In Liebesdingen verhält es sich nicht anders. Jeder Mensch hat andere Vorlieben und bestimmte «Stellen», die bei ihm empfindlich sind und an denen sich besondere Wonnen auslösen lassen. Spezielle Tastkörperchen überall im Körper melden über verschieden schnell leitende Nervenbahnen an das Gehirn, ob wir behutsam oder heftig berührt werden, ob wir mit etwas Weichem oder Hartem Kontakt haben. Forscher sprechen inzwischen davon, dass der Tastsinn nicht nur taktile Reize von außen an das Gehirn weiterleitet, sondern auch der «affektiven Berührung» dient. Das heißt, dass über den Haut-zu-Haut-Kontakt emotionale, hormonelle und andere Reaktionen im Körper stimuliert werden.

Während besonders schnell leitende Nervenfasern rasch Schmerzreize, Hitze und Druck weiterleiten, sodass beispielsweise die Hand sofort von der heißen Herdplatte gezogen werden kann, gibt es andere Bahnen, die «soziale» Berührungseindrücke nur langsam weiterleiten, wie Forscher gezeigt haben.[110] So als ob sie sich Zeit lassen, damit die besonderen Gefühle erst in aller Ruhe ankommen.

Über die Ursachen dafür, dass Berührungen so unterschiedlich wirken, spekulieren Forscher noch. Leichter, behutsamer

Körperkontakt findet ja auch beim liebevollen Austausch von Zärtlichkeiten statt, und dass Blutdruck und Puls im Reizgewitter in die Höhe schnellen, ist hinlänglich bekannt. Andere Forscher vermuten hingegen, dass leichte Berührungen eher zu einer Stressreaktion führen, weil sie – zumindest aus evolutionärer Sicht – auf die krabbelnde Berührung von Giftspinnen, Insekten und anderem gefährlich-lästigen Getier hinweisen und dann höchste Alarmbereitschaft geboten ist.

Für den Hausgebrauch ist es hilfreich herauszufinden, welche Form von Berührung einem selbst und dem Partner gefällt. Die Schweizer Psychologin Anik Debrot kam nach langjährigen Studien über die Auswirkungen von Berührungen an der Universität Fribourg jedenfalls zu einem ebenso einfachen wie praktischen Schluss: «Los, nehmt eure Partner in den Arm – damit tut ihr beiden von euch etwas Gutes!» Die Wissenschaft gibt für beide Formen von Berührungen ihren Segen, egal ob sanftes Streicheln oder kräftiger Druck gerade erwünscht ist.

Wenn die Liebe in die Jahre kommt – geht dann der Sex?

«Ich denke, Sex wird überbewertet.»
(Audrey Hepburn)

Alle wollen es, doch nur wenige reden offen darüber – und wie es tatsächlich in deutschen Betten aussieht, ist oft ein bürgerliches Trauerspiel. Trotz aller Aufklärung und Lockerheit gilt Sex noch immer als die genehmigte Nebentätigkeit junger und zumeist attraktiver Menschen. In mittleren Jahren und langjährigen Beziehungen wird er gerade noch geduldet. Ab Mitte fünfzig oder gar sechzig werden beim Thema Sex hingegen Assoziationen wie Impotenz, Wechseljahre und trockene Schleimhäute geweckt.

Die Tabus rund um das Thema Sex betreffen zwar vor allem das Alter. Aber auch Paare, die jünger sind, aber stark von der gegenwärtigen Mode und anderen äußeren Idealvorstellungen abweichen, werden nebenbei schnell ausgegrenzt («Ich möchte mir nicht vorstellen, wie die Sex miteinander haben»). Trotz diverser Filme wie «Wolke 7» und regelmäßiger Umfragen, die das Gegenteil zeigen, gilt vor allem der Sex im Alter noch immer als eine Art Notfallprogramm, zumindest aber als eine überraschende Momentaufnahme oder unerwünschte Ausnahme, wie sie der Begriff «alter Lüstling» nahelegt.

Neulich im Radio: Im Sender Bayern 3 läuft eine Sendung, die «Freundschaft plus» heißt. Die Moderatorin Corinna Theil («Die Zwei für euren Feierabend») und Schauspielerin Christin Balogh («Sturm der Liebe») laden ein – und zwar «zu Gesprächen, die normalerweise unter vier Augen bei einem Glas Wein auf dem Balkon stattfinden», so die Eigenwerbung des Senders. Beide reden davon, dass sie jetzt, da sie schon etwas älter seien, viel besser wüssten, was sie in der Liebe wollten. Das gelte sowohl für die Partnerschaft als auch den Sex. Die Moderatorinnen scheinen nach langen Jahren der Suche endlich angekommen zu sein.

Das klingt nach gediegener Reife und einigermaßen Erfahrung, von der zwei Frauen hier berichten. Vermutlich werden sie in ihren späten Vierzigern oder Fünfzigern sein. Doch eine kurze Recherche zeigt, dass die beiden Jahrgang 1985 sind, also gerade mal Mitte dreißig – aber in diesem Beitrag klingen sie so, als ob sie über Silver Sex reden würden, also über den Sex der Ergrauten, Rentner und anderer Liebender jenseits der fünfundfünfzig. Zwischendurch ruft eine Hörerin an und erklärt, dass auch sie jetzt endlich viel besser wüsste, was sie im Bett will und von ihrem Partner erwartet. Jetzt, da sie sich nicht mehr auf alles und jeden einlassen müsse, schon älter sei und ihre letzte Beziehung gerade hinter sich habe. Geht es wenigstens bei ihr vielleicht um reifere Partnerschaften? Nein, sie ist fünfundzwanzig, sagt sie. Vielleicht haben sich hier ein paar Frühreife verabredet.

Dann kommt ein Mann hinzu, ein Comedian, der erst mit seinem Alter kokettiert und dann erzählt, wie beschwerlich das Leben und der Sex manchmal sein können. Allerdings habe er sich im Alter angewöhnt, nicht mehr alles so wichtig zu nehmen und auch zu seinen körperlichen Schwächen zu stehen, beispielsweise seinem Bauch. Es muss ja nicht eine Einspielung von Johannes Heesters sein, der hundertacht Jahre alt wurde und mit neunundneunzig noch auf der Bühne stand. Aber der Mann im Radio ist Jahrgang 1979, also gerade mal Anfang vierzig, es ist zum Verzweifeln.

Nun ja, der Radiosender Bayern 3 hält sich für einen Unterhaltungssender. Wahrscheinlich will er unbedingt die jugendlichen und jungerwachsenen Hörer binden oder gar hinzugewinnen. Um Liebe und Sex in Partnerschaften, die schon viele Jahre andauern, geht es hier jedoch ausdrücklich nicht. Ist das vielleicht doch noch ein Tabu?

Eine andere Szene, ein Mittagessen mit geschätzten Kollegen. Der eine redet gerne über Sex, besonders über den, den er nicht hat. Er ist Anfang fünfzig, munter, hat einen herrlichen Wortwitz. Schon vier Wochen sei es her, dass er zuletzt mit seiner Frau geschlafen habe. Schwierig sei das, und natürlich würde er diese langen Pausen nur schwer aushalten. Wie das denn bei uns anderen so sei, fragt er in die mittelalte Männerrunde? Schweigen am Tisch.

Wenn die Ödnis im Bett früh anfängt

«Ich empfehle Langzeitpaaren, denen der Sex abhandengekommen ist, in meiner Praxis deshalb nicht Beckenbodentraining, Tantra und Champagnerbäder, sondern sich mit ihrer Verschiedenheit auseinanderzusetzen, um sich dadurch immer wieder neu kennenzulernen.»
(Christoph Joseph Ahlers, Sexualpsychologe)

Die Lust stirbt einen schleichenden Tod. Es ist ja nicht so, dass die Menschen plötzlich alt, schrumpelig und grau geworden sind und ihr Sex damit akut zum Erliegen kommt oder schlicht keinen Spaß mehr macht. Vielmehr vergeht die Liebe langsam, zumindest die körperliche. Und was lange dauert, fängt oft schon früh an. Eine wissenschaftliche Untersuchung mit Umfragen unter Erwachsenen hat ergeben, dass nur wenige Paare in mittleren Jahren wirklich zufrieden mit ihrer Beziehung sind. Mit den «mittleren Jahren» waren hier Paare im Alter zwischen vierzig und neunundfünfzig Jahren gemeint. Für die Mehrzahl war das schon okay, wie ihre Partnerschaft seit Jahren vor sich hin dümpelte, aber wirklich glücklich und erfüllt war weit weniger als die Hälfte von ihnen.[111]

Die genauere Analyse zeigte, dass es nicht primär darum ging, ob beide Partner noch gesund, fit und leistungsfähig waren. Als viel wichtiger entpuppten sich die möglichen Übereinstimmungen beim Thema Sexualität. Dabei gab es geschlechtsspezifische Unterschiede: Je häufiger das Paar gemeinsam Sex hatte, desto zufriedener waren sowohl die Männer als auch die Frauen, und zwar in emotionaler wie sexueller Hinsicht. Je häufiger das Paar gemeinsam über sexuelle Themen wie ihre jeweiligen Phantasien, Wünsche und Schwierigkeiten sprach, desto erfüllender war der Sex für beide – für Frauen und ihre emotionale Zufriedenheit war dieser Aspekt noch wichtiger.

Versuchungen widerstehen für die lange Liebe

«Von ihr nichts zu bekommen ist immer noch hübscher,
als mit einer andern zu schlafen.»
(Kurt Tucholsky)

Das Leben ist schon hart: Jeden Tag gibt es neue Versuchungen, lauern neue Verlockungen, wie im Kapitel «Toxische Zweifel» deutlich wurde. Und je länger eine Beziehung bereits andauert, desto attraktiver scheinen andere potenzielle Partner zu werden. Ist der da drüben nicht viel unternehmungslustiger als der langweilige Typ an meiner Seite? Zudem sieht er gut aus, und dabei wirkt er trotzdem so verständnisvoll? Und sie, eine Seele von Mensch scheint sie zu sein, aber trotzdem geheimnisvoll und begehrenswert – jedenfalls kein Vergleich zu der Frau, mit der man routiniert Tisch und Bett teilt.

Solche Zweifel und Fragen sind in festen Beziehungen nicht etwa eine Ausnahme, für die man ein schlechtes Gewissen haben müsste, sondern die Regel. Niemand läuft blind für andere durch die Welt. Und gerade wer in einer langjährigen Partnerschaft lebt, überlegt sich gelegentlich, ob er oder sie nicht besser eine andere Wahl hätte treffen sollen. Nun bleiben zwar manche Menschen ihr Leben lang leicht verführbar, trotzdem hat unsere Psyche diverse Strategien entwickelt, damit wir nicht jedem erstbesten Angebot sofort nachgeben und uns in ein neues Abenteuer stürzen. Wir widerstehen meistens, eine Weile zumindest.

Welche Mechanismen dazu beitragen, dass wir uns nicht sofort dem nächsten interessanten Mann an den Hals werfen und der nächsten attraktiven Frau hinterherlaufen, haben Psychologen aus Kanada und den USA untersucht.[112] Einerseits ist bekannt, dass sowohl das Ende einer Beziehung als auch eine Scheidung sehr wohl davon abhängig sind, ob überhaupt und wenn ja, wie viele andere Möglichkeiten vorhanden sind.[113]

Andererseits gibt es immer auch einen Zielkonflikt, der nicht zu unterschätzen ist: Die kurzfristige Versuchung mag zwar allzu verlockend sein, das langfristige Ziel, die bereits bestehende Partnerschaft nicht zu gefährden, ist es allerdings auch. Verbotene Früchte zu naschen hat seinen Preis, das dürfte sich seit Adam und Evas Zeiten herumgesprochen haben. Und der wird – auch unbewusst – immer einkalkuliert.

Um die eigene Beziehung nicht zu gefährden, steht dem Einzelnen gleich ein ganzes Arsenal an psychischen Abwehrmechanismen zur Verfügung; die meisten davon sind in wissenschaftlichen Studien gründlich untersucht worden. Das Stichwort lautet Selbstregulation. So wird eine attraktive Alternative oftmals von vornherein weniger beachtet oder gar abgewertet, damit die Bedrohung der eigenen Partnerschaft automatisch geringer ausfällt. «Ich habe sie gar nicht als Mann / Frau wahrgenommen», oder: «Er / Sie löst bei mir überhaupt nichts aus», lauten solche Sätze. Damit steht bereits der erste Schutzwall.

Manche Menschen in Beziehungen untersagen sich sogar, überhaupt an einen Flirt oder eine Romanze mit einem anderen Menschen zu denken. Sie schließen diese Möglichkeit kategorisch aus, und auf mögliche Einladungen oder andere Versuche der Kontaktanbahnung gehen sie weniger oder gar nicht erst ein.[114] Gelegentlich sieht der Alltag in Partnerschaften sogar so aus, dass Treffen oder Termine vermieden werden, wenn dort beiläufig Versuchungen lauern könnten. Wer nicht mehr auf eine Party oder in den Club geht, hat auch keine Möglichkeit, dort in Versuchung zu geraten. Und wenn es doch mal dazu kommt, flirten Männer, die über die entsprechende Selbstregulation verfügen, deutlich weniger.[115] Es geht um Selbstdisziplin ganz ähnlich wie bei einer selbst auferlegten *FdH*-Diät: Wer sich fest vorgenommen hat, weniger zu essen, der isst auch weniger.

So abwegig und streng, wie sie auf den ersten Blick erscheinen mag, ist diese Strategie gar nicht. Und sie hat eine sehr lange Tradition. Odysseus, der zuvor immerhin schon mit einigen garstigen Ungeheuern fertiggeworden war, ließ sich auf seiner Irrfahrt von seinen Gefährten an den Mast binden, um nicht dem Gesang der Sirenen zu erliegen. Das Wachs in den Ohren, mit dem seine Mitfahrer sich gegen die

Verführungskünste präparieren mussten, ließ er hingegen absichtlich weg. Er wollte den unbändigen Drang, dieser Versuchung nachzugeben, in voller Macht spüren, allerdings ohne ihm folgen zu können. Der Listenreiche setzte sich also der Gefahr besonders intensiv aus, widerstand ihr dann aber mit Hilfe seiner Handfesseln – ein echter Held eben.

Auch wenn das wenig romantisch und erst recht nicht nach einer Heldensage aus dem klassischen Altertum klingt, ist die Abwehr attraktiver Alternativen oft eine Frage des persönlichen Investments. Wer bereits eine feste Beziehung hat, scheut offenbar unbewusst die «Kosten», die es mit sich bringt, eine neue Partnerschaft einzugehen – oder vielmehr den Aufwand, den es bedeutet, bis es überhaupt so weit ist. Erstens ist der Ausgang eines solchen Manövers ungewiss. Zweitens kann es ganz schön viel Mühe machen, mal wieder charmant zu sein und zu flirten und sich von seiner besten Seite zu zeigen.

Zudem ist ja unklar, ob sich der ganze Zauber überhaupt langfristig lohnt. Womöglich droht nach der kurzen Abwechslung und der Aufregung des Anfangs ja bald die gleiche Malaise wie in der gewohnten Beziehung. Aus diesen Gründen ist es weitaus weniger kostspielig, ein attraktives Gegenüber im persönlichen Ranking gar nicht allzu weit nach oben kommen zu lassen und es von vornherein schlechter zu bewerten, als es ihm oder ihr zustünde.

Ähnlich wie der eigene Partner in der Phase der ersten Verliebtheit überhöht und seine Eigenschaften beschönigt werden könnte man hier von einer «Entschönigung» reden: Sie sieht zwar gut aus, aber wahrscheinlich ist sie doch nicht so spannend wie gedacht. Und er ist ja viel weniger liebreizend als erwartet und hat einige unberechenbare Macken, das merkt man sofort. Solche Sachen. Sich darauf einzulassen lohnt weder die Zeit noch den Ärger. Auf diese Weise ist die Verteidigungslinie sicher – und die Partnerschaft nicht bedroht.

Allerdings gibt es diverse Situationen, die den inneren Widerstand schwächen können. Wer mit seiner Partnerschaft schon länger unzufrieden ist und hadert, ist leichter verführbar als jemand, der zwar immer wieder Schwierigkeiten mit dem Partner hat, aber dennoch weiß, dass die Beziehung auf tiefer Verbundenheit und Zuneigung beruht. Sich zu überlegen, warum man in bestimmten Momenten anfälliger für äußere Versuchungen ist, gibt Aufschluss über den aktuellen Zustand der Partnerschaft.

Zudem verstärken einige äußere Faktoren die Gefahr, sich auf andere Menschen näher einzulassen. Es sind banale Umstände, die dazu beitragen: Wer beispielsweise über längere Zeit müde ist, unter Zeitdruck, sich geistig erschöpft fühlt oder unausgeglichen, gibt diversen Versuchungen leichter nach. Eine gestresste und schnell überforderte Gesellschaft wie unsere ist also anfälliger dafür, dass Beziehungen auf die Probe gestellt werden.

Es ist daher nicht leicht für das angestrengte Individuum, immer genügend Abwehrkräfte aufzubringen. Manche Forscher fordern deshalb sogar, die Abwehr attraktiver Alternativen so lange einzuüben, bis es sich dabei um einen gleichsam automatisierten Reflex handelt. Sobald dann eine verführerische Situation entstehe, laufe eine Art Notfallprogramm ab, nach dem Motto: Gefahr erkannt, Gefahr gebannt und damit keine Bedrohung für meine Beziehung.

Silver Sex – Wie oft tun es die anderen?

«Bei älteren Liebhabern weiß man nie genau,
wo die Leidenschaft aufhört und das Asthma beginnt.»
(Mae West)

Wann immer es um Sex geht, stellen sich schnell ein paar Fragen: Wer? Wie oft? Und mit wem? Mit fortgeschrittenen Jahren wird dieses Thema manchmal sogar noch drängender. Gerade wenn die Lust nachlässt und die Bedürfnisse von Männern und Frauen immer unterschiedlicher zu werden scheinen, suchen manche Menschen Orientierung und wollen wissen, was denn in ihrem Alter noch als normal zu gelten habe – und worauf sie sich in den kommenden Jahren einstellen müssen.

War das etwa schon alles, wird der Sex im Alter zwangsläufig immer weniger? Und ist das vielleicht sogar eine Erlösung, so wie man den anarchischen Filmemacher und großen Frauenfreund Luis Buñuel verstehen konnte, der sich mit achtzig Jahren endlich von der «Tyrannei des Sexes» und der ständigen Suche nach dem nächsten Abenteuer befreit wähnte? Das Schlagwort «Silver Sex» klingt einerseits vornehm-edel, aber auch ein wenig betulich. Und wann fängt es eigentlich an, dass der Trieb schwächelt? Ist es überhaupt der Trieb, oder macht der Körper irgendwann schlicht nicht mehr mit?

Wie immer in Liebesdingen gibt es für solche Fragen kein Standardmaß und keine Norm, die es zu erfüllen gilt. Außerdem haben viele Faktoren einen Einfluss darauf, ob ein Paar auch mit zunehmendem Alter noch sexuell aktiv ist und sich nichts Schöneres vorstellen kann, als ein Wochenende im Bett zu verbringen und miteinander intim zu sein – oder ob es den Sex ganz einstellt. Mit den Jahren werden die Störungen und Einschränkungen der Sexualität jedenfalls eher mehr als weniger.

Ein paar Trends lassen sich dennoch aus der Menge an wissenschaftlichen Untersuchungen herauslesen. Mit dem Alter verlieren beide, Männer wie Frauen, ein wenig das Interesse an der Sexualität. Das fängt schon in vergleichsweise jungen Jahren an. Dass sie nicht mehr so viel Lust haben wie früher, geben in repräsentativen Umfragen etwa fünfundzwanzig Prozent der Männer im Alter zwischen vierzig und fünfzig Jahren an. Jenseits der siebzig ist dieser Anteil bereits auf achtundfünfzig Prozent der Männer gestiegen. Allerdings gibt es bei derartigen Erhebungen große Schwankungen. Dass ihnen das sexuelle Verlangen fehlt oder stark nachgelassen hat, wird bei zehn bis einundvierzig Prozent der Frauen vermutet, bei Männern hingegen nur in einem Bereich zwischen zwei und fünfzehn Prozent.

Gleichzeitig zeigt sich, dass von den Männern bis zum Alter von sechzig Jahren noch fast fünfundachtzig Prozent sexuell aktiv sind. In der großen Gruppe über sechzig (die allerdings Einundsechzigjährige ebenso wie Neunzigjährige umfasst) sind es hingegen nur noch einundfünfzig Prozent. Wenn Männer mit zunehmendem Alter deutlich weniger Sex haben, ist der Hauptgrund dafür, dass sich ihr Gesundheitszustand verschlechtert hat. Verengen und verhärten sich die Blutgefäße, sodass mittelfristig Infarkt oder Schlaganfall drohen, lässt auch die Potenz nach. Diabetiker sind ebenfalls häufiger von Impotenz betroffen. Zudem haben einige Medikamente Nebenwirkungen, die sich negativ auf die Libido auswirken.

Bei Frauen stehen hingegen emotionale Probleme oder Stress an erster Stelle, wenn die Leidenschaft nachlässt. Sie bekommen dann nicht mehr die Nähe und das Verständnis in der Partnerschaft, das sie sich wünschen – und in der Folge haben sie nicht mehr so viel oder gar keine Lust auf Sex. Manche definieren auch ihre Vorstellung von dem neu, was Ehe für sie bedeutet. Zu ihrem Selbstbild und ihrer Vorstellung von der Ehe gehört Sex dann nicht mehr dazu – und aus Liebhabern werden Freunde.

Dass Frauen mit zunehmendem Alter selbst nur noch eine geringe Libido verspüren, kommt zwar vor, ist aber längst nicht der Hauptgrund, wenn ihre sexuelle Aktivität nachlässt. In einer großen Gruppe von Frauen im Alter zwischen fünfzig und fünfundsiebzig – ihr mittleres Alter lag bei vierundsechzig Jahren – traf dies beispielsweise nur auf sechzehn Prozent zu. Der häufigste Grund dafür, dass sie nicht mehr sexuell aktiv waren, bestand schlicht darin, dass im Alter immer mehr Frauen verwitwet sind, sie danach keine neue Beziehung anstreben und ihnen damit der Partner fehlt. In dieser Generation ist es offenbar noch eine häufige Einstellung, dass sich Sex nur innerhalb einer festen Partnerschaft abspielt.

Nach dem Tod des Mannes, der zu den besonders einschneidenden Ereignissen in dieser Lebensphase gehört, haben viele Frauen zudem das Gefühl, dass sie ihrem verstorbenen Mann untreu werden würden, wenn sie sich wieder auf eine sexuelle Beziehung einlassen. Waren sie Jahrzehnte mit jemandem zusammen, können sie nicht so bald zum nächsten wechseln, manchmal gar nicht mehr. Deshalb bleiben sie lieber abstinent. Die Angst, erneut einen geliebten Menschen zu verlieren, mag als Motiv für die selbst auferlegte Enthaltsamkeit ebenfalls bei vielen Frauen eine Rolle spielen.

Für Frauen, die weiterhin in einer festen Beziehung leben, waren hingegen die medizinischen Probleme des Partners der häufigste Grund dafür, dass sie keinen Sex mehr hatten. Dann folgten mit großem Abstand eigene medizinische Schwierigkeiten wie etwa Wechseljahresbeschwerden und emotionale Störungen in der Beziehung als Grund für die Flaute im Bett.[116] Fehlende Nähe zum Partner, ungelöste Dauerkonflikte, mangelnde Kommunikation über die gegenseitigen Vorlieben und Bedürfnisse sowie andere Probleme in der Beziehung waren immerhin bei jeder zehnten Frau der Grund dafür, dass sie nicht mehr sexuell aktiv war.

Die Gründe dafür, sexuell weniger aktiv zu sein, unterscheiden sich also zwischen den Geschlechtern. Bei Männern lassen Lust und Aktivität deutlich nach, wenn sie arbeitslos werden oder aus sonstigen Gründen über weniger Einkommen verfügen. Sozialer Abstieg geht offenbar auch mit sexuellem Abstieg einher. Bei Frauen spielen hingegen öfter frühe Traumata wie Missbrauch in der Kindheit oder eine Vergewaltigung eine Rolle.[117]

Allerdings lässt mit zunehmendem Alter oft auch der Spaß am Sex nach. Der Geschlechtsverkehr macht dann nicht mehr so viel Freude und wird als weniger behaglich empfunden. Beide brauchen mehr Zeit dafür, und die lassen sie sich nicht immer. Kommen körperliche Beeinträchtigungen hinzu, nehmen zudem das Körperbild und das Selbstvertrauen gelegentlich Schaden. Es braucht schon eine Zeit und vielleicht so etwas wie Autosuggestion, um sich – und den anderen – auch dann noch für attraktiv zu halten, wenn die Haare grau sind, Falten den Körper zerfurchen und verschiedene Gebrechen hinzukommen.

Stimmungsschwankungen und Konflikte in der Beziehung führen zudem dazu, dass die eigene Erwartungshaltung oder die des Partners eher belastend sein kann und dieser Stress vorbeugend lieber ganz vermieden wird. Ob der Sex dann tatsächlich weniger wichtig ist oder nur den damit verbundenen (oder auch nur vermuteten) Mühen aus dem Weg gegangen wird, ist manchmal schwer auseinanderzuhalten.

Wenn eigene medizinische Probleme und Funktionsstörungen ihre Sexualität einschränken, suchen Frauen recht selten deswegen ärztlichen Rat. Ihnen ist das Thema oft peinlich oder zumindest unangenehm. Das gilt selbst dann, wenn es um vergleichsweise einfach zu behebende Störungen wie trockene

Schleimhäute geht. Manche Frauen fühlen sich gar als Versagerinnen, wenn sie Schmerzen oder Unbehagen beim Sex spüren. Manche sind auch der Ansicht, dass Sex reine Privatsache sei und nichts in der ärztlichen Sprechstunde zu suchen habe.

In den verschiedenen Altersphasen gibt es einige typische geschlechtsspezifische Unterschiede. Während bei den Erwachsenen im Alter zwischen achtzehn und vierzig Jahren noch jeweils mehr als neunzig Prozent der Männer und der Frauen sexuell aktiv sind und die Differenz zwischen beiden nur minimal ausfällt (92,1 Prozent der Männer und sogar 94,2 Prozent der Frauen), ändert sich das Bild mit zunehmendem Alter.

In der Spanne zwischen einundvierzig und sechzig Jahren übernehmen die Männer die Führung in dieser Statistik. Jetzt sind es immerhin noch 89,3 Prozent der Männer, aber nur noch 82,6 Prozent der Frauen, die Sex haben. Mit Erreichen der Altersgrenze von sechzig Jahren werden die Unterschiede dann noch deutlicher. Unter den Älteren sind noch 58,4 Prozent der Männer sexuell aktiv, bei den Frauen sind es hingegen nur noch 24,9 Prozent.

In der Generation der älteren Frauen, die keinen Partner mehr haben, ist es unüblich, sich trotzdem nach einem Bettgefährten umzusehen. Vermutlich sind etliche ältere Frauen aus diesen Gründen nicht mehr sexuell aktiv – und nicht, weil sie keine Lust mehr haben. Es fehlt schlicht die Gelegenheit, und viele Frauen wollen nicht mehr die Mühe auf sich nehmen, sich einen neuen Partner zu suchen.

Wer, wann, wie oft?

«Omne animal post coitum triste. /
Nach der Vereinigung ist jede Kreatur traurig.»
(Aristoteles, aber auch Augustinus, Galen,
Cicero und Ovid zugeschrieben)

Spätestens seit sich Alfred Kinsey von den Gallwespen ab- und den Menschen zuwandte und seine Erkenntnisse über das Sexualverhalten des Mannes (1948) und der Frau (1953) veröffentlichte, ist das Interesse an Berichten über das menschliche Intimverhalten ungebrochen. Viele einschlägige Erhebungen stammen allerdings von Partnerbörsen, Kondomherstellern oder aus Online-Befragungen und sind daher von zweifelhafter Seriosität. Derartige Daten sind meist verzerrt, weil dabei bevorzugt Vorlieben bekenntnisfreudiger junger Männer und Frauen aufscheinen – und nicht das Liebesleben des Durchschnitts.

Psychologen der Technischen Universität Braunschweig haben die Ergebnisse einer repräsentativen Befragung ausgewertet.[118] Mehr als zweitausendfünfhundert Menschen im Alter zwischen vierzehn und einhundert Jahren nahmen an der Erhebung zum Sexualverhalten teil. Ihre sexuelle Orientierung beschreiben zweiundachtzig Prozent der Frauen und sechsundachtzig Prozent der Männer als ausschließlich heterosexuell. Lediglich fünf Prozent der Männer und acht Prozent der Frauen geben an, schon mal gleichgeschlechtliche Sexualkontakte gehabt zu haben.

Mehr als die Hälfte der Teilnehmer lebt in einer festen Partnerschaft. Von ihnen geben sechsundsiebzig Prozent an, nie Kondome innerhalb der Partnerschaft zu benutzen, zwölf Prozent manchmal. Unter den Frauen im gebärfähigen Alter verhüten einundfünfzig Prozent mit der Pille oder ähnlichen Mitteln, siebzehn Prozent mit anderen Methoden. Immerhin siebenundzwanzig Prozent geben an, sich über die Verhütung «keine Gedanken» zu machen. Fünf Prozent verhüten nicht, weil sie einen Kinderwunsch haben.

Wenig überraschend gehört Vaginalverkehr zum bevorzugten Sexualverhalten der Deutschen. Unter den Befragten haben achtundachtzig Prozent der Männer und neunundachtzig Prozent der Frauen entsprechende Erfahrungen gemacht. Oralsex als passiver Partner haben bereits sechsundfünfzig Prozent der Männer und achtundvierzig Prozent der Frauen erlebt. Aktiven Analverkehr kennen neunzehn Prozent der Männer, passiven siebzehn Prozent der Frauen.

Aus anderen wissenschaftlichen Untersuchungen in Deutschland ist bekannt, dass fünfzehn bis sechsundzwanzig Prozent der Frauen und siebzehn bis zweiunddreißig Prozent der Männer «sexuelle Außenkontakte» während ihrer aktuellen Beziehung angeben. In Online-Befragungen ergibt sich hingegen die höhere Rate von neunundzwanzig Prozent für Frauen und neunundvierzig Prozent für Männer, die trotz fester Beziehung nicht monogam sind, was die Forscher mit jüngeren, extrovertierten Teilnehmern in der Stichprobe begründen.

In der Studie geben siebzehn Prozent der Befragten an, schon einmal während einer festen Partnerschaft Sex mit einer anderen Person gehabt zu haben – einundzwanzig Prozent der Männer und fünfzehn Prozent der Frauen. Auf die aktuelle Partnerschaft bezogen berichten acht Prozent der Männer und sechs Prozent der Frauen von Seitensprüngen. Zusätzliche Erkenntnis: Acht Prozent der Männer hatten schon mal «Außenkontakte» mit Prostituierten.

Ob der Anteil der Affären und anderer Außenkontakte auf Einverständnis beruht oder der erlahmenden Lust in langjährigen Partnerschaften geschuldet ist, konnte die Studie nicht klären. Die Dauerfrage nach dem «wie oft» und «wie viele» liefert jedoch Ergebnisse, die ernüchternder sind, als es das Martin Luther zugeschriebene Diktum verheißt: «Die Woche zwier, der Weiber Gebühr, schadet weder mir noch dir, macht's Jahr einhundert und vier».

Selbst in der sexuell besonders aktiven Altersgruppe der Fünfundzwanzig- bis Neunundzwanzigjährigen kommen Männer lediglich auf sechzig und Frauen auf siebenundvierzig Sexualkontakte im Jahr – und nicht auf die Luther'schen einhundertvier. Im Alter zwischen vierzig und fünfzig haben Männer im Durchschnitt einundvierzigmal und Frauen zweiunddreißigmal pro Jahr Vaginalverkehr. Zwischen fünfzig und sechzig sinkt die Quote auf vierunddreißig (Männer) und zweiundzwanzig (Frauen) sexuelle Zusammenkünfte im Jahr. Bei den Sechzig- bis Siebzigjährigen wird der Sex noch seltener und mit siebzehnmal (Männer) und vierzehnmal (Frauen) jährlich notiert.

Die Angaben über bisherige Sexualpartner ergeben typische geschlechtsspezifische Unterschiede. So berichten Frauen von sexuellen Erfahrungen mit im Mittel 5,46 Sexualpartnern – Männer geben hingegen im Durchschnitt 10,23 Sexualpartner über die Lebenszeit an. Zwar sollten diese Zahlen theoretisch näher beieinanderliegen, doch Männer müssen offenbar immer noch damit prahlen, welch unwiderstehliche Verführer sie sind, während Frauen sich lieber als sittsam und schwer zu erobern darstellen. Als «selbstwertdienliche Verzerrungen und geschlechtsspezifisches Antwortverhalten» bezeichnen die Braunschweiger Psychologen diesen bekannten Trend in schönster Wissenschaftsprosa.

Sex früher, Sex heute

«Gerne der Zeiten gedenk' ich, da alle Glieder gelenkig –
bis auf eins. Doch die Zeiten sind vorüber, steif geworden
alle Glieder – bis auf eins.»
(Johann Wolfgang von Goethe)

Die heute Achtzig- bis Neunzigjährigen sind nicht zu unterschätzen: Wird es auf die jeweils gleiche Altersphase bezogen, waren sie die sexuell aktivste Generation in den vergangenen einhundert Jahren. Jene Männer und Frauen, die in den 1930er Jahren geboren wurden und absurderweise als stille Generation («Silent Generation») bezeichnet werden, hatten am meisten Sex als Jugendliche und junge Erwachsene. Am wenigsten sexuell aktiv war bisher hingegen die Millennials oder «iGen» genannte Generation, die in den 1990er Jahren zur Welt kam.[119]

Natürlich gilt für alle Generationen die Faustregel, dass der Sex mit zunehmendem Alter weniger wird. Am stärksten ist der Rückgang für Paare in ihren Fünfzigern sowie für jene, die schulpflichtige Kinder haben. Grob gemittelt kann für die westlichen Länder angegeben werden, dass Erwachsene in ihren Zwanzigern ungefähr achtzigmal im Jahr Sex haben. Menschen in ihren Sechzigern kommen hingegen durchschnittlich nur noch auf eine Frequenz von zwanzigmal pro Jahr, was ungefähr mit den Angaben für Deutschland im vorherigen Kapitel übereinstimmt.

Interessant ist die Entwicklung in den USA, die sich, zumindest was die Einstellung der Generationen zum vorehelichen Sex angeht, nicht so sehr von der in Westeuropa unterscheidet. Demnach wuchs die Akzeptanz von Sex, ohne verheiratet zu sein, in der sogenannten «G.I.-Generation», also jenen, die zwischen 1901 und 1924 geboren wurden, bis zu den Babyboomern (geboren zwischen 1946 und 1964) stetig an. Einen kleinen Knick in dieser Entwicklung gab es in der «Generation X», die zwischen 1965 und 1981 zur Welt kam. Unter den zwischen 1982 und 1999 geborenen Millennials (auch bekannt als «Gen Y» oder «Generation Me») stieg die Akzeptanz am stärksten an.[120] Umso erstaunlicher, dass die Häufigkeit, mit der die Generationen Sex haben, spätestens mit den 1980er Jahrgängen wieder etwas abgenommen hat.

Schlafen Sie mit Ihrem Partner – sonst tun es andere

«Für viele ist Sexualität an spontane Lust gekoppelt,
und die lässt mit der Länge der Beziehung nach.»
(Holger Kuntze, Paartherapeut)

Mit dem Partner zu schlafen, damit andere nicht auf die Idee kommen, lautet der unmissverständliche Rat der Paartherapeutin Katherine Woodward Thomas aus Hollywood. Sie hat schon zahlreiche Promipaare betreut, die miteinander in Schwierigkeiten geraten waren, und etliche hochdotierte Beziehungen zerbrechen sehen. Offenbar war sexuelle Frustration eines der Hauptprobleme zwischen den Partnern, wechselseitige Unzufriedenheit, unterschiedliche Erwartungen – und Untreue. Da die Schönen und Reichen in der kalifornischen Filmmetropole im Allgemeinen keine Schwierigkeiten haben, Gelegenheit zu einer Affäre zu finden, waren Seitensprünge einer der häufigsten Trennungsgründe.

Auch der Paartherapeut Hans Jellouschek empfiehlt Paaren, bei denen die Sexualität schwierig geworden ist, sich gelegentlich zu festen Zeiten zum Sex zu verabreden. Es geht ihm nicht um Beischlaf nach Stechuhr, sondern darum, sich überhaupt wieder die Gelegenheit dazu zu verschaffen. Diese Empfehlung hat Jellouschek teilweise vehemente Kritik eingetragen, dabei fordert er ja nicht, dass sich das Paar (wobei in den meisten Fällen wohl die Frau gemeint ist) dem Geschlechtsverkehr hingibt, obwohl sie oder er das eigentlich nicht möchten. Der Paartherapeut regt vielmehr an, eine für beide behagliche Atmosphäre zu schaffen, in der Intimitäten wieder leichter möglich sind. Ob es dann wirklich zum Sex kommt, bleibt offen.

Der Paartherapeut Holger Kuntze ist ebenfalls der Ansicht, dass es in langjährigen Beziehungen um den Willen und die Bereitschaft geht, sich überhaupt wieder auf Sex einzulassen. Viele Paare unterliegen jedoch dem Irrtum, dass eine erfüllte Sexualität nur bei spontaner Lust möglich ist, so wie sie das aus der Zeit ihrer ersten Verliebtheit noch in sehnsüchtiger Erinnerung haben. Kuntze unterscheidet hingegen zwischen leidenschaftlicher und intimer Sexualität. Ersteres ist nach jahrelanger Ehe nicht mehr zu erwarten. Es gibt nur wenige Paare, die sich dann noch voller Begierde die Kleider vom Leib reißen.

«Intime Sexualität ist dadurch geprägt, dem anderen seine Bedürfnisse zu erfüllen, dadurch, dass man vor dem Sex über seine Bedürfnisse und Wünsche spricht. Nach zehn Jahren Beziehung fallen wir nicht mehr permanent übereinander her. Die Erfahrung, dass es auch anders geht, ist für viele Paare neu», sagt Holger Kuntze. «Beim leidenschaftlichen Sex steht die eigene Lust im Vordergrund, sie ist spontan. Das ist natürlich nichts Schlechtes, aber da diese Leidenschaft mit der Länge der Beziehung abnimmt, muss man eine neue Art der Sexualität schaffen.»[121]

Sich seine Wünsche und Bedürfnisse mitzuteilen ist für viele Paare schließlich vollkommen ungewohnt, zumindest wenn es um Sex geht. Vielleicht hat man anfangs noch ausprobiert, was dem anderen gefällt. Das Paar war experimentierfreudig. Nach etlichen Jahren, die man Tisch und Bett geteilt hat, sind die Sehnsüchte und Erwartungen an die körperliche Liebe hingegen kaum noch ein Thema.

Dabei stammen die Fragen, was sich der andere wünscht und wonach er sich sehnt, ja nicht aus dem Bereich der Raketenwissenschaft, trotzdem werden sie sehr selten gestellt. Kuntze nennt die vielen Menschen, die darüber nicht reden können, «sexuelle Analphabeten» oder «sexuelle Schweiger». Und er empfiehlt, miteinander zu schlafen, wenn die Bereitschaft dazu da ist – und nicht erst, wenn beide spontane Lust dazu verspüren.

Das ist ein großer Unterschied, und weil es schnell missverstanden wird, nochmals zur Klarstellung: Derartige Rituale der Zweisamkeit sollen dazu dienen, zusammenzufinden, weil sich die Möglichkeit dazu sonst womöglich nicht mehr so oft ergibt. Zwang ist damit nicht gemeint, sondern Verständigung. Außerdem gilt: Gelegenheit schafft Liebe.

Also doch: Häufiger Beischlaf verbessert auch die lange Beziehung

«Die Genitalien sind der Resonanzboden des Gehirns.»
(Arthur Schopenhauer)

Sex wird eindeutig überschätzt. Das wissen langjährige Paare meistens aus eigener Erfahrung, denn nach der Leidenschaft in den ersten Monaten einer Beziehung verliert der Partner immer mehr an Anziehungskraft. Spätestens nach vier Jahren chronischer Zweisamkeit strebt die Libido dem Tiefpunkt entgegen, und auch Glücks- und Triebhormone wie Dopamin und

Oxytocin machen sich rarer – zumindest wenn es um den Langzeitgefährten geht.

Vom verflixten siebten Jahr zu sprechen kommt daher einer Beschönigung gleich. Spätestens nach vier, fünf Jahren Mühen des Alltags ist die wilde Erotik des Anfangs verloren, wie bereits beschrieben wurde. Danach betonen manche Paare, dass inzwischen vor allem Vertrauen, Freundschaft und Verlässlichkeit im Mittelpunkt ihrer Partnerschaft stehen. Das klingt betulich, vielleicht auch langweilig, ist aber für die Haltbarkeit der Liebe von großem Wert.

Allerdings trägt häufiger Sex «irgendwie» dennoch dazu bei, die Partnerschaft zu stabilisieren, wie Psychologen gezeigt haben.[122] Irgendwie bedeutet, dass der Sex die Partner stärker aneinander bindet, als sie vielleicht zugeben möchten – vom Bauchgefühl her empfinden sie das jedenfalls eindeutig so, während sie dem Sex in Befragungen keine so wichtige Rolle beimessen. «Ob sie in ihrer Beziehung glücklich sind oder nicht, darauf hat die Häufigkeit, mit der Paare Sex haben, in direkten Erhebungen keinen Einfluss», sagt Lindsey Hicks von der Florida State University. «Die Frequenz wirkt sich allerdings schon auf die intuitive Wahrnehmung des Partners aus.»

Der Unterschied zwischen expliziter und intuitiver Einschätzung ist wichtig, denn das Bauchgefühl ist entscheidend dafür, ob die Beziehung als befriedigend empfunden wird und man an ihre Dauer glaubt. Um die geäußerte und die gefühlte Wahrnehmung des Partners voneinander abzugrenzen, wählten die Wissenschaftler um Hicks diverse Versuchsanordnungen. In einem Ansatz wurden mehr als zweihundert Frischvermählte gefragt, wie sie ihre Beziehung einschätzten und ob die Sex-Frequenz etwas mit der Qualität ihrer Partnerschaft zu tun habe.

Mehr Sex führte dieser Analyse zufolge nicht dazu, dass die Partner glücklicher waren. Das Bauchgefühl verriet hingegen etwas anderes. Dies erfassten die Forscher, indem sie den Probanden für dreihundert Millisekunden ein Bild des Partners und dann ein Wort zeigten, das als positiv oder negativ klassifiziert werden sollte. Je schneller die Reaktion, desto enger die Assoziation mit dem Partner. Das hieß umgekehrt auch, dass eine längere Reaktionszeit nach einem negativen Wort wie «unehrlich» dafürspricht, dass sich die Partner schätzen und vertrauen.

Im konkreten Fall brachten die Paare einander häufiger mit positiven Attributen in Verbindung, wenn sie öfter Sex hatten. «Wir müssen genau hinschauen, was wir erfassen, denn die explizite und die gefühlte Bewertung der Beziehung unterscheiden sich oft», sagt Hicks. «Tief in ihrem Inneren sind manche Menschen total unzufrieden mit ihrem Partner, gestehen uns das aber nicht ein – und vielleicht nicht mal sich selbst.»

Zuvor hatten Psychologen aus Toronto gezeigt, dass es auch mit der Verbesserung des Bauchgefühls gegenüber dem Partner seine Grenzen hat, und konkrete Anhaltspunkte für die optimale Sex-Frequenz gegeben. «Häufigerer Sex geht zwar mit einem größeren Glücksempfinden einher», sagte Studienleiterin Amy Muise seinerzeit. «Aber dieser Zusammenhang gilt nur bis zu einer Häufigkeit von einmal in der Woche.» Zu viel des Guten macht also nicht automatisch zufriedener.

Sex in der langen Beziehung – wie darüber reden?

«Mit Humor kann man Frauen am leichtesten verführen, denn die meisten Frauen lachen gerne, bevor sie anfangen zu küssen.»
(Jerry Lewis)

Sexualität im Alter war lange Zeit ein Tabuthema. Für viele Paare ist es das heute immer noch. Die Vermeidungshaltung zeigt sich beispielsweise auch daran, dass es vergleichsweise wenige wissenschaftliche Untersuchungen darüber gibt und auch nur wenige handfeste Daten. Ein amerikanischer Sexualwissenschaftler hat das mit dem hübschen Bonmot erklärt: «Weil wir dachten, ältere Menschen hätten keine Sexualität, haben wir sie auch nicht danach befragt. Und weil wir sie nicht befragt haben, dachten wir, sie hätten keine.»[123] Es ist die etwas kompliziertere Variante von: Weil nicht sein kann, was nicht sein darf.

Im Vorwort zu ihrem Buch über Sexualität und Partnerschaft im Alter erklären der Medizinpsychologe Elmar Brähler und der Urologe Hermann Berberich das Tabu der Alterssexualität noch mit einem anderen Tabu, dem Inzesttabu. Ältere Menschen seien demnach oft Elternfiguren, denen mit Respekt und einer gewissen Distanz begegnet wird. Junge Menschen – und dazu gehören eben auch junge Wissenschaftler – können sich ihre Eltern nur schwer beim Sex vorstellen. Auch wenn sie irgendwann zu der unabweislichen Einsicht gekommen sind, dass sie diesem Umstand ihre Existenz verdanken.

Besonders schön illustriert das die Antwort des früheren Chefredakteurs einer Satirezeitschrift auf jene seltsame Frage, die standardmäßig zum Fragebogen des «FAZ»-Magazins gehörte, als dieses noch existierte: «Welche militärische Leistung bewundern Sie besonders?», wurde unter anderem in der bis 1999 wöchentlich erscheinenden Beilage gefragt. Der

Satiriker antwortete darauf: «Dass meine Eltern meinetwegen Sex haben mussten.» Ein Scherz womöglich, aber dennoch bezeichnend. Denn Sex ihrer Eltern stellen sich viele Kinder nur widerwillig – und dann meist auch nur als konfliktbeladene Auseinandersetzung – vor. Unklar bleibt allerdings, ob sie dabei an einen Stellungskrieg, ewige Grabenkämpfe oder einen Blitzkrieg denken müssen.

Und werden diese Kinder dann selbst älter, haben sie nicht gelernt, über ihre Wünsche und Erwartungen an die gemeinsame Sexualität zu reden. Es gibt schließlich keinerlei Erfahrungswerte aus dem familiären Umfeld dazu. Um sich nicht auf unsicheres Terrain zu begeben oder gar gekränkt zu werden, vermeiden sie das Thema sowohl im Gespräch als auch in der Praxis. Und wundern sich darüber, dass ihre Wünsche nicht erfüllt werden, aber die Sehnsucht bleibt.

Kommen körperliche Einschränkungen oder schlicht das allgemeine Nachlassen der Vitalität hinzu, verstärkt sich das Problem noch. Es ist auch in einer langjährigen Partnerschaft nicht leicht, über die Schwierigkeiten mit unterschiedlichen Phasen der Potenz, trockene Schleimhäute oder langfristige Lustlosigkeit zu sprechen, ohne in kichernde Scham oder tiefes Schweigen zu verfallen. Die Empfindlichkeiten sind groß, dabei geht es am wenigsten darum, mit dehnbar gewordenem Bindegewebe zurechtzukommen.

Denn sowohl das Selbstbild als auch die Vorstellung vom Anderen können im Ringen um die angemessene Sexualität im Alter rasch Schaden nehmen – und Kränkungen sind auch, ohne dass dies beabsichtigt wäre, manchmal schnell ausgesprochen. Merke: Niemals sollte man sich darüber lustig machen, wenn es um die sexuellen Fähigkeiten oder Äußerlichkeiten des Anderen geht. Das gilt ganz grundsätzlich – aber vor allem mit zunehmendem Alter und nachlassender körperlicher Spannkraft.

Leicht ist es nicht, die allgemeine Wahrnehmung von Sex im Alter zu ändern. Die Vorurteile sitzen tief, und deshalb wird älteren Menschen kaum eine leidenschaftliche, aufregende Sexualität zugebilligt. Erst kürzlich hat eine Untersuchung kanadischer Wissenschaftler gezeigt, wie sich die meisten Menschen den Sex vorstellen, wenn er in die Jahre gekommen ist: als nachlassend oder nicht mehr vorhanden, spießig und langweilig.[124] Statt «Shades of Grey» eher graue Monotonie. Immerhin konnten einige der Befragten dem Sex der Älteren zugestehen, dass er von besonders tiefen Emotionen begleitet sei und sich für beide Partner «ganzheitlicher» anfühle.

Tatsächlich: Liebe für ein ganzes Leben

«Trenne dich nicht von deinen Illusionen. Wenn sie verschwunden sind, wirst du weiter existieren, aber aufgehört haben zu leben.»
(Mark Twain)

Er ist neunundneunzig, sie ist zweiundneunzig Jahre alt. Verheiratet sind die beiden seit mehr als siebzig Jahren. Aber noch immer sind sie für Überraschungen gut. «Meine Enkel haben mich neulich darauf angesprochen, dass ich meinen Mann neuerdings Wilhelmlein nenne», verrät die Ehefrau. Was nach einer neu entflammten Liebe unter fast Hundertjährigen klingt, hat allerdings eher einen pragmatischen Grund. Der Ehemann ist inzwischen ziemlich schwerhörig geworden. «Ich habe meinen Enkeln gesagt, dass ich das mache, weil bei drei Silben die Chance größer ist, dass er mich auch hört», entgegnete die Großmutter ihren Enkeln. In der Liebe kommt es eben darauf an, den anderen zu erreichen, und dazu ist es manchmal nötig, die bisherige Strategie zu ändern.

Dieses Paar hat etwas am Miteinander geändert, auch wenn es fast hundert ist. Glaube also ja niemand, dass mit der Beziehung, der Partnerschaft, der Ehe oder wie auch immer man die Zweisamkeit nennen mag, automatisch Schluss sein muss, wenn die Ernüchterung gerade groß ist, das Zusammenleben langweilig und Resignation droht. Gerade dann gilt: Da geht noch was. Ein Raucher kann aufhören zu rauchen – und genauso kann eine Partnerschaft aufhören, fad zu sein. Beides ist nicht die leichteste Übung, aber möglich.

Entscheidend dafür, dass dies gelingt, ist die Bereitschaft, sich selbst zu ändern und an der Beziehung etwas zu verändern. Oftmals sind es gar nicht konkrete Handlungen, also weder die große Reise noch die neue Wohnung oder ein Haufen Geschenke, die den Unterschied machen. Es kommt auf einen anderen Blick und eine veränderte Form der Wahrnehmung an sowie darauf, den anderen neu zu entdecken und das wertzuschätzen, was die Beziehung so einzigartig und besonders macht.

Man kann die veränderte Wahrnehmung auch Illusion nennen, so wie das Mark Twain im Eingangszitat tut. Aber Menschen leben nun mal nicht in der realen Welt, sondern in der, wie sie sie sehen. Die veränderte Wahrnehmung ist vielleicht eine Illusion, aber eine, die in Erfüllung gehen könnte und nicht auf Täuschung beruht. Sich darauf einzulassen und eine Neubewertung der Partnerschaft vorzunehmen ist nicht einfach.

Es geht dabei nicht um Schaden-Nutzen-Bilanzen oder andere Abwägungen, sondern um die liebevolle Sicht aufeinander, die unbedingt voreingenommen zu sein hat, weil sie fast nur das Positive zulässt und ohne Berechnung auskommt, dafür aber mit viel Wohlwollen und Hingabe versehen ist. Das funktioniert zwar nicht immer, aber wichtig daran ist, dass der Blickwinkel stimmt. «Alles ist gut ... Alles. Der Mensch ist unglücklich, weil er nicht weiß, dass er glücklich ist.» Diese Erkenntnis Dostojewskijs präsentiert Paul Watzlawick als die Lösung der Glücksfrage – und das hat viel mit der Liebe und ihrer Wahrnehmung zu tun.

Zusammenbleiben lohnt sich nämlich unbedingt. Das ist

einerseits ein ärztlicher Rat, denn Trennungen gehen nicht nur mit erheblichen Verletzungen der Seele einher, sondern schwächen auch den Körper und können etliche Krankheiten begünstigen. Zudem sind Menschen Wiederholungstäter und neigen dazu, wie wir gesehen haben, erneut auf denselben Typ Mann oder Frau hereinzufallen und ganz ähnliche Fehler wieder und wieder zu begehen. Allerdings entkommt man sich niemals selbst, und deshalb ist es besser, sich einen gemeinsamen Neuanfang mit dem in Streit und Sex bewährten Partner zu gönnen, anstatt jemand anderen damit zu behelligen. Nach wenigen Monaten der Euphorie würde man mit dem neuen Gefährten nur wieder vor denselben Hindernissen stehen.

Wie es gelingen kann, zufrieden zusammenzubleiben, dafür habe ich in diesem Buch ein paar Hinweise und Empfehlungen gegeben, die hoffentlich hilfreich sind. Wenn es klappt, dann stellt sich plötzlich eine wunderbare Erkenntnis ein – dass nach so vielen gemeinsamen Jahren noch so viel Ehe übrig ist. Und das ist eine schöne Aussicht.

ANHANG

Anmerkungen

1 Zurhorst E: Liebe dich selbst und es ist egal, wen du heiratest. München 2009

2 Illouz E: Das überforderte Paar. Philosophie Magazin 2013; 3:44

3 Illouz E: Warum Liebe endet: Eine Soziologie negativer Beziehungen. Berlin 2018
Dies.: Warum Liebe weh tut: Eine soziologische Erklärung. Frankfurt 2011

4 Illouz E: Gefühle in Zeiten des Kapitalismus. Frankfurt 2004

5 Kullmann K: Adieu, Liebe. Der Spiegel. 10. 6. 2017, S. 96

6 Sibylle Berg auf die Frage «Wann ist es Liebe?», SZ-Magazin 7 / 2020

7 Gagné FM, Lydon JE: Bias and accuracy in close relationships: An integrative review. Personality and Social Psychology Review 2004; 8:322

8 Martz JM, Verette J, Arriaga XB, Slovik LF, Cox CL, Rusbult CE: Positive illusion in close relationships. Personal Relationships 1998; 5:159
Murray SL, Holmes JG, Dolderman D, Griffin DW: What the motivated mind sees: Comparing friends' perspectives to married partners' views of each other. Journal of Experimental Social Psychology 2000; 36:600

9 Fowers BJ, Lyons EM, Montel KH: Positive marital illusions: Self-enhancement or relationship enhancement? Journal of Family Psychology 1996; 10:192

10 Balcetis E: Where the motivation resides and self-deception hides: How motivated cognition accomplishes self-deception. Social and Personality Psychology Compass 2008; 2:361

11 Crowley JE: Gray divorce: Explaining midlife marital splits. Journal of Women and Aging 2019; 31:49

12 Brown SL, Lin IF, Hammersmith AM, Wright MR: Repartnering Following Gray Divorce: The Roles of Resources and Constraints for Women and Men. Demography 2019; 56:503

13 Brown SL, Lin IF: The gray divorce revolution: rising divorce among middle-aged and older adults, 1990–2010. The Journals of Gerontology. Series B, Psychological Sciences and Social Sciences 2012; 67:731

14 Brown SL, Wright MR: Divorce Attitudes among Older Adults: Two Decades of Change. Journal of Family Issues 2019; 40:1018

15 Joule RV, Guéguen N: Touch, compliance, and awareness of tactile contact. Perceptual and motor skills 2007; 104:581

16 Guéguen N, Jacob C, Lourel M, Pascual A: When drivers see red: car

color frustrators and drivers' aggressiveness. Aggressive Behavior 2012; 38:166

17 Guéguen N, Jacob C: Enhanced female attractiveness with use of cosmetics and male tipping behavior in restaurants. Journal of Cosmetic Science 2011; 62:283

18 Guéguen N, Lamy L: Hitchhiking women's hair color. Perceptual and motor skills 2009; 109:941

19 Guéguen N, Lamy L: The effect of facial makeup on the frequency of drivers stopping for hitchhikers. Psychology Reports 2013; 113:1109

20 Guéguen N: Color and women attractiveness: when red clothed women are perceived to have more intense sexual intent. Journal of Social Psychology 2012; 152:261

21 Bressan P, Damian V: Fathers' eye colour sways daughters' choice of both long- and short-term partners. Scientific Reports 2018; 8:5574

22 Puts DA, Jones BC, DeBruine LM: Sexual selection on human faces and voices. Journal of Sex Research 2012; 49:227

23 Grammer K, Fink B, Neave N: Human pheromones and sexual attraction: European Journal of Obstetrics and Gynecology and Reproductive Biology 2005; 118:135

24 Keller M, Pillon D, Bakker J: Olfactory systems in mate recognition and sexual behavior. Vitamins and Hormones 2010; 83:331
Bartens W: Was Paare zusammenhält. München 2013

25 Guéguen N: Effect of a perfume on prosocial behavior of pedestrians. Psychological Reports 2001; 88:1046

26 Guéguen N: «Say it ... near the flower shop»: further evidence of the effect of flowers on mating. Journal of Social Psychology 2012; 152:529

27 Guéguen N: The sweet smell of ... implicit helping: effects of pleasant ambient fragrance on spontaneous help in shopping malls. Journal of Social Psychology 2012; 152:397

28 Brown SL, Wright MR: Marriage, Cohabitation, and Divorce in Later Life. Innovation in Aging 2017; 1:igx015

29 Williams LE, Bargh JA: Experiencing physical warmth promotes interpersonal warmth. Science 2008; 322:606

30 Kang Y, Williams LE, Clark MS, Gray JR, Bargh JA: Physical temperature effects on trust behavior: the role of insula. Social Cognitive and Affective Neuroscience 2011; 6:50

31 Ackerman JM, Nocera CC, Bargh JA: Incidental haptic sensations influence social judgments and decisions. Science 2010; 328:1712

32 Der Ausdruck «There is no alternative» (Tina) stammt ursprünglich von der britischen Premierministerin Margaret Thatcher, die bald darauf auch scherzhaft «Tina» genannt wurde. Bundeskanzlerin Angela Merkel hat sich erst später mit dem Begriff «alternativlos» angefreundet.

33 Thomä D: Vom Glück in der Moderne. Frankfurt 2003
Thomä D: Puer robustus: Eine Philosophie des Störenfrieds. Berlin 2016

34 Weitere herrliche Beispiele für die Verwirrung mancher Fifty-somethings finden sich in dem Buch: Leo M, Gutsch J: Es ist nur eine Phase, Hase: Ein Trostbuch für Alterspubertierende. Berlin 2018

35 Plessner H: Philosophische Anthropologie. Göttinger Vorlesung vom Sommersemester 1961. Berlin 2019

36 Spengler T: Wenn Männer sich verheben: Eine Leidensgeschichte in 24 Wirbeln. Berlin 1996

37 Bourdieu P: Die feinen Unterschiede. Kritik der gesellschaftlichen Urteilskraft. Frankfurt a. M. 1982

38 Blanchflower DG, Oswald AJ: Is well-being U-shaped over the life cycle? Social Science and Medicine 2008; 66:1733

39 Chopik WJ, Grimm KJ: Longitudinal changes and historic differences in narcissism from adolescence to older adulthood. Psychology and Aging 2019; 34:1109

40 Das Zitat stammt aus den Erinnerungen an ein Interview mit dem Songwriter Leonard Cohen und findet sich in: Waechter J: «Haben Sie keine einfacheren Fragen?», SZ-Magazin 11.11.2016

41 Verstaen A, Haase CM, Lwi SJ, Levenson RW: Age-related changes in emotional behavior: Evidence from a 13-year longitudinal study of long-term married couples. Emotion 2020; 20:149

42 LeRoy AS, Murdock KW, Jaremka LM, Loya A, Fagundes CP: Loneliness predicts self-reported cold symptoms after a viral challenge. Health Psychology 2017; 36:512

43 Slavich GM, Way BM, Eisenberger NI, Taylor SE: Neural sensitivity to social rejection is associated with inflammatory responses to social stress. Proceedings of the National Academy of Sciences of the USA 2010; 107:14817

44 Muscatell KA, Eisenberger NI, Dutcher JM, Cole SW, Bower JE: Links between inflammation, amygdala reactivity, and social support in breast cancer survivors. Brain, Behavior, and Immunity 2016; 53:34
Inagaki TK, Eisenberger NI: Giving support to others reduces sympathetic nervous system-related responses to stress. Psychophysiology 2016; 53:427

45 Tawakol A, Ishai A, Takx RA, Figueroa AL, Ali A, Kaiser Y, Truong QA, Solomon CJ, Calcagno C, Mani V, Tang CY, Mulder WJ, Murrough JW, Hoffmann U, Nahrendorf M, Shin LM, Fayad ZA, Pitman RK: Relation between resting amygdalar activity and cardiovascular events: a longitudinal and cohort study. Lancet 2017; 389:834

46 Schultz WM, Hayek SS, Samman Tahhan A, Ko YA, Sandesara P, Awad M, Mohammed KH, Patel K, Yuan M, Zheng S, Topel ML, Hartsfield J, Bhimani R, Varghese T, Kim JH, Shaw L, Wilson P, Vaccarino V, Quyyumi AA: Marital Status and Outcomes in Patients With Cardiovascular Disease. Journal of the American Heart Association 2017; 6:e005890

47 Walton K, Horton NJ, Rifas-Shiman SL, Field AE, Austin SB, Haycraft E, Breen A, Haines J: Exploring the Role of Family Functioning in the Association Between Frequency of Family Dinners and Dietary Intake Among Adolescents and Young Adults. JAMA Networks Open 2018 Nov 2; 1:e185217

48 Berkman LF, Syme SL: Social networks, host resistance, and mortality: a nine-year follow-up study of Alameda County residents. American Journal of Epidemiology 1979; 109:186

49 Holt-Lunstad J, Smith TB, Layton JB: Social relationships and mortality risk: a meta-analytic review. PLoS Medicine 2010; 7:e1000316

50 Cohen S, Doyle WJ, Turner R, Alper CM, Skoner DP: Sociability and susceptibility to the common cold. Psychological Sciences 2003; 14:389

51 LeRoy AS, Murdock KW, Jaremka LM, Loya A, Fagundes CP: Loneliness predicts self-reported cold symptoms after a viral challenge. Health Psychology 2017; 36:512

52 Jaremka LM, Fagundes CP, Peng J, Bennett JM, Glaser R, Malarkey WB, Kiecolt-Glaser JK: Loneliness promotes inflammation during acute stress. Psychological Sciences 2013; 24:1089

53 Fletcher GJ, Simpson JA, Campbell L, Overall NC: Pair-bonding, romantic love, and evolution: the curious case of Homo sapiens. Perspectives in Psychological Sciences 2015; 10:20

54 Gangestad SW, Simpson JA: The evolution of human mating: tradeoffs and strategic pluralism. The Behavioral and Brain Sciences 2000; 23:573

55 Walter KV, Conroy-Beam D, Buss DM, Asao K, Sorokowska A, Sorokowski P, Aavik T, Akello G, Alhabahba MM, Alm C, Amjad N, Anjum A, Atama CS, Atamtürk Duyar D, Ayebare R, Batres C, Bendixen M, Bensafia A, Bizumic B, Boussena M, Butovskaya M, Can S, Cantarero K, Carrier A, Cetinkaya H, Croy I, Cueto RM, Czub M, Dronova D, Dural S, Duyar I, Ertugrul B, Espinosa A, Estevan I, Esteves CS, Fang L, Frackowiak T, Garduño JC, González KU, Guemaz F, Gyuris P, Halamová M, Herak I, Horvat M, Hromatko I, Hui CM, Jaafar JL, Jiang F, Kafetsios K, Kavčič T, Kennair LEO, Kervyn N, Khanh Ha TT, Khilji IA, Köbis NC, Lan HM, Láng A, Lennard GR, León E, Lindholm T, Linh TT, Lopez G, Van Luot N, Mailhos A, Manesi Z, Martinez R, McKerchar SL, Meskó N, Misra G,

Monaghan C, Mora EC, Moya-Garófano A, Musil B, Natividade JC, Niemczyk A, Nizharadze G, Oberzaucher E, Oleszkiewicz A, Omar-Fauzee MS, Onyishi IE, Özener B, Pagani AF, Pakalniskiene V, Parise M, Pazhoohi F, Pisanski A, Pisanski K, Ponciano E, Popa C, Prokop P, Rizwan M, Sainz M, Salkičević S, Sargautyte R, Sarmány-Schuller I, Schmehl S, Sharad S, Siddiqui RS, Simonetti F, Stoyanova SY, Tadinac M, Varella MAC, Vauclair CM, Vega LD, Widarini DA, Yoo G, Zaťková M, Zupančič M: Sex Differences in Mate Preferences Across 45 Countries: A Large-Scale Replication. Psychological Science 2020; 20:956797620904154

56 Overall NC, Fletcher GJ, Simpson JA: Regulation processes in intimate relationships: the role of ideal standards. Journal of Personality and Social Psychology 2006; 91:662

57 Killewald A, Lundberg I: New Evidence Against a Causal Marriage Wage Premium. Demography 2017; 54:1007

58 Das Online-Programm für Paare findet sich unter: www.couple-coaching.de

59 Gottman JM, Levenson RW: A two-factor model for predicting when a couple will divorce: exploratory analyses using 14-year longitudinal data. Family Process 2002; 41:83
Gottman JM, Levenson RW: Marital processes predictive of later dissolution: behavior, physiology, and health. Journal of Personal and Social Psychology 1992; 63:221

60 Das 1910 eröffnete Stadion von Manchester United, das «Old Trafford», wurde vom legendären Bobby Charlton als «Theatre of Dreams» bezeichnet. Charlton spielte von 1954 bis 1973 für den Club und führte England 1966 zum WM-Titel.

61 Was ich an dir liebe. Das Fragespiel für Paare. München 2017

62 Woods SB, Priest JB, Roberson PNE: Family versus intimate partners: Estimating who matters more for health in a 20-year longitudinal study. Journal of Family Psychology 2020; 34:247

63 Pointner S: Adam, wo bist du? Eva, was tust du? Über die Befreiung aus Isolation und Abhängigkeit in Paarbeziehungen. Wien 2016

64 Smyth APJ, Peetz J, Capaldi AA: Ex-appraisal bias: Negative illusions in appraising relationship quality retrospectively. Journal of Social and Personal Relationships 2020; advanced_online

65 Fagundes CP: Implicit negative evaluations about ex-partner predicts breakup adjustment: The brighter side of dark cognitions. Cognition and Emotion 2011; 25:164

66 Brenner RE, Vogel DL: Measuring thought content valence after a breakup: Development of the positive and negative ex-relationship thoughts (PANERT) scale. Journal of Counseling Psychology 2015; 62:476

Spielmann SS, Joel S, MacDonald G, Kogan A: Ex appeal: Current relationship quality and emotional attachment to ex-partners. Social Psychological and Personality Science 2013; 4:175

67   Bartens W: Emotionale Gewalt: Was uns wirklich weh tut: Kränkung, Demütigung, Liebesentzug und wie wir uns dagegen schützen. Berlin 2018

68   Carver LF, Buchanan D: Successful aging: considering non-biomedical constructs. Clinical Interventions in Aging 2016; 11:1623

69   Knight T, Ricciardelli LA: Successful aging: perceptions of adults aged between 70 and 101 years. International Journal of Aging and Human Development 2003; 56:223

Montross LP, Depp C, Daly J, Reichstadt J, Golshan S, Moore D, Sitzer D, Jeste DV: Correlates of self-rated successful aging among community-dwelling older adults. The American Journal of Geriatric Psychiatry 2006; 14:43

70   Štulhofer A, Hinchliff S, Jurin T, Carvalheira A, Træen B: Successful aging, change in sexual interest and sexual satisfaction in couples from four European Countries. European Journal of Ageing 2018; 16:155

71   Díaz-Morales JF, Parra-Robledo Z, Escribano C: Circadian preference and relationship satisfaction among three types of couples. Chronobiology International 2019; 36:1351

72   Hamm JM, Shane J, Heckhausen J, Lachman ME: Risk of Cognitive Declines With Retirement: Who Declines and Why? Psychology and Aging 2020; 35:449

73   Programme zum Online-Coaching von David Wilchfort finden sich unter: www.couplecoaching.de

74   Das Programm zum Online-Coaching findet sich unter: www.paarbalance.de

75   Einige hier aufgeführte Gedanken finden sich ausführlich in: Bartens W: Emotionale Gewalt: Was uns wirklich weh tut: Kränkung, Demütigung, Liebesentzug und wie wir uns dagegen schützen. Berlin 2018

76   Neff K: Selbstmitgefühl. Wie wir uns mit unseren Schwächen versöhnen und uns selbst der beste Freund werden. München 2012

77   Bishop SR, Lau M, Shapiro SL, Carlson L, Anderson ND, Carmody J, Segal ZV, Abbey S, Speca M, Velting D, Devins G: Mindfulness: A proposed operational definition. Clinical Psychology: Science and Practice 2004; 11:230

78   MacBeth A, Gumley A: Exploring compassion: a meta-analysis of the association between self-compassion and psychopathology. Clinical Psychology Review 2012; 32:545

79   Rockcliff H, Gilbert P, McEwan K, Lightman S, Glover D: A pilot

exploration of heart rate variability and salivary cortisol responses to compassion-focused imagery. Clinical Neuropsychiatry 2008; 5:132

80 Porges SW: The polyvagal perspective. Biological Psychology 2007; 74:116

81 Kuyken W, Watkins E, Holden E, White K, Taylor RS, Byford S, Evans A, Radford S, Teasdale JD, Dalgleish T: How does mindfulness-based cognitive therapy work? Behavior Research and Therapy 2010; 48:1105

82 Slepian ML, Masicampo EJ, Toosi NR, Ambady N: The physical burdens of secrecy. Journal of Experimental Psychology General 2012; 141:619

83 Ausführlich wird das Paar geschildert in: Eckardt AK: Was bleibt. Süddeutsche Zeitung, 15.2.2020

84 «Hat die Liebe noch eine Chance?» Die Zeit, 19.8.2010

85 Knopp K, Scott S, Ritchie L, Rhoades GK, Markman HJ, Stanley SM: Once a Cheater, Always a Cheater? Serial Infidelity Across Subsequent Relationships. Archives of Sexual Behavior 2017; 46:2301

86 Conley TD, Moors AC, Matsick JL, Ziegler A: The fewer the merrier? Assessing stigma surrounding consensually non-monogamous romantic relationships. Analyses of Social Issues and Public Policy 2013; 13:1

87 Blow AJ, Hartnett K: Infidelity in committed relationships II: A substantive review. Journal of Marital and Family Therapy 2005b; 31(2):217

88 Wiederman MW, Hurd C: Extradyadic involvement during dating. Journal of Social and Personal Relationships 1999; 16:265

89 Fo D, Rame F: Offene Zweierbeziehung. Hamburg 1997

90 Slepian ML, Masicampo EJ, Toosi NR, Ambady N: The physical burdens of secrecy. Journal of Experimental Psychology General 2012; 141:619

91 Butler MH, Harper JM, Seedall RB: Facilitated disclosure versus clinical accommodation of infidelity secrets: an early pivot point in couple therapy. Part 1: couple relationship ethics, pragmatics, and attachment. Journal of Marital and Family Therapy 2009; 35:125

92 Buss DM: Sexual and Emotional Infidelity: Evolved Gender Differences in Jealousy Prove Robust and Replicable. Perspectives in Psychological Sciences 2018; 13:155
Levy KN, Kelly KM: Sex differences in jealousy: a contribution from attachment theory. Psychological Science 2010; 21:168

93 Xu L, Becker B, Luo R, Zheng X, Zhao W, Zhang Q, Kendrick KM: Oxytocin amplifies sex differences in human mate choice. Psychoneuroendocrinology 2020; 112:104483

94 Russell VM, Baker LR, McNulty JK, Overall NC: «You're forgiven, but don't do it again!» Direct partner regulation buffers the costs of forgiveness. Journal of Family Psychology 2018; 32:435

95 Tutmann L: «Wenn die Liebe anfängt, wird es langweilig.» Erwarten wir das Falsche von der Liebe? Und warum führen so viele Menschen toxische Beziehungen? Paartherapeut Holger Kuntze über die häufigsten Fehler und warum Verliebtsein purer Stress ist. Süddeutsche.de, 28. 6. 2019

96 Kuntze H: Lieben heißt wollen: Wie Beziehung gelingen kann, wenn wir Freiheit ganz neu denken. München 2018

97 Overall NC, McNulty JK: What Type of Communication during Conflict is Beneficial for Intimate Relationships? Current Opinion in Psychology 2017; 13:1

98 Lackenbauer SD, Campbell L: Measuring up: the unique emotional and regulatory outcomes of different perceived partner-ideal discrepancies in romantic relationships. Journal of Personality and Social Psychology 2012; 103:472
Overall NC, Sibley CG, Travaglia LK: Loyal but ignored: The benefits and costs of constructive communication behavior. Personal Relationships 2010; 17:127

99 Bartens W: Was Paare zusammenhält. München 2013

100 Auf Online-Portalen zur Paartherapie wie www.paarbalance.de finden sich viele weitere hilfreiche Hinweise, wie eine Beziehung belebt und gerettet werden kann.

101 Wie der Perspektivwechsel weg von übervollen Papierkörben hin zu erfreulichen Themen des Lebens geht, zeigt die herrliche Konversation darüber, ob es eines dieser kleinen Schirmchen im Cocktailglas braucht, wenn man bereits unter einem Sonnenschirm sitzt. In: Jonasson J: Der Hundertjährige, der aus dem Fenster stieg und verschwand. München 2011

102 Dieses anschauliche Motto stammt von der Paartherapeutin Judith Gastner, die unter www.paarbalance.de weitere hilfreiche Hinweise für Partnerschaften gibt.

103 Charles-Sire V, Guéguen N, Pascual A, Meineri S: Words as environmental cues: the effect of the word «loving» on compliance to a blood donation request. Journal of Psychology 2012; 146:455

104 Paartherapeuten und Psychologen benutzen dieses Bild, etwa in dem bereits erwähnten Online-Coaching für Paare: www.paarbalance.de

105 Heavey CL, Layne C, Christensen A: Gender and conflict structure in marital interaction: a replication and extension. Journal of Consulting and Clinical Psychology 1993; 61:16

106 Heavey CL, Christensen A, Malamuth NM: The longitudinal impact

of demand and withdrawal during marital conflict. Journal of Consulting and Clinical Psychology 1995; 63:797

107 Goldstein P, Weissman-Fogel I, Shamay-Tsoory SG: The role of touch in regulating inter-partner physiological coupling during empathy for pain. Scientific Reports 2017; 7:3252

108 Orefice LL, Mosko JR, Morency DT, Wells MF, Tasnim A, Mozeika SM, Ye M, Chirila AM, Emanuel AJ, Rankin G, Fame RM, Lehtinen MK, Feng G, Ginty DD: Targeting Peripheral Somatosensory Neurons to Improve Tactile-Related Phenotypes in ASD Models. Cell 2019; 178:867

109 Sylvia LG, Shesler LW, Peckham AD, Grandin T, Kahn DA: Adjunctive deep touch pressure for comorbid anxiety in bipolar disorder: mediated by control of sensory input? Journal of Psychiatric Practice 2014; 20:71

110 McGlone F, Wessberg J, Olausson H: Discriminative and affective touch: sensing and feeling. Neuron 2014; 82:737

111 Blumenstock SM, Quinn-Nilas C, Milhausen RR, McKay A: High Emotional and Sexual Satisfaction Among Partnered Midlife Canadians: Associations with Relationship Characteristics, Sexual Activity and Communication, and Health. Archives of Sexual Behavior 2020; 49:953

112 Lydon J, Karremans JC: Relationship regulation in the face of eye candy: a motivated cognition framework for understanding responses to attractive alternatives. Current Opinion in Psychology 2015; 1:76

113 Amato PR, Previti D: People's reasons for divorcing: gender, social class, the life course, and adjustment. Journal of Family Issues 2003; 24:602

114 Gonzaga GC, Haselton MG, Smurda J, Davies MS, Poore JC: Love, desire, and the suppression of thoughts of romantic alternatives. Evolution of Human Behavior 2008; 29:119

115 Pronk TM, Karremans JC, Wigboldus DH: How can you resist? Executive control helps romantically involved individuals to stay faithful. Journal of Personality and Social Psychology 2011; 100:827

116 Harder H, Starkings RML, Fallowfield LJ, Menon U, Jacobs IJ, Jenkins VA, UKCTOCS trialists: Sexual functioning in 4,418 postmenopausal women participating in UKCTOCS: a qualitative free-text analysis. Menopause 2019; 26:1100

117 Beutel ME, Stöbel-Richter Y, Brähler E: Sexual desire and sexual activity of men and women across their lifespans: results from a representative German community survey. British Journal of Urology International 2008; 101:76

118 Haversath J, Gärttner KM, Kliem S, Vasterling I, Strauss B, Krö-

ger C: Sexualverhalten in Deutschland. Ergebnisse einer repräsentativen Befragung. Deutsches Ärzteblatt 2017; 114:545

119 Twenge JM, Sherman RA, Wells BE: Declines in Sexual Frequency among American Adults, 1989–2014. Archives of Sexual Behavior 2017; 46:2389

120 Twenge JM, Sherman RA, Wells BE: Changes in American Adults' Sexual Behavior and Attitudes, 1972–2012. Archives of Sexual Behavior 2015; 44:2273

121 Tutmann L: «Wenn die Liebe anfängt, wird es langweilig.» Erwarten wir das Falsche von der Liebe? Und warum führen so viele Menschen toxische Beziehungen? Paartherapeut Holger Kuntze über die häufigsten Fehler und warum Verliebtsein purer Stress ist. Süddeutsche.de, 28.6.2019

122 Hicks LL, McNulty JK, Meltzer AL, Olson MA: Capturing the Interpersonal Implications of Evolved Preferences? Frequency of Sex Shapes Automatic, but Not Explicit, Partner Evaluations. Psychological Sciences 2016; 27:836

123 Zitiert nach Brähler E, Berberich HJ (Hg.): Sexualität und Partnerschaft im Alter. Gießen 2009

124 Gewirtz-Meydan A, Ayalon L: «Shades of Grey»: Exploring Public Opinion about Later-Life Sexuality. Canadian Journal of Aging 2020; 21:1

Literaturverzeichnis

Im Folgenden sind jene Fachartikel und Bücher in alpha-
betischer Reihenfolge angegeben, aus denen ich zitiert oder
wichtige Hintergrundinformationen erhalten habe – und einige
hilfreiche Literaturhinweise mehr. Die Mehrzahl der hoch-
wertigen Untersuchungen zu medizinischen, psychologischen
und partnerschaftlichen Themen wird in englischsprachigen
Zeitschriften veröffentlicht, viele davon sind frei zugänglich.
Zu finden sind diese Texte auf verschiedene Weise: Besonders
ergiebig ist die National Library of Medicine der USA, die mehr
als zwanzig Millionen medizinische Fachartikel bereithält. Von
den meisten ist eine kurze Zusammenfassung kostenlos online
erhältlich, bei etlichen davon kann der gesamte Artikel unent-
geltlich heruntergeladen werden. Mit einem Ausweis von Uni-
versitätsbibliotheken oder anderer großer Bibliotheken ist auch
oft der digitale Zugang zu zahlreichen Fachzeitschriften verbunden.

Einige kleinere Passagen dieses Buches sind in stark ver-
änderter Form in der «Süddeutschen Zeitung» erschienen.

Die Abkürzung der Literaturhinweise folgt den international üblichen Standards. So bedeutet die Angabe «Lieb-
reiz B, Geduld V, Unverbrüchlich T: Old love never dies.
British Medical Journal 2020; 314:288» beispielsweise, dass ein

(fiktiver) Artikel der (hoffentlich existierenden) Autoren Lieb-reiz, Geduld und Unverbrüchlich in der renommierten Fach-zeitschrift British Medical Journal erschienen ist. Er findet sich dort in einer Ausgabe des Jahres 2020, und zwar im Band 314 der Zeitschrift und beginnt auf Seite 288.

Ackerman JM, Nocera CC, Bargh JA: Incidental haptic sensations influence social judgments and decisions. Science 2010; 328:1712

Amato PR, Previti D: People's reasons for divorcing: gender, social class, the life course, and adjustment. Journal of Family Issues 2003; 24:602

Balcetis E: Where the motivation resides and self-deception hides: How motivated cognition accomplishes self-deception. Social and Persona-lity Psychology Compass 2008; 2:361

Bartens W: Körperglück. Wie gute Gefühle gesund machen. München 2010

Bartens W: Was Paare zusammenhält. München 2013

Bartens W: Wie Berührung hilft: Warum Frauen Wärmflaschen lieben und Männer mehr Tee trinken sollten. München 2014

Bartens W: Emotionale Gewalt: Was uns wirklich weh tut: Kränkung, Demütigung, Liebesentzug und wie wir uns dagegen schützen. Berlin 2018

Berkman LF, Syme SL: Social networks, host resistance, and mortality: a nine-year follow-up study of Alameda County residents. American Journal of Epidemiology 1979; 109:186

Berntsen D, Rubin DC, Siegler IC: Two versions of life: emotionally nega-tive and positive life events have different roles in the organization of life story and identity. Emotion 2011; 11:1190

Beutel ME, Stöbel-Richter Y, Brähler E: Sexual desire and sexual activity of men and women across their lifespans: results from a representative German community survey. British Journal of Urology International 2008; 101:76

Bishop SR, Lau M, Shapiro SL, Carlson L, Anderson ND, Carmody J, Segal ZV, Abbey S, Speca M, Velting D, Devins G: Mindfulness: A proposed operational definition. Clinical Psychology: Science and Practice 2004; 11:230

Blanchflower DG, Oswald AJ: Is well-being U-shaped over the life cycle? Social Science and Medicine 2008; 66:1733

Blow AJ, Hartnett K: Infidelity in committed relationships II: A substan-tive review. Journal of Marital and Family Therapy 2005b; 31(2):217

Blumenstock SM, Quinn-Nilas C, Milhausen RR, McKay A: High Emo-tional and Sexual Satisfaction Among Partnered Midlife Canadians:

Associations with Relationship Characteristics, Sexual Activity and Communication, and Health. Archives of Sexual Behavior 2020; 49:953

Bourdieu P: Die feinen Unterschiede. Kritik der gesellschaftlichen Urteilskraft. Frankfurt a. M. 1987

Brähler E, Berberich HJ (Hg.): Sexualität und Partnerschaft im Alter. Gießen 2009

Brenner RE, Vogel DL: Measuring thought content valence after a breakup: Development of the positive and negative ex-relationship thoughts (PANERT) scale. Journal of Counseling Psychology 2015; 62:476

Bressan P, Damian V: Fathers' eye colour sways daughters' choice of both long- and short-term partners. Scientific Reports 2018; 8:5574

Brown SL, Lin IF, Hammersmith AM, Wright MR: Repartnering Following Gray Divorce: The Roles of Resources and Constraints for Women and Men. Demography 2019; 56:503

Brown SL, Lin IF: The gray divorce revolution: rising divorce among middle-aged and older adults, 1990–2010. The Journals of Gerontology. Series B, Psychological Sciences and Social Sciences 2012; 67:731

Brown SL, Wright MR: Marriage, Cohabitation, and Divorce in Later Life. Innovation in Aging 2017; 1:igx015

Brown SL, Wright MR: Divorce Attitudes among Older Adults: Two Decades of Change. Journal of Family Issues 2019; 40:1018

Buss DM: Sexual and Emotional Infidelity: Evolved Gender Differences in Jealousy Prove Robust and Replicable. Perspectives in Psychological Sciences 2018; 13:155

Butler MH, Harper JM, Seedall RB: Facilitated disclosure versus clinical accommodation of infidelity secrets: an early pivot point in couple therapy. Part 1: couple relationship ethics, pragmatics, and attachment. Journal of Marital and Family Therapy 2009; 35:125

Carver LF, Buchanan D: Successful aging: considering non-biomedical constructs. Clinical Interventions in Aging 2016:11:1623

Charles-Sire V, Guéguen N, Pascual A, Meineri S: Words as environmental cues: the effect of the word «loving» on compliance to a blood donation request. Journal of Psychology 2012; 146:455

Chopik WJ, Grimm KJ: Longitudinal changes and historic differences in narcissism from adolescence to older adulthood. Psychology and Aging 2019; 34:1109

Cohen S, Doyle WJ, Turner R, Alper CM, Skoner DP: Sociability and susceptibility to the common cold. Psychological Sciences 2003; 14:389

Conley TD, Moors AC, Matsick JL, Ziegler A: The fewer the merrier? Assesing stigma surrounding consensually non-monogamous romantic relationships. Analyses of Social Issues and Public Policy 2013; 13:1

Crowley JE: Gray divorce: Explaining midlife marital splits. Journal of Women and Aging 2019; 31:49

Díaz-Morales JF, Parra-Robledo Z, Escribano C: Circadian preference and relationship satisfaction among three types of couples. Chronobiology International 2019; 36:1351

Fagundes CP: Implicit negative evaluations about ex-partner predicts breakup adjustment: The brighter side of dark cognitions. Cognition and Emotion 2011; 25:164

Fletcher GJ, Simpson JA, Campbell L, Overall NC: Pair-bonding, romantic love, and evolution: the curious case of Homo sapiens. Perspectives in Psychological Sciences 2015; 10:20

Fo D, Rame F: Offene Zweierbeziehung. Hamburg 1997

Fowers BJ, Lyons EM, Montel KH: Positive marital illusions: Self-enhancement or relationship enhancement? Journal of Family Psychology 1996; 10:192

Gagné FM, Lydon JE: Bias and accuracy in close relationships: An integrative review. Personality and Social Psychology Review 2004; 8:322

Gangestad SW, Simpson JA: The evolution of human mating: trade-offs and strategic pluralism. The Behavioral and Brain Sciences 2000; 23:573

Gewirtz-Meydan A, Ayalon L: «Shades of Grey»: Exploring Public Opinion about Later-Life Sexuality. Canadian Journal of Aging 2020; 21:1

Goldstein P, Weissman-Fogel I, Shamay-Tsoory SG: The role of touch in regulating inter-partner physiological coupling during empathy for pain. Scientific Reports 2017; 7:3252

Gonzaga GC, Haselton MG, Smurda J, Davies MS, Poore JC: Love, desire, and the suppression of thoughts of romantic alternatives. Evolution of Human Behavior 2008; 29:119

Gottman JM, Levenson RW: A two-factor model for predicting when a couple will divorce: exploratory analyses using 14-year longitudinal data. Family Process 2002; 41:83

Gottman JM, Levenson RW: Marital processes predictive of later dissolution: behavior, physiology, and health. Journal of Personal and Social Psychology 1992; 63:221

Grammer K, Fink B, Neave N: Human pheromones and sexual attraction: European Journal of Obstetrics and Gynecology and Reproductive Biology 2005; 118:135

Guéguen N, Jacob C, Lourel M, Pascual A: When drivers see red: car color frustrators and drivers' aggressiveness. Aggressive Behavior 2012; 38:166

Guéguen N, Lamy L: Hitchhiking women's hair color. Perceptual and motor skills 2009; 109:941

Guéguen N, Jacob C: Enhanced female attractiveness with use of cosmetics and male tipping behavior in restaurants. Journal of Cosmetic Science 2011; 62:283

Guéguen N: Color and women attractiveness: when red clothed women are perceived to have more intense sexual intent. Journal of Social Psychology 2012; 152:261

Guéguen N: «Say it ... near the flower shop»: further evidence of the effect of flowers on mating. Journal of Social Psychology 2012; 152:529

Guéguen N: The sweet smell of ... implicit helping: effects of pleasant ambient fragrance on spontaneous help in shopping malls. Journal of Social Psychology 2012; 152:397

Guéguen N, Lamy L: The effect of facial makeup on the frequency of drivers stopping for hitchhikers. Psychology Reports 2013; 113:1109

Guéguen N: Effect of a perfume on prosocial behavior of pedestrians. Psychological Reports 2001; 88:1046

Hamm JM, Shane J, Heckhausen J, Lachman ME: Risk of Cognitive Declines With Retirement: Who Declines and Why? Psychology and Aging 2020; 35:449

Harder H, Starkings RML, Fallowfield LJ, Menon U, Jacobs IJ, Jenkins VA, UKCTOCS trialists: Sexual functioning in 4,418 postmenopausal women participating in UKCTOCS: a qualitative free-text analysis. Menopause 2019; 26:1100

Haversath J, Gärttner KM, Kliem S, Vasterling I, Strauss B, Kröger C: Sexualverhalten in Deutschland. Ergebnisse einer repräsentativen Befragung. Deutsches Ärzteblatt 2017; 114:545

Heavey CL, Layne C, Christensen A: Gender and conflict structure in marital interaction: a replication and extension. Journal of Consulting and Clinical Psychology 1993; 61:16

Heavey CL, Christensen A, Malamuth NM: The longitudinal impact of demand and withdrawal during marital conflict. Journal of Consulting and Clinical Psychology 1995; 63:797

Hicks LL, McNulty JK, Meltzer AL, Olson MA: Capturing the Interpersonal Implications of Evolved Preferences? Frequency of Sex Shapes Automatic, but Not Explicit, Partner Evaluations. Psychological Sciences 2016; 27:836

Holt-Lunstad J: Why Social Relationships Are Important for Physical Health: A Systems Approach to Understanding and Modifying Risk and Protection. Annual Review of Psychology 2018; 69:437

Holt-Lunstad J, Jones BQ, Birmingham W: The influence of close relationships on nocturnal blood pressure dipping. International Journal of Psychophysiology 2009; 71:211

Holt-Lunstad J, Smith TB, Layton JB: Social relationships and mortality risk: a meta-analytic review. PLoS Medicine 2010; 7:e1000316

Illouz E: Warum Liebe endet: Eine Soziologie negativer Beziehungen. Berlin 2018

Illouz E: Das überforderte Paar. Philosophie Magazin 2013; 3:44

Illouz E: Warum Liebe weh tut: Eine soziologische Erklärung. Frankfurt 2011

Illouz E: Gefühle in Zeiten des Kapitalismus. Frankfurt 2004

Inagaki TK, Eisenberger NI: Giving support to others reduces sympathetic nervous system-related responses to stress. Psychophysiology 2016; 53:427

Jaremka LM, Fagundes CP, Peng J, Bennett JM, Glaser R, Malarkey WB, Kiecolt-Glaser JK: Loneliness promotes inflammation during acute stress. Psychological Sciences 2013; 24:1089

Jellouscheck H: Achtsamkeit in der Partnerschaft. Was dem Zusammenleben Tiefe gibt. Freiburg 2011

Jonasson J: Der Hundertjährige, der aus dem Fenster stieg und verschwand. München 2011

Joule RV, Guéguen N: Touch, compliance, and awareness of tactile contact. Perceptual and motor skills 2007; 104:581

Kang Y, Williams LE, Clark MS, Gray JR, Bargh JA: Physical temperature effects on trust behavior: the role of insula. Social Cognitive and Affective Neuroscience 2011; 6:50

Keller M, Pillon D, Bakker J: Olfactory systems in mate recognition and sexual behavior. Vitamins and Hormones 2010; 83:331

Kiecolt-Glaser JK, Dura JR, Speicher CE, Trask OJ, Glaser R: Spousal caregivers of dementia victims: longitudinal changes in immunity and health. Psychosomatic Medicine 1991; 53:345

Kiecolt-Glaser JK, Loving TJ, Stowell JR, Malarkey WB, Lemeshow S: Hostile marital interactions, proinflammatory cytokine production, and wound healing. Archives of General Psychiatry 2005; 62:1377

Killewald A, Lundberg I: New Evidence Against a Causal Marriage Wage Premium. Demography 2017; 54:1007

Knight T, Ricciardelli LA: Successful aging: perceptions of adults aged between 70 and 101 years. International Journal of Aging and Human Development 2003; 56:223

Knopp K, Scott S, Ritchie L, Rhoades GK, Markman HJ, Stanley SM: Once a Cheater, Always a Cheater? Serial Infidelity Across Subsequent Relationships. Archives of Sexual Behavior 2017; 46:2301

Kullmann K: Adieu, Liebe. Der Spiegel. 10. 6. 2017, S. 96

Kuntze H: Lieben heißt wollen: Wie Beziehung gelingen kann, wenn wir Freiheit ganz neu denken. München 2018

Kuyken W, Watkins E, Holden E, White K, Taylor RS, Byford S, Evans A, Radford S, Teasdale JD, Dalgleish T: How does mindfulness-based cognitive therapy work? Behavior Research and Therapy 2010; 48:1105

Lackenbauer SD, Campbell L: Measuring up: the unique emotional and regulatory outcomes of different perceived partner-ideal discrepancies in romantic relationships. Journal of Personality and Social Psychology 2012; 103:472

Leo M, Gutsch J: Es ist nur eine Phase, Hase: Ein Trostbuch für Alterspubertierende. Berlin 2018

Levy KN, Kelly KM: Sex differences in jealousy: a contribution from attachment theory. Psychological Science 2010; 21:168

LeRoy AS, Murdock KW, Jaremka LM, Loya A, Fagundes CP: Loneliness predicts self-reported cold symptoms after a viral challenge. Health Psychology 2017; 36:512

Lydon J, Karremans JC: Relationship regulation in the face of eye candy: a motivated cognition framework for understanding responses to attractive alternatives. Current Opinion in Psychology 2015; 1:76

MacBeth A, Gumley A: Exploring compassion: a meta-analysis of the association between self-compassion and psychopathology. Clinical Psychology Review 2012; 32:545

Martz JM, Verette J, Arriaga XB, Slovik LF, Cox CL, Rusbult CE: Positive illusion in close relationships. Personal Relationships 1998; 5:159

McGlone F, Wessberg J, Olausson H: Discriminative and affective touch: sensing and feeling. Neuron 2014; 82:737

Montross LP, Depp C, Daly J, Reichstadt J, Golshan S, Moore D, Sitzer D, Jeste DV: Correlates of self-rated successful aging among community-dwelling older adults. The American Journal of Geriatric Psychiatry 2006; 14:43

Murray SL, Holmes JG, Dolderman D, Griffin DW: What the motivated mind sees: Comparing friends' perspectives to married partners' views of each other. Journal of Experimental Social Psychology 2000; 36:600

Muscatell KA, Eisenberger NI, Dutcher JM, Cole SW, Bower JE: Links between inflammation, amygdala reactivity, and social support in breast cancer survivors. Brain, Behavior, and Immunity 2016; 53:34

Myrseth KO, Fishbach A, Trope Y: Counteractive self-control. Psychological Sciences 2009; 20:159

Neff K: Selbstmitgefühl. Wie wir uns mit unseren Schwächen versöhnen und uns selbst der beste Freund werden. München 2012

Orefice LL, Mosko JR, Morency DT, Wells MF, Tasnim A, Mozeika SM, Ye M, Chirila AM, Emanuel AJ, Rankin G, Fame RM, Lehtinen MK, Feng G, Ginty DD: Targeting Peripheral Somatosensory Neurons to Improve Tactile-Related Phenotypes in ASD Models. Cell 2019; 178:867

Overall NC, Fletcher GJ, Simpson JA: Regulation processes in intimate relationships: the role of ideal standards. Journal of Personality and Social Psychology 2006; 91:662

Overall NC, McNulty JK: What Type of Communication during Conflict is

Beneficial for Intimate Relationships? Current Opinion in Psychology 2017; 13:1

Overall NC, Sibley CG, Travaglia LK: Loyal but ignored: The benefits and costs of constructive communication behavior. Personal Relationships 2010; 17:127

Plessner H: Philosophische Anthropologie. Göttinger Vorlesung vom Sommersemester 1961. Berlin 2019

Pointner S: Adam, wo bist du? Eva, was tust du? Über die Befreiung aus Isolation und Abhängigkeit in Paarbeziehungen. Wien 2016

Porges SW: The polyvagal perspective. Biological Psychology 2007; 74:116

Pronk TM, Karremans JC, Wigboldus DH: How can you resist? Executive control helps romantically involved individuals to stay faithful. Journal of Personality and Social Psychology 2011; 100:827

Puts DA, Jones BC, DeBruine LM: Sexual selection on human faces and voices. Journal of Sex Research 2012; 49:227

Rockcliff H, Gilbert P, McEwan K, Lightman S, Glover D: A pilot exploration of heart rate variability and salivary cortisol responses to compassion-focused imagery. Clinical Neuropsychiatry 2008; 5:132

Russell VM, Baker LR, McNulty JK, Overall NC: «You're forgiven, but don't do it again!» Direct partner regulation buffers the costs of forgiveness. Journal of Family Psychology 2018; 32:435

Schultz WM, Hayek SS, Samman Tahhan A, Ko YA, Sandesara P, Awad M, Mohammed KH, Patel K, Yuan M, Zheng S, Topel ML, Hartsfield J, Bhimani R, Varghese T, Kim JH, Shaw L, Wilson P, Vaccarino V, Quyyumi AA: Marital Status and Outcomes in Patients With Cardiovascular Disease. Journal of the American Heart Association 2017; 6: e005890

Slavich GM, Way BM, Eisenberger NI, Taylor SE: Neural sensitivity to social rejection is associated with inflammatory responses to social stress. Proceedings of the National Academy of Sciences of the USA 2010; 107:14817

Slepian ML, Masicampo EJ, Toosi NR, Ambady N: The physical burdens of secrecy. Journal of Experimental Psychology General 2012; 141:619

Smyth APJ, Peetz J, Capaldi AA: Ex-appraisal bias: Negative illusions in appraising relationship quality retrospectively. Journal of Social and Personal Relationships 2020; advanced_online_publication

Spengler T: Wenn Männer sich verheben: Eine Leidensgeschichte in 24 Wirbeln. Berlin 1996

Spielmann SS, Joel S, MacDonald G, Kogan A: Ex appeal: Current relationship quality and emotional attachment to ex-partners. Social Psychological and Personality Science 2013; 4:175

Štulhofer A, Hinchliff S, Jurin T, Carvalheira A, Træen B: Successful aging, change in sexual interest and sexual satisfaction in couples from four European Countries. European Journal of Ageing 2018; 16:155

Sylvia LG, Shesler LW, Peckham AD, Grandin T, Kahn DA: Adjunctive deep touch pressure for comorbid anxiety in bipolar disorder: mediated by control of sensory input? Journal of Psychiatric Practice 2014; 20:71

Tawakol A, Ishai A, Takx RA, Figueroa AL, Ali A, Kaiser Y, Truong QA, Solomon CJ, Calcagno C, Mani V, Tang CY, Mulder WJ, Murrough JW, Hoffmann U, Nahrendorf M, Shin LM, Fayad ZA, Pitman RK: Relation between resting amygdalar activity and cardiovascular events: a longitudinal and cohort study. Lancet 2017; 389:834

Thomä D: Vom Glück in der Moderne. Frankfurt 2003

Thomä D: Puer robustus: Eine Philosophie des Störenfrieds. Berlin 2016

Tutmann L: «Wenn die Liebe anfängt, wird es langweilig.» Erwarten wir das Falsche von der Liebe? Und warum führen so viele Menschen toxische Beziehungen? Paartherapeut Holger Kuntze über die häufigsten Fehler und warum Verliebtsein purer Stress ist. Süddeutsche.de, 28. 6. 2019

Twenge JM, Sherman RA, Wells BE: Declines in Sexual Frequency among American Adults, 1989–2014. Archives of Sexual Behavior 2017; 46:2389

Twenge JM, Sherman RA, Wells BE: Changes in American Adults' Sexual Behavior and Attitudes, 1972–2012. Archives of Sexual Behavior 2015; 44:2273

Verstaen A, Haase CM, Lwi SJ, Levenson RW: Age-related changes in emotional behavior: Evidence from a 13-year longitudinal study of long-term married couples. Emotion 2020; 20:149

Waechter J: «Haben Sie keine einfacheren Fragen?», SZ-Magazin 11. 11. 2016

Walter KV, Conroy-Beam D, Buss DM, Asao K, Sorokowska A, Sorokowski P, Aavik T, Akello G, Alhabahba MM, Alm C, Amjad N, Anjum A, Atama CS, Atamtürk Duyar D, Ayebare R, Batres C, Bendixen M, Bensafia A, Bizumic B, Boussena M, Butovskaya M, Can S, Cantarero K, Carrier A, Cetinkaya H, Croy I, Cueto RM, Czub M, Dronova D, Dural S, Duyar I, Ertugrul B, Espinosa A, Estevan I, Esteves CS, Fang L, Frackowiak T, Garduño JC, González KU, Guemaz F, Gyuris P, Halamová M, Herak I, Horvat M, Hromatko I, Hui CM, Jaafar JL, Jiang F, Kafetsios K, Kavčič T, Kennair LEO, Kervyn N, Khanh Ha TT, Khilji IA, Köbis NC, Lan HM, Láng A, Lennard GR, León E, Lindholm T, Linh TT, Lopez G, Van Luot N, Mailhos A, Manesi Z, Martinez R, McKerchar SL, Meskó N, Misra G, Monaghan C, Mora EC, Moya-Garófano A, Musil B, Natividade JC, Niemczyk A, Nizharadze G, Oberzaucher E, Oleszkiewicz A, Omar-Fauzee MS, Onyishi IE, Özener B, Pagani AF, Pakalniskiene V, Parise M, Pazhoohi F, Pisanski A, Pisanski K, Ponciano E, Popa C, Prokop P, Rizwan M, Sainz M, Salkičević S, Sargautyte R, Sarmány-Schuller I, Schmehl S, Sharad S, Siddiqui RS, Simonetti F, Stoyanova SY, Tadinac M, Varella MAC, Vauclair CM, Vega LD, Widarini DA, Yoo G,

Zat'ková M, Zupančič M: Sex Differences in Mate Preferences Across 45 Countries: A Large-Scale Replication. Psychological Science 2020; 20:956797620904154

Walton K, Horton NJ, Rifas-Shiman SL, Field AE, Austin SB, Haycraft E, Breen A, Haines J: Exploring the Role of Family Functioning in the Association Between Frequency of Family Dinners and Dietary Intake Among Adolescents and Young Adults. JAMA Networks Open 2018 Nov 2; 1:e185217

Wiederman MW, Hurd C: Extradyadic involvement during dating. Journal of Social and Personal Relationships 1999; 16:265

Williams LE, Bargh JA: Experiencing physical warmth promotes interpersonal warmth. Science 2008; 322:606

Woods SB, Priest JB, Roberson PNE: Family versus intimate partners: Estimating who matters more for health in a 20-year longitudinal study. Journal of Family Psychology 2020; 34:247

Xu L, Becker B, Luo R, Zheng X, Zhao W, Zhang Q, Kendrick KM: Oxytocin amplifies sex differences in human mate choice. Psychoneuroendocrinology 2020; 112:104483

Zurhorst E: Liebe dich selbst und es ist egal, wen du heiratest. München 2009

Register

Abenteuer 59, 67 f., 154, 207, 211, 248, 267, 271
Abhängigkeit 21, 41, 50, 144, 164, 207, 221
Abwärtsspirale 145, 226
Abweisung 144
Abwertung 129, 140, 143
Achtsamkeit 181–185, 224, 232
Adrenalin 51 f., 96, 227
Affäre 34, 72, 162, 202–215, 277, 280
Aggression 42, 96, 122, 128, 135, 140, 172, 175, 182, 226, 228
Alleinstehend 15, 103
Alltag 12, 14, 25–27, 32, 44, 46, 77, 88, 98, 101, 115, 120 f., 129, 131–134, 150, 185 f., 190, 194, 196, 199, 208, 225, 229, 231 f., 244, 251, 253, 255, 268, 283
Angriff, Angriffsmodus 125, 172, 179, 181, 189, 227 f.
Angst 12, 42, 67, 89, 92, 96, 138, 146, 156, 163, 166, 183 ff., 190, 207, 241, 256–258, 273
Anspruch 17, 23, 32 f., 50, 76, 203
Anstrengung 39, 42, 52, 91, 96, 134, 160, 218, 260
«apokalyptische Reiter» 123 f., 185–194, 222
Arbeit/Berufstätigkeit 14, 22 f., 70, 75 f., 82–84, 90, 98, 112, 116, 118–120, 122 f., 131, 137, 140, 165–167, 177, 180, 189, 192, 218, 225, 234, 243 f., 274
Attraktivität 47, 56–58, 62, 67, 73, 80, 111, 114, 161, 212 f., 218, 229, 263, 266–270, 274
Aufmerksamkeit 42, 56, 59, 82, 131, 141, 172 f., 193, 199–201, 224 f., 230, 232
Autonomie 31

Babyboomer 10, 70, 72 f., 84–87, 280
Bedürfnis 24, 28, 34, 51, 70, 150, 172 f., 183, 189 f., 194, 211, 238, 259, 271, 273, 281
Begehren 25–28, 80, 212 f., 267
Belastung 40, 75, 92, 96–98, 105 f., 134, 147, 158, 165, 177, 184, 196, 204, 227, 258, 274
Berührung 16, 26, 41, 44, 55, 250–262
Bewunderung 194, 241
Biologische Prozesse 41, 43, 49, 53 f., 68, 114, 164, 175, 252

Coolidge-Effekt 43 f.
Cortisol 51 f., 52, 96, 184, 227, 257 f.

«Deep Touch» 257
Destruktivität 121, 129 f., 146, 183, 188, 191, 221, 226
Distanz 39, 141, 178, 204, 253, 257, 260
Distanzierung 141
Dopamin 40, 43 f., 52, 282
Dysbalance 124

Egoismus 45, 106
Egotrip/-tour 28, 35, 39, 45
Egozentrik 31
Einsamkeit 10, 92–95, 102–105, 144, 254
Ekstase 24, 26
Empathie 253
Entfaltung 34, 239–242
Entfremdung 141
Enttäuschung 25, 34, 48, 172
Ernüchterung 12, 17, 23, 25, 27, 30, 42, 45, 49, 63, 98, 139, 288
Erotik 56, 82, 113, 139, 196, 199, 248–251, 260, 283
«Erregungstransfer» 67

313

Erwartung 14 f., 17, 22–25, 30–32, 34,
40, 53, 71, 110, 113 f., 119, 125, 131, 138,
188, 200, 203, 208, 247, 264, 269,
280–282, 286
Erwartungshaltung 32, 119, 129, 138,
274
Ethik 33 f., 205
Euphorie 40, 42, 45, 49, 52 f., 156, 176

Freiheit 28, 71, 207
Freiraum 131, 196 f.
Fremdgehen/Seitensprung 34, 59,
202–215, 277, 280
Frust/Frustration 12 f., 46, 101, 159,
172, 177, 188, 192 f., 222, 229, 239,
241, 244, 280
Funktionsstörungen (der Sexualität)
271, 273 f., 286
Fürsorge 22, 106, 121, 138

Geborgenheit 32, 250
Geheimnisse haben 130, 196 f., 204
Gelassenheit 72, 74, 78, 82, 90, 125,
179, 181
Generation X 280
Geschwister 134–141, 221
Gewalt, körperlich 145, 178, 180
Gewalt, seelisch/emotional 128, 130,
144, 146, 178–183, 191–194
Gewissen 35, 205, 215, 267
Gewohnheit 12, 128, 137, 186, 188, 211,
220
Gleichgültigkeit 127, 132, 143, 192 f.,
215, 224, 238

Hedonismus 31
Herausforderung 17, 28, 160 f., 178,
204, 220, 225
Hingabe/Selbsthingabe 21, 24, 35 f.,
48, 110, 121, 289
Hormone 15, 40–44, 49, 51 f., 58 f., 63,
72, 184, 213, 227, 252, 257 f., 261, 282
Humor 74, 78, 90, 150, 234, 250

Idealvorstellung 15, 27, 47, 50, 122, 138,
197, 241, 263
Illusion 45, 132, 139, 289
Inflammation 96, 105, 135
Intensität 30 f., 41, 51, 60, 134, 156, 207,
269
Intimität 34, 36, 42, 61, 72, 114, 134, 138,
191, 200, 203, 271, 276, 281

Kinder 9, 11 f., 22, 31, 52, 58 f., 61, 77,
90 f., 102, 113–116, 156, 159 f., 164,
186, 197, 218, 243, 277, 279, 286
Kommunikation 85 f., 123, 187–194,
222–224, 230, 232, 238 f., 252, 273
Kompromiss 42, 117, 163
Konflikt 13, 90, 92, 101, 106, 112, 117,
123, 126 f., 129 f., 137 f., 145 f., 174, 176,
178 f., 182, 190–195, 223 f., 226, 228,
267, 273 f., 286
Konvention 28, 35
Körpergeruch 61 f.
Körperkontakt 55, 250–254, 257,
259–262
Kränkung 34, 87, 121, 128, 130, 144, 146,
149, 177–182, 188, 191, 193, 209 f.,
215, 286
Krise 17, 86, 174 f., 184, 192, 195, 231,
247
Kritik 123 f., 128, 133, 135, 144, 161, 164,
174, 183, 188 f., 192, 223, 226, 242,
246
Kuschelparty 259 f.

Langeweile 31, 36, 51–53, 73, 131, 192,
218, 267, 283, 287, 289
Leidenschaft 12, 15, 22, 24, 49, 52, 88,
121, 196, 231, 248, 272, 281 f., 287
Libido 272 f., 282
Lieblosigkeit 120, 132, 143
Limbisches System 60, 145
Loyalität 143–145, 190, 223
Lust 23, 26, 40, 49, 52, 248–250, 271 f.,
274 f., 277, 281 f., 286

Märchen 15, 206, 240
Midlife-Crisis 30, 83
Millennials 86, 279 f.
Mindset 14, 46
Moral 11, 26, 28, 33–35, 66, 210 f., 213
«motiviertes Denken» 47

Nähe 24, 39, 42, 44, 55 f., 99, 114, 118,
   130 f., 140 f., 244 f., 248, 250 f., 253,
   260, 272 f.
Narzissmus 85–87, 89 f., 138, 149
Nutzwert in Beziehungen 29 f., 114,
   289

Ökonomie in Beziehungen 29 f., 32,
   114
Opfer sein 13, 151, 175 f., 179 f., 237
Oxytocin 41–44, 52, 213, 283

«Paar-Balance»-Coaching 172
Phasen der Beziehung 11, 14–16,
   41–45, 48, 51–55, 75, 84, 123 f., 133,
   141, 156, 176 f., 185, 191, 193 f., 210,
   269, 286
Pragmatismus 12
Priorität 244
Probleme in der Beziehung 16, 70, 84,
   127, 157, 183, 191, 195, 219 f., 224–228,
   235, 237, 272–274, 280, 286
«projektive Identifizierung» 175
Psychotherapie 176, 178, 181, 237

Rausch 38, 40, 44, 49, 185
Realismus, Realität 14, 17, 23, 45, 75,
   220, 231, 236, 289
Rebellion 74, 177
Reife 34, 52, 165 f., 264
Rentner 10, 74, 264
Resignation 12 f., 176, 289
Resilienz 184
Respekt 87, 121, 126, 129, 131 f., 146, 152,
   180, 221, 227–229, 231 f.
Rhythmus, Tagesrhythmus 152 f., 186

Ritual 16, 98, 125, 133, 186, 197–201,
   282
Romantik 14, 23 f., 29, 42–45, 50, 52,
   61, 88, 113 f., 195, 198–201, 206, 246,
   269
Ruhestand 30, 163

Schaden-Nutzen-Bilanz 29, 289
Scheidung 9, 21, 48–50, 63–66, 99, 102,
   118 f., 125, 204, 267
Schuld, Schuldzuweisungen 35, 123,
   176, 181 f., 210
Schwierigkeit 12 f., 16, 21, 42, 50, 64,
   75, 84, 101 f., 113, 123, 128, 131, 137,
   155, 167, 176, 178, 191, 195, 197, 204 f.,
   210, 225–227, 235, 239, 265 f., 270,
   273, 280, 286
Sehnsucht 23, 26–28, 155, 212, 214, 238,
   246, 281 f., 286
Selbständigkeit 21, 150, 207
Selbstdisziplin 268
Selbstentwicklung 31, 36, 71, 176, 240,
   242
Selbstfindung 31
Selbstmitgefühl 183–185
Selbstoptimierung 31, 35, 81, 114, 241
Selbstreflexion 78, 83
Selbstregulation 268
Selbstsucht 34
Selbstvergessenheit 38 f., 110
Selbstvertrauen 274
Selbstvervollkommnung 50
Selbstverwirklichung 21, 30 f., 33, 35,
   77, 82, 163, 242
Selbstwert 31, 160, 207, 278
Selbstwirksamkeit 12 f., 151, 237
Sex 28, 31, 34, 36, 45, 52, 57, 59, 69, 72,
   87, 139, 150, 207, 209, 211, 248–250,
   260, 263–266, 271–287, 290
Sicherheit in der Beziehung 11, 30, 32,
   36, 44, 46, 50, 52, 227
Silent Generation 279
Silver Ager/Best Ager 10 f.

Single 9, 63, 88, 94, 99, 101, 106, 134, 208, 259
Spiegelneuronen 60
Sport 79 f., 102, 123, 159, 161, 186, 196, 243, 254
Stabilität 10, 51, 76, 119, 124, 149, 187, 189, 203, 223, 283
Streit 38, 48, 89, 91, 98, 106, 122, 125–130, 134, 146, 153, 177 f., 184, 193 f., 220 f., 223, 226, 248, 290
Stress 40, 51, 92, 94–100, 128, 134 f., 184 f., 204, 227, 234, 252, 257 f., 262, 270, 272, 274
Synchronisierung physiologischer Vorgänge 252–254

Tauschgeschäft/-handel 29, 33 f., 117
Testosteron 58 f.
Traditionalisierungsfalle 116
Träume (Lebensträume), Traumvorstellung einer Beziehung 28, 122, 132, 156, 177, 242
Traumfrau/-mann/-partner 22, 24, 121 f.
Trennung 9, 11, 16, 21, 33 f., 42, 46, 48–50, 64–66, 72, 77, 91 f., 98 f., 102, 104, 106, 118 f., 123, 125, 130–133, 137, 141–143, 145–147, 177, 180, 188, 192 f., 197, 204, 211 f., 219, 239, 280, 290
Treue, Untreue 132, 144, 146, 202–215, 273, 280

Überforderung 17, 22–25, 96, 270

Verachtung 123, 130, 144, 146, 191 f.

Veränderung 75 f., 84 f., 163, 174–178, 205, 224 f., 235–239, 289
Verantwortung 54, 164, 184
Verlässlichkeit 22, 32, 44, 52, 59, 213, 215, 283
Verletzung, seelisch/emotional 123, 130, 144, 146, 179, 181 f., 188 f., 190–194, 204, 214 f., 235, 290
Verliebtheit/verlieben 11, 21, 38, 40–43, 45, 49, 51, 53, 55, 66, 68, 88, 113, 139, 141, 172, 185, 197, 206, 236, 245 f., 269, 281
Verrat 143–145, 230
Verrohung 120
Verständnis 16, 129, 190 f., 250, 272
Versuchung 35, 266–270
Vertrauen 42, 46, 114, 205, 215, 283 f.
Vertrautheit 22, 24, 32, 55, 139, 250–252
Vorwurf 124 f., 135, 139, 143, 181, 183 f., 217, 219, 222, 226, 235 f., 246

Wahrnehmung, des Partners, der Beziehung 14, 29, 46, 89, 124, 127, 225, 283, 289
Wahrnehmungsverzerrung, «Bias» 46
Wertschätzung 90, 126 f., 129, 143, 166, 172, 185, 187, 219, 221, 223, 228, 231, 242, 284, 289

Zärtlichkeit 127, 248–262
Zuneigung 14, 118, 138, 146, 194, 199, 201, 214, 270
Zweifel 23, 38, 91, 109–117, 183, 224, 266 f.
Zytokine 63, 97